주차장으로 자유를 파킹하라

주차장으로 자유를 파킹하라

초판 1쇄 인쇄 2024년 8월 10일
초판 1쇄 발행 2024년 8월 23일

지은이 김영덕(덕스파킹스토리)
펴낸이 서덕일
펴낸곳 오르비타

출판등록 2014.12.24 (제2014-73호)
주소 경기도 파주시 회동길 366 (10881)
전화 (02)499-1281~2 **팩스** (02)499-1283
전자우편 info@moonyelim.com
홈페이지 www.moonyelim.com

ISBN 979-11-974330-7-8 (13320)
값 19,000원

주차장으로 자유를 파킹하라

덕스파킹스토리 **김영덕** 지음

오르비타

덕스파킹스토리(김영덕)

부동산 컨설팅업체를 거쳐 대기업, 스타트업에서 오직 주차장을 업으로 살아왔다.
아무도 관심 없었던 주차사업에 뛰어 들어 영업사원으로 온갖 고생을 하다.
실적이 없어 그만두려 했지만,
블로그라도 해보라는 아내의 조언으로 주차 관련 글을 쓰기 시작했다.
〈덕스파킹스토리〉는 국내 주차장 사업 블로그 조회수 1위
누적 방문자 280만 명의 블로그로 성장하였다.
10여 년 동안 약 900여 개의 주차장 관련 포스팅과 수천 건에 달하는
주차장 상담을 진행한 명실상부 국내 최고의 주차장 전문 컨설턴트이다.
현재는 컨설팅, 주차장 매매, 장비 판매 등
무인주장 운영으로 자신이 원하는 자유로운 삶 속에서
국내 최초 법인 브랜드 화물차 주차장 운영 기업 ㈜빅모빌리티 트럭헬퍼
영업이사(공동설립자)로 전국 트럭 주차장 개발을 하고 있다.

일러두기

1. 이 책의 기준이 되는 자료는 2024. 4월 기준으로 발효된 법령으로 하였다.
2. 편의상 약 3.3제곱미터(m²)는 1평으로 계산하여 기재하였다.

덕's
Parking
<u>**Story**</u>

부동산. 수백억, 수천억의 자금이 움직이는 일확천금의 달콤한 유혹이 있는 시장. 젊은 시절 선배 제의로 부동산컨설팅 기업에 근무하다 회사가 망해 순식간에 실업자가 되었다. 사기와 과장이 판치는 부동산 관련 일을 하고 싶지 않았지만, 막상 부동산 지식 밖에 없는 나는 다른 무엇을 해야 할지 갈피를 잡지 못하고 있었다.

우연히 본 인터넷 채용사이트에 올라온 구인광고.

[무인주차장 운영 영업사원 모집]

부동산 지식이 필요하면서 부동산 시행처럼 과장이 많지 않을 것 같은 사업, 잘 몰랐지만 왠지 끌렸다. 두 곳에서 면접을 보고, 대기업 계열의 주차장 운영사에 합격하였다.

"아버지, 저 주차장 회사에 합격했어요."

"뭐라고? 주차장 일해서 밥이나 먹고 살겠나? 운전기사인 나도 주차비 잘 안 내는데…"

나의 사회생활에 별 다른 말씀이 없으셨던 아버지마저 부정적이었다. 나 역시 '딱 3년만 하고 생각해보자, 안 되면 다른 업종에 가자'라고 계획을 세웠다.

그때는 알지 못했다. 이렇게 오래, 계속 주차장 일을 하게 될 줄은. 2011년 2월 입사를 앞두고 주차사업 선진국인 일본에 갔다. '우리나라도 일본처럼만 된다면 주차사업으로 성공할 수 있다! 힘들겠지만 빨리 시작해보자' 라고 생각했다. 하지만 그것은 주차사업을 너무나도 쉽게 생각한 초보의 의지였을 뿐. 일본과 우리나라는 주차문화가 너무 달라 사업화 되는데 시간이 많이 걸린다는 것을 간과하였다.

입사 후 3년간 하루 7시간 이상 걸어 다니며 주차장 수주 영업을 했다. 주차장이 있는 건물에 들어가 건물 관리소장에게 제안을 받아 보라고 읍소하기도 했고, 토지 등기부를 발급하여 토지소유주 집 앞에서 기다려 보기도 했다. 주차장 영업은 걸어 다니며 해야 한다는 말도 안 되는 신념을 가지고, 한겨울 칼바람을 맞으며 한남대교를 건너다가 혼자 서러워 울기도 했다. 허울 좋은 대기업 영업사원이었지만, 남들에게는 그저 잡상인이었다.

맨땅에 헤딩하면서 영업을 하다 보니 온몸은 만신창이가 되었다. 주차장에 눈 치우고, 쓰레기 치우는 것부터 시작해서 주차장사업 관련 영업사원으로써 할 수 있는 것은 모두 다 해보았다. 스스로가 생각하는 수준보다 더 높은 대기업 주차팀에서도 근무도 해 보았지만 외벌이에는 한계가 있었다. 그동안 열심히 하는 모습을 좋게 봐 주신 회장님과 투자자분들의 도움을 받아 개인주차장 운영사업을 시작하였고 정말 즐겁게 사업을 하고 있다.

대부분의 자영업자는 해당 분야에 지식이 없는 경우 안정적인 프랜차이즈 등을 바탕으로 사업을 시작한다. 그러나, 주차장 사업은 프랜차이즈 형태가 없기 때문에 도움을 받는 것이 쉽지 않다. 주차장 관련업에 종사하는 직원은 많으나, 주차장을 전문적으로 운영하는 개인이 많지 않은 이유다. 현재 나는 1인 기업으로 매달 안정적인 주차장 운영 수익, 컨설팅 수익으로 자유로운 삶을 살아가고 있다. 나의 가치와 안정적 수익은 신사업에 뛰어들어 죽도록 고생한 보상이라고 생각한다.

대한민국 자동차 등록대수가 2023년 기준, 2천 5백만 대가 넘어섰다고 한다. 그러나 도로는 차량의 증가 속도를 따라가지 못하여 늘 혼잡하고, 어느 지역에서나 주차장 부족 현상을 겪고 있다. 제주도는 2022년부터 전 지역, 전 차종에 대해 차고지증명제를 시행하고 있다. 한정된 토지에서 주차문제가 발생하니 이를 해결하기 위하여 주차장이 부족함에도 어쩔 수 없는 선택을 한 것이다. 미래에는 개인 모빌리티 개념이 확장되어 주차장 확보를 위한 인식 전환이 절실히 필요한 시점이나, 여전히 주차장 보급과 인식은 현실을 따라가지 못하고 있다.

주차장 업무를 처음으로 시작할 때 주차 관련 서적을 찾아보았으나, 일본에서 건너온 번역 전문도서 외에는 제대로 된 책자를 찾아볼 수 없었다. 13년이 지난 후 다시 서점에서 주차관련 서적을 찾아보았다. 기계식 주차장의 종류, 주차장 건설방법, 주차장 법령 모음 등 현실 사업에서는 불필요하고 너무 학술적이라 별로 도움되지 않는 주차 관련 도서가 다수였으며, 그나마 그러한 책들도 절판된 상황이었다. 여전히 주차장에 대해서 쉽게 사업적 측면에서 접근할 수 있는 책은 없다. 주차장 관련 서적이 없으니 필자가 참고한 서적이 있을 리 없다. <주차장으로 자유를 파킹하라>는 그동안 주차장 컨설팅, 운영을 하며 경험한 실제 사례를 중심으로 쉽고 재미있게 쓰려고 노력했다.

이 책은 모빌리티 사업, 특히 주차장 연관 사업에 관심을 가지고 주차장 사업준비 및 운영 사업을 하고 있는 개인사업자, 주차장 매입과 임대로 주차장 운영업을 고민하는 투자자, 모빌리티(주차장 포함)방면 취업준비생, 업계 현직자를 위하여 집필하였다. 책 한 권 읽는다고 주차장 사업으로 경제적 자유를 얻기는 어렵겠지만 실전 중심 주차장 사업을 제대로 이해하여, 꾸준한 주차수익으로 하루라도 빨리 진정한 자유인 삶에 한 발 더 다가가길 기대한다.

덕스파킹스토리
김영덕

차례

프롤로그   006

1   주차장 운영을 위한 기본기 다지기

1 주차장업계 생존기   020
　부동산 시행사: 사회생활 시작   020
　주차장 회사에서 시작: 재취업   021
　블로그 운영 시작과 이직   023
　한 걸음 한 걸음 발로 뛰는 영업   027
　모든 수단과 방법을 시도하자   030
　긍정의 힘으로 돈을 벌자   032

2 주차장 운영을 위한 13가지 성공 법칙   035
　거짓, 과장에 속지 말고 절대 사기당하지 말자   035
　권리관계를 조심하자   038
　사업을 시작하면 임대료 싸움이다   040
　투자비를 줄이자   043
　누구나 하고 싶어하는 곳은 피하라   045
　내가 잘 아는 곳을 노려라   047
　하자 있는 주차장을 노려라   049
　주차장 매출은 무한하지 않다   051
　당연히 보수적인 접근이 필요하다   052
　무료주차가 없는 곳에 주차장을 운영하라   054
　박리다매 운영 방식   057
　무료주차를 줄이고 요금을 올려라   059
　무작정 퇴사하지 말자   061

2 주차장의 종류와 산업

1 주차전용건축물 분양 임대   065
2 주차장 설계, 건설 및 공사   067
   주차장 설계   067
   주차장 공사   069

3 주차장 관제장비, 시스템 제조 및 판매   074
   유인부스   075
   게이트(주차 차단기)   077
   발권기   079
   RF리더기, 카드   080
   차번인식기(LPR: License Plate Recognition)   080
   무인정산기   082
   통합 관제 컴퓨터   083
   보안용 감시 카메라(CCTV: Closed-circuit Television)   084
   초음파 유도 시스템(Ultrasonic Parking Guidance System)   084
   동영상 방식 위치확인시스템   085
   키오스크(kiosk), 사전정산기   086
   플랩형(flap) 차단기   087
   기계식 주차장 설치   088

4 그 밖의 주차장 연관 산업   092
   물류 및 창고사업   092
   경정비와 세차   093
   공유 모빌리티(Carsharing) 및 중고차 판매   093
   전기자전거, 킥보드 운영사업   094
   도심항공 모빌리티(Urban air mobility)   095
   로봇주차   095

5 주차장 운영업   097
   〈덕스파킹 스토리〉 블로그 시작   099
   「트럭헬퍼」 공동 설립   101
   화물차 주차장의 특징과 운영   105

3 실제 사례로 보는 주차장 운영

1 주차장의 발전 과정   116

무인주차장의 도입으로 기회가 많아졌다   116
그럼 무인주차장은 만능인가?   118
무인주차장은 핵심은 콜센터 운영이다!   120
카드전용결제 시장의 발달 / 현금 수금이 필요 없는 시대   120

2 사례로 보는 주차장 운영   122

경쟁 심리를 이용하라: 경기도 양주 주차타워   122
사업에 불확실성은 존재한다: 양주 주차장 그 이후   124
지나치는 땅도 넘기지 말라: 홍대 나대지 주차장   125
부실한 운영으로 돈이 샌다: 인사동 부설 나대지 주차장   126
운영 방식만 바꿔도 돈이 된다: 인사동 호텔 나대지 주차장   128
어려운 조건은 쉽게 풀어 낸다: 인사동 오피스텔 주차장   130
민원을 줄이면 돈이 된다: G사 리테일 주차장   132
발상의 전환과 대담함도 필요하다: D사 점포 부설주차장   134
선진 주차장 사례: 일본의 주차장   136

3 나의 주차장 운영 분투기

소유주, 공유자 관계를 명쾌하게 파악하라   144
부딪치고 얻어내자   146
장비문제 발생시 신속히 해결한다   147
전혀 예상하지 못한 코로나   149
개인으로 도전할 수 있는 조건: 2호점 미사타워   150
윈-윈하는 사업 모델: 3호점 부천 상가 부설주차장   152
단타로 치고 빠지는 현장도 있다: 4호점 동대문 나대지 주차장   153
최초의 손실을 경험한 주차장: 5호점 의왕 타워   154

4 주차장 운영을 위한 기본기 다지기

1 주차장 기본 법령   158
주차장법은 필요한 것만 알면 된다.   158
주차장을 할 수 있는 토지   159

2 주차장의 종류   162
노상주차장   163
노외주차장   164
주차전용건축물   174
부설주차장   179
나대지 부설 주차장   187

3 주차장 운영 요금, 시간, 구획 및 대수 기준   191
주차요금   191
운영시간   192
구획과 대수   193
장애인주차구역 (장애인, 노인, 임산부 등의 편의증진 보장에 관한 법률)   194

4 주차장 임대 운영   197
주차장의 고객은 누구인가?   197
주차장 임대 계약 운영   198

5 주차장 설계 체크포인트   200
건축법에 대해 몰라도 될까   200
주차장의 전체면적이 중요한가   201
주차장 청소와 조명   202
날씨를 고려하라   203
전기차 충전기 설치   206

6 주차장에 대한 고객 인식   211
주차비는 세상에서 가장 아까운 돈   211
주차장은 만들 수 있는 곳이 아닌 만들고 싶은 곳에 만들어라!   212
주차장은 특수하다   213
주차장 공유   214
어느 부자의 주차장에 관한 생각   214

5 주차장 운영 실전

1 공영주차장 어떤 특징을 갖는가   223

공영주차장 입찰   223
임대료의 비확정성   224
공영주차장의 수익 검토   225
높은 수익률이 나오는 현장 찾기   227

2 공영주차장 운영 실전   229

입찰조건과 분석   229
노상주차장 매출분석   233
공영주차장 계약 진행   235
공영주차장 추정 매출 계산 오류 사례   236
공영주차장 회전율   238

3 민간 주차장 운영과 프로세스   239

주차장 운영을 위한 업무 프로세스   239
주차장 계약과 매입   240
주차장 수익성 검토   244
주차장 사업성 분석   247
계약 검토 및 체결   258
주차장 공사와 장비   265
주차요금 검토 및 산정   267
주차장 운영 영업과 마케팅   272
주차장 관리 및 사고 처리   276

4 불법주차와 주차분쟁   281

불법주차와 무단주차의 차이   281
주차 분쟁   285

6 주차장 컨설턴트로 살아가기

1 주차장 컨설턴트가 하는 일   299

주차장 임대 운영   299

주차장 매매   299

주차장 분쟁 조율   300

주차장 수익 비용분석   300

법인사업 컨설팅   301

주차장 공사   301

주차관제장비 판매   302

주차장 사고 컨설팅   302

내가 컨설팅 비용을 받는 이유   304

2 주차장 일을 하면서   307

우리는 국정원 직원이다   307

네 사업이라고 생각해   308

에필로그   310

덕's
Parking
Story

1장

주차장 운영을 위한 기본기 다지기

고등학교 2학년 야간 자율학습이 끝나고 집에 오는 길. 가슴이 칼에 맞은 듯이 숨쉬기가 어려웠다. '하루만 쉬면 낫겠지' 라고 생각했지만, 차도는 보이지 않았고 보글보글 물방울이 가슴 속에서 떠다니는 것 같았다. 다음날 병원에서 엑스레이를 찍었는데 폐가 쪼그라져 빨리 입원해야 한다고 했다. 폐기흉이라고 했다. 그 이후에도 몸이 자주 아팠고 병원을 들락날락 거리다 결국 3학년 때는 수술이 아니면 회복되기 어려울 정도로 악화되었다. 어쩔 수 없이 수능시험 몇 주를 앞두고 수술을 했고 시험 5일 전, 겨우 퇴원을 하여 진통제를 먹으며 수능시험을 보았다. 당시 체중은 50킬로그램도 되지 않았는데, 당시 친구들은 "삐쩍 마른 송장이 기어서 간다"고 표현했다. 그런데 시험이 끝나고 병이 재발했다.

'수술만 하면 괜찮다고 했는데…'

가장 젊고 활기찬 20살, 나는 병원에 있었다. 당시의 상태로는 재수를 하거나 좋은 대학을 가겠다는 것은 과한 욕심이었다. 그럼에도 다행히 부산의 한 사립대 도시조경학부에 합격하였다. 입학 초에도 건강하지 못해 학과 친구들과 어울리지 못했다. 대학 1학년 성적은 당연히 최하위 수준, 아버지는 때려 치우고 재수해서 교대에 가볼 것을 권유하셨다. 물론 내 실력으로는 어림도 없는 말씀이었고 그렇게 1학년 생활을 그냥 보내고 사회복무요원으로 근무했다. 당시 분위기는 현역으로 군대를 가지 못 가면 소위 '하자 있는 인간'으로 무시를 당하곤 했는데 나 역시 그랬다. 군대를 면제받은 친구가 있었는데, 시간이 날 때마다 둘이 학교 도서관에서 공부를 했던 기억이 난다. 낮에는 사회복무요원으로 쓰레기를 치우고 퇴근 후에는 책을 읽고 자격증 공부도 하였다. 그 때 공인중개사 자격증을 땄는데 이 자격증이 취업과 주차장 업무에 아주 큰 도움이 되었다.

복학 후, 도시계획을 전공으로 선택하고 열심히 공부했다. 건강도 어느 정도 회복하면서 부족한 학점을 메우기 위해 계절학기를 들었고, 학기 중에는 새벽부터 도서관에 가방을 던져 놓고 하루 일정을 시작했다. 도서관에서 책을 읽고, 잠을 자고 노는 것이 나의 루틴이 되었다. 성적이 오르면서 자신감도 생겼고, 4학년 때부터 토익 학원을 다니며 여러 기업의 문을 두드렸다. 당시에는 부동산 관련 중견기업 정도만 취업해도 성공이라고 생각했다. 대기업 몇 곳도 면접을 보았으나 최종 면접에서 모두 고배를 마셨다. 안정적이고 좋은 직장을 위해 더 도전하고 싶었지만 나에게는 시간과 돈이 없었다.

부동산 시행사: 사회생활 시작

직장생활의 시작은 부동산 개발을 하는 시행사 였는데, 입만 열면 수백억, 수천억, 조 단위의 부동산 개발 관련 숫자가 오갔다. 첫 직장은 강남에 대형 사옥과 두 곳의 골프장을 보유한 건실한 기업이다. 당시에 무슨 이유였는지는 모르겠지만 급여가 적게 느껴졌고, 업무도 전문성이 없다고 생각했다. 아마도 변화가 필요하다는 생각을 했기 때문이리라. 고작 경력 2년 밖에 되지 않은 신입이 말이다.

마침 그때 신사업개발팀 임원 한 분이,

"영덕아, 내가 모아 놓은 돈이 좀 있어. 사업이나 같이 하자. 회사 다녀서 뭐하냐?"라며 나를 설득했다.

나는 선배가 창업한 작은 부동산 컨설팅 기업으로 이직했다. 29살, '젊은데 설마 밥 굶을까? 한번 도전해보자!' 당시 그 사업은 어떻게 되었을까? 선배는 사기를 당하여 1년 만에 거의 전 재산을 탕진하였고, 나도 퇴사할 수밖에 없었다. 나이 30살, 경력은 부동산 시행사와 컨설팅업체 3년 정도가 고작. 서울에서 모아 놓은 돈도, 차 한 대 없던 나는 정말 하늘이 무너지는 것 같았다.

'부산 부모님 댁에 내려가 취업이나 할까?'

부모님 역시 "서울에서 장가나 가겠냐? 그냥 내려와라" 라고 말씀하셨다. 다시 내려가 지내면서 재기를 도모할 것인가? 서울에서 어떻게든 살아남을 것인가? 고민을 하던 중 취업사이트에서 주차장 영업사원 구인광고를 보게 되었다.

주차장 회사에서 시작: 재취업

대기업 계열사지만 연봉이나 인지도가 높은 기업이 아니었기에 경력직으로 서류 합격 후, 면접을 준비하는데 주차장 운영 기업에 대한 아무런 정보가 없었다. 지금은 모빌리티사업이 국가 산업의 하나의 축이니 미래 먹거리니 말하지만 당시 무인주차장은 운영은 신사업이었고, 사업에 대해 아는 사람도 관심도 없었다.

'주차장에 대해서 아는 것이 없으니 어떻게 해야 하나?'

당시 팀장 및 임원 면접이 있었는데 포트폴리오를 보더니 많은 질문도 하지 않고 아주 흡족해 하셨다. 일러스트, 캐드를 동원하여 포트폴리오를 꽤 멋지게 잘 만들었든 덕분이었다. 문제는 대표이사 PT면접이었는데. 주제는 "인근의 주차장을 조사하여 임대료, 매출을 추정하고 어떻게 운영할 것인가를 제시하라"였다. 현재에는 주차장을 운영하는 기업도 많고, 인터넷 검색을 통해 챗GPT로도 정보 취합이 가능하지만, 그 때는 주차사업이 무엇인지도 모르던 시절이라 막막했다. 그때 내가 거주하고 있던 서울 가락동 나대지 주차장을 사례로 조사를 하면서 자료를 만들기 시작하였다. 아무것도 모르는 상태에서 어떻게 자료를 만들고 PT까지 했는지 신기할 따름이다. 거기다 지금 봐도 그리 말도 안되는 분석이 아니었으니 말이다. 현황을 분석하고, 앞으로 설치될 장비, 간판을 시각적으로 보여준 후, 토지소유주 설득을 위한 예상 임대료도 제시하였다. 일본인 대표이사는 계속적인 질문하며, 내 발표의 문제점을 지적하였으나 어느 정도 잘 방어했다. 결국 합격을 했는데 사실 많이 놀랐다. 급여가 너무 낮아서…

30살. 주차장 운영기업 영업팀 대리로 입사하였다. 문제는 대리 직급 중에 가장 어렸는데, 사원 중에 나보다 나이 많은 분들이 있어 좀 부담이었다. 무슨 이유인지 잘 모르겠으나 대표이사, 영업팀장은 주차장에 대해 아무것도 모르는 나를 신뢰하였고, 단기간에 많은 성과를 낼 수 있을 것이라는 기대를 하고 있었다.

심지어 일본인 대표이사는 "나와 내기 하브시다(합시다). 김영더쿠 상은 3개월 이내에 주차장을 개발 하루 겁니다(하는 겁니다)." 라며 술자리에서 내기를 걸었다. 내가 3개월만에 주차장을 오픈하였을까? 아니. 당시에 주차장 개발은 정말 쉽지 않은 일이었다.

평일, 주말 밤낮을 가리지 않고 정말 미친듯이 걸어 다니며 소유주를 찾아다녔으나 계약 기회는 쉽게 오지 않았다. 점점 지쳐갈 무렵, 이상한 낌새를 눈치 챈 팀장님과 과장님은 나에게 현장을 하나 주셨다.

"회사의 도움 없이 온전히 본인 힘으로 개발하는 건 어려워, 일단 이 거라도 계약해 봐, 스스로 힘으로 못했다고 너무 속상해 하지마라."

옆에 계셨던 과장님은

"영덕아, 우리나라에 무인주차장 영업사원 100명도 안 돼. 네가 우리 분야에서 꼴등해도 우리나라에서는 100등 안에 든다는 말이야. 잘하고 있어. 딴 생각 하지 마."

주차장 일을 하면서 정말 힘들 때 과거에 들었던 말을 기억한다. 당시 신사업인 주차장 영업은 너무나도 큰 장벽처럼 느껴졌다.

블로그 운영 시작과 이직

어떤 영업이든지 쉽지 않지만, 특수 물건인 주차장 영업은 더욱 더 어려웠다. 길거리에 구두 밑창이 떨어져 나뒹굴 정도로 추우나 더우나 비가 오나 눈이 오나 영업했지만 1년이 다 되어도 계약이 진행되지 않았다. 이후 아내의 조언으로 블로그를 시작하면서 눈에 띄게 영업 실적이 나오기 시작하였다. 보통 직장인이 그렇지만 계약과 판매는 나의 개인적인 힘보다는 조직의 힘으로 즉, 인바운드로 영업이 이루어진다. 하지만 나의 경우 개인 블로그를 통하여 계약이 다수 진행되는 것을 경험하니 점점 욕심이 커져갔다. 결정적으로 서울 중심지 상권에 주차장을 오픈하며 큰 수익을 거두었으나 나에게 주어진 인센티브는 너무나 약소했다. 외벌이로 첫째까지 태어난 상황에서 연봉과 인센티브는 중요했다.

처우에 대한 불만이 있을 무렵, 지인을 통해 모 기업 신사업 팀장이 나를 한번 만나고 싶다는 연락을 받았다. 이미 주차장 운영 블로거로 점점 이름을 알리기 시작할 때였다.(그 때 필자의 블로그 총 방문객은 1만명 수준이었다. 아무도 주차사업에 관심이 없으니 고작 1만명의 방문객으로 네이버 블로그 최상단에 위치하게 된 것이다!) 첫 주차장 운영사에서 근무한지 3년간 1번의 연봉 인상. 이직을 제안한 기업은 첫 직장 보다 월등히 높은 급여와 복지를 제안하였다. 물론 연봉이 높다는 것은 어려움이 많다는 것을 뜻하기도 했다. 모든 것을 다시 시작해야 했다. 어느 정도 성과가 나는 시점에서 이직이라는 결정은 고난의 행군을 뜻하였다. 이직한 곳은 무인사업 전문 기업의 신사업 부서였다. 각 팀에서 잘 나가던 직원들이 어느 날 신사업팀으로 와서 맨땅에 헤딩을 하고 있으니 팀 분위기가 좋을 수 있었을까? 신사업팀이 없어지면 기존 직원들은 다른 부서로 갈 수 있겠지만 난 그럴 수 없다고 생각했다.

"뭘 걱정을 하냐? 안 되면 딴 부서 가면 되지." 정말 고맙지만 싫었던 말이다.

마음 한 구석에 다른 부서로 가면 패배자가 되는 것 같은 심정이었다. 조직에서 살아 남기 위해서는 무슨 일이 있더라도 실적을 내야 했다. 그 고민의 결론은 '지방 먼저 영업하자'였다. 아무리 주차사업이 초기라고 해도 이미 서울, 경기 등 수도권은 선발주자가 시장을 장악하고 있는 상황이었다. 나는 이직한 N사가 가진 전국 네트워크를 이용하여 설명회를 개최하고 성과를 내기 시작하였다. 또 다른 전략은 다수 주차장을 가지고 있는 기업과 전략적 제휴를 하는 것이었다. 이직 전에 다수의 주차장을 확보하고 있는 기업과 주차장 운영계약 직전까지 갔는데, 경쟁사라는 이유로 (경쟁 리테일 기업) 계약체결이 이루어지지 않았다. 이직 후 그 L기업에 찾아가 "이제 경쟁사가 아닌 동반관계이니(N사는 L사에 많은 ATM기를 보급중이었다) 한번 같이 합시다." 설득하니 계약이 일사천리로 진행되었다.

이후 N사의 신사업팀은 무인주차사업실로 명칭이 바뀌었고, 그 무렵 나는 건강이 좋지 않아 퇴사를 하였다. 연봉과 복지가 좋은 회사였고 업무적 스트레스와 실적에 압박을 준 적이 없었지만, 굉장히 힘들었다. '아무리 어려도 나는 경력직이다. 주차장 전문가로 채용되었는데 못하면 안된다' 고 스스로를 채찍질 한 것 같다.

현재도 당시 팀원들이 주차팀을 잘 이끌고 있는데, 그 분들이 있었기에, 지금의 그 기업이 있다고 생각한다.

N사는 2024년 기준 주차장 약 4천여 곳 이상을 운영하고 있는 기업으로 성장하였다. 혹시나 해서 말하지만 나는 이직할 때 거래선을 갖고 이직하지 않았다. 그래서인지 업계에서 욕먹지 않고, 오히려 불쌍하는 이야기를 많이 듣는다. 고생은 다하고 과실을 못 먹는다고 말이다. 하지만 별로 개의치 않는다. 이러한 경험이 도전적인 나를 만들었다고 생각한다.

중소기업 주차팀에서 취업하여 재충전을 하며 개인사업을 준비하고 있었다. 어느날 대기업 신사업 팀원으로부터 연락이 왔다. "우리 회사한번 지원해 보지 않겠어요?" 예전부터 근무하고 싶었던 회사였지만 당시에는 '어차피 오래 다니지도 않을 텐데 군이 지원할 필요 있을까?'

라고 생각하며, 고민을 하다 서류를 넣었는데 면접에 오라는 통보를 받았다. 면접에서 주차 전문가적인 모습을 보이지 않았음에도 어렵지 않게 부동산자산관리기업 기획실 신사업팀으로 입사하게 되었다. '또 다시 신사업팀이라니…'

입사 후, 예전 같은 열정이 발휘되지 않았다. 결국 2곳의 회사에서 신사업팀이 주차팀으로 조직 변경되는 것을 보고 퇴사했다. 신사업팀에서 정식 조직으로 변경되는 과정은 결코 쉬운 일이 아니었다. 그럼에도 불구하고 사직서를 냈을 때 인사팀에서는 이해하기 힘들다는 반응이었다. 6개월만에 우수사원 표창까지 받고, 그 많은 직원 중에 주차에 대해서 아는 사람은 당신 하나 뿐인데 고생만 하고 퇴사라니 말이다.

회사를 그만두고 개인사업을 시작하였다. 아내가 말했다. '마이너스 통장으로 2년은 버틸 수 있어.' 급여가 꾸준히 나오는 안정적인 직장을 그만두고 사업을 한다는 것은 큰 두려움이었지만, 아내가 힘을 실어주었다. 퇴사하기 전부터 수익구조를 고민했고, 퇴직한 시점부터 임차한 주차장에서 수익이 발생하기 시작하였다. 주차장 한 곳에서 발생한 운영 수익은 회사에서 받던 급여를 넘어섰다. 자신감이 생기니 주차장을 확장하는데 두려움이 사라졌고 이후 다섯 곳의 주차장을 운영하며, 주차사업관련 컨설팅도 진행하였다. 몇 곳의 무인주차장을 운영하면서 편하게 먹고 살고 있었으나 조만간 이 시장은 대기업이 주도할 것이며 경쟁이 심화될 것이라는 것을 알고 있었다. 무인주차장이라는 새로운 아이템을 가지고 직장생활을 시작했고, 남들이 모르는 분야로 수익을 얻었다. 경쟁이 심화되는 상황에서 새로운 것을 찾아야 했지만 아는 것은 주차장 뿐이었다. 참 나는 운이 좋은 사람이다. '주차장 사업 관련하여 새로운 수익구조를 찾아야 하나?' 고민하고 있을 때 '화물차 주차장'이라는 사업분야를 알게 되었으니 말이다.

한 걸음 한 걸음 발로 뛰는 영업

이 책을 읽는 독자 여러분의 상황은 모두 다를 것이다. 토지를 가지고 있는데 이러지도 저러지도 못하는 분이 있을 수 있고, 토지나 주차장은 없지만 임대를 통해 주차장 사업 계획하고 있는 분도 있을 것이다. 토지유무, 자본 규모에 관계없이 초심자는 소형 주차장 현장을 시작으로 한 단계씩 나아가는 것을 추천한다. 처음부터 무리를 하다 힘들어하는 개인 사업자들을 많이 보았다.

자본이 뒷받침 되는 대기업도 주차장 사업을 시작하는 단계에서는 소형토지의 소유주를 찾아가거나, 기존 주차장의 운영권을 따내는 방식을 취한다. 초기부터 대형 주차장을 임대하거나 매입하지는 않는다는 것이다. 주차장은 물건확보가 중요한데 결국 특수한 영업력을 발휘하여 운영권을 가져와야 한다. '기업의 꽃은 영업이다.' 이라는 말이 있지 않은가! 영업, 즉 물건을 팔지 않으면 망하는 것이 회사이고, 주차장 사업을 하고 싶은 사람은 반드시 수익성 있는 주차장의 운영권을 가져와야 한다.

영업 가운데 미래 보장 상품인 보험 영업이 어렵다고 하지만, 주차장 영업도 만만치 않다. 건물주, 토지소유주는 최소 수십억, 수백억 원

이상의 자산가이다. 혈기왕성한 젊은 영업사원이 문을 두드리고 읍소해도 쉽게 만나 주지 않는다. 대기업에서 주차장을 운영하고 임대료도 준다고 해도 자산가에게 그리 큰 관심을 받지 못하는 경우가 많다.

과거의 나는 바닥부터 하는 뚜벅이 영업을 했다. 주차장도 부동산이니 주차장을 알기 위해서는 걸어다니며 영업을 하는 것이 맞기는 하다. 하지만 추천하지는 않는다. 요즘 젊은 직원에게 걸어 다니면서 영업하라고 하면 오래 버티지 못하고 사직서를 낼 것이다. 주차장 운영 기업에 다니는 직장인은 어쩔 수 없이 하는 뚜벅이 영업이지만, 이 전략은 특히 개인사업자는 사용하면 안 된다. 투입시간 대비 효율이 좋지 않다. 뚜벅이 영업은 다소 무식한 영업방식이라고 할수 있지만 과거에는 그렇게 할 수 밖에 없었다. 주차장 운영사업은 당시에는 잘 알려지지 않은 사업이었고, 가족을 부양해야 했기 때문에 부끄러움 따위는 없었다.

광진구, △△동에 빈 땅이 하나 있었는데, 등기부를 발급받아 보니, 토지소유주가 삼청동 쪽에 거주하고 있었다. 바람이나 쐴 겸 삼청동으로 갔다.

"딩동~♪"

"누구세요?"

"네, 저는 주차전문기업 ○○기업에 다니는 영업사원입니다. 선생님 토지에 주차장을 운영하고 싶어서 염치 불구하고 불쑥 찾아 뵈었습니다."

"네, 기다려 보세요."

'아! 그래도 문은 열어 주시는구나. 말이라도 붙여볼 기회를 얻었구나'

"저기요!"

"네네, 사장님"

"저기 그 회사에서 벌써 다섯 번 찾아왔어요. 여기 브로셔 보이시죠? 브로셔가 꽤 비쌀 것 같은데…이제 그만 찾아오시죠?"

"아! 네, 죄송합니다."

부드러운 말투로 설명을 주시는데, 정말 민망했다. 10년도 더 된 이야기이지만 등기부를 발급받은 후 연락없이 직접 찾아가는 것은 실례이긴 하다. 주차장 영업 사원은 등기부를 발급하여 토지소유주를 직접 찾아가는 일이 주 업무였는데 가끔 주소가 이상한 곳이 있었다.

"과장님, 강남 ○○ 나대지 있잖아요. 소유주가 산꼭대기에 사는데요? 이상하지 않아요?"

"뭐가 이상하냐? 너 같은 애가 계속 찾아오니까 소유주가 주소를 산꼭대기에 올려 놓은 거 아냐! 너 이해 못하냐?"

"아…저는 강남에 땅이 없어서 몰랐습니다."

소유주는 숨고 나는 찾는 숨바꼭질 생활은 계속되었다.

최근에는 걸어 다니며 관리사무소에 들어가 "무인주차장 사업제안을 받아 보겠냐?"라고 무식하게 영업하는 영업사원은 거의 없다. 사실 무지하게 힘들고 자존심 상하는 일이기도 하다. 열정 넘치던 영업사원도 몇 달, 일 년이면 뚝벅이 영업을 포기하고 혹시나 회사로 걸려오는 전화를 목을 빼고 기다리는 경우가 많았다. 이런 영업사원의 종착역은 커피숍이나 PC방. 전날 과음했다면 사우나가 될 수도 있다. 어차피 소유주를 만나지 못하거나 만난다고 해도 대화가 진행되지 않을 거라면 체력이라도 아껴야 할 것 아닌가. 땡땡이 치기 좋아하는 영업사원도 한 동안 PC방, 커피숍, 사우나를 돌다 보면 이것에 많은 비용이 들어간다 는 것을 알게 된다. 그 재미있던 게임도 지루해진다. 영업 차량이라도 있으면 그나마 낫겠지만, 열심히 하던 그 때에는 필자에게 할당된 차량 지원도 없었다.

얼마 전 꽤 괜찮은 토지를 알게 되어 무작정 토지소유주를 찾아가 방문하였다. 서울 중심지의 입지가 좋은 토지는 소유주를 만나는 것이 거의 불가능하지만, 경기도 외곽 토지의 경우 생각보다 쉽게 토지소유 주를 찾을 수 있고, 계약 진행도 가능하다. 지방에서도 월 수천만 원의 매출이 발생하는 주차장이 있다. 제대로 조사하지 못하여 적정 임대료 로 협상하지 못하면 적자가 날 수 있다. 주차장 운영사 직원 중 일부는 수익분석을 제대로 못해서 잘리는 경우도 있으니, 주차장에 대한 상세 한 매출 조사는 필수다.

여전히 나는 현장 토지를 볼 때는 차량을 이용하지 않는 편이다. 그 래야 더 자세히 볼 수 있다는 것이 나의 생각이다. 요즘은 먼 현장을 갈 때부터 대중교통을 이용하면 이동시간이 걸리니, 현장 인근에 차를 세 워 놓고 걸어 다니며 조사를 한다.

모든 수단과 방법을 시도하자

앞서 말한대로 주차장 뚜벅이 영업은 중요한 부분이라고 생각한다. 주차장 운영은 책으로 배우는 것보다 현장에서 움직이고 계약하고, 매출을 올리기 위해 여러 마케팅 업체와 제휴하기 위해 발로 뛰어야 한다. 다만 아무 것도 없이 발로 뛰는 것은 헛걸음이 될 가능성이 높고 효율성이 떨어진다. 코로나 이후 대면 영업을 꺼려하는 분위기라 유선, 이메일, 우편 등을 이용한 전략도 고려해볼만 하다.

　DM을 이용할 경우 건물주, 토지주의 정보를 파악해야 하는데 그들은 개인정보에 민감하다. 예전에는 잠시라도 미팅하면 꼭 전화번호를 확보하려고 했다. 한번 만나기도 어려운데 전화번호라도 알고 있으면, 무례하게 불쑥 찾아가지 않아도 되고 데이터로 만들어 관리하면 전화로 간간히 영업할 수 있었기 때문이다. 주차장 현장을 둘러보다 이상한 점이 발견되면 가끔 연락하여 토지에 대한 상황을 파악할 수도 있다. 무언가 문제점이 있다고 생각되면 지속적으로 대면 만남을 취하여 결국 만나서 계약을 진행했다. 물론 영업의 최고수는 먼저 만나기를 청하거나 전화하지 않고 미끼를 던지고 기다리는 것이다. 건물주, 토지소유주에게 전화가 오게 만들어야 성사 가능성이 높다. 영업과 협상력을 키우기 위해 커뮤니케이션 능력과 부동산 지식을 쌓는 것은 당연하다.

　문전박대 당하면서도 데이터화 하여 재방문율을 낮추고, 전화를 하며, DM을 발송하는 방법으로 영업방식도 바꾸어 나갔다. 정성스러운 편지와 브로셔를 동봉한 DM도 발송하였다. 손으로 모든 내용을 쓰기는 어렵지만 정성을 보이기 위해 주차장 소유자의 이름만 자필로 써서 편지 내용을 만들었다. 결과는 어떻게 되었을까? 엄청난 우표 값만 소비했던 것으로 기억한다. 보냈던 DM은 토지주에게는 그저 쓸모 없는 종이였을 뿐. 그래도 안 하는 것 보다는 낫다. 당장의 성과는 없었지만 1

년, 2년 후 토지소유주, 건물주측에서 연락이 오기도 했다. 두드리면 열리는 법이다. 돈 버는데 정답이 있나? 뚜벅이 영업, 전화, 메일, 우편 등 영업자 입장에서는 소유주와 접점을 찾는 포인트로 시도할 만한 방법이다.

긍정의 힘으로 돈을 벌자

어느 날 새로운 업무가 배정되었는데 그것은 팀장님이 오픈한 무인 주차장의 운영을 담당하게 된 것이었다. 주차관제장비 공사가 끝난 후, 무인주차장 이용이 생소한 고객에게 정산방법을 알려주는 것이 나의 임무. 오픈 날 대치동 ◇◇주차장에 도착하여 일할 준비를 하는데 출구 한 쪽 구석에 인분이 있는 것이었다. 분명 동물 분뇨가 아닌 인분이었다! 공익근무요원으로 청소과에서 근무하며 동물 사체를 비롯하여 치워보지 않은 것이 없는 나다. 삽을 가지고 와서 능숙하게 처리했다. 아주 깔끔했다. 이후 대치동 ◇◇주차장은 대박이 났다. '역시 똥꿈만 좋은 것은 아니구나.' 10년 후 필자가 운영하는 주차장에도 누가 대변 봉지를 버리고 갔다. 필자가 우연히 방문한 날이었는데, 청소하는 분을 부르기도 그래서 역시 내가 치웠다. 이후 그 주차장은 이상하게도 매출이 올라갔다.

얼마 전 필자가 근무하는 빅모빌리티 주차장 현장 화장실에도 누군가 변을 싸 놓고 갔다. 전기를 올리지 않으면 물이 나오지 않는 화장실이라 똥이 그대로, 이쁘게 앉아 계셨다. 오늘도 나는 똥과 함께 우리 주차장이 대박 나기를 기원한다. 주차장 운영 사업 역시 민원이 많고 다양한 변수가 있다. 더럽고 힘들어도 긍정적인 마인드로 임하면 더 많은 기회가 생기는 것이 아닐까!

나는 보통 민간주차장을 중심으로 사업대상지를 찾는다. 한번은 공영 지하주차장을 낙찰 받아 운영한 적이 있다.

"영덕아. 우리 이거 한번 낙찰 받아서 해보자. 벌써 두 번이나 유찰되었어. 이번에도 유찰될 거니까 한번 해 봐. 큰 돈은 못 벌어도 괜찮을 거야. 너도 실적내야지."

"네, 열심히 해보겠습니다."

'진짜 돈 얼마 안 남을 것 같은데, 아무도 안 들어오는 것은 주차장이 안 좋다는 얘기잖아. 근데 별 수 있나. 시키면 시키는 대로 해야지.'

진심으로 낙찰 받지 않기 원했지만 간발의 차이로 낙찰이 되었고, 나는 운영 담당자가 되었다. 현장은 강북구의 어느 공원 지하 주차장. 계속되는 유찰로 시설관리공단 공무원이 직영 운영을 하고 있었다. 담당 공무원은 돈이 안될 텐데, 그래도 대기업이 운영을 하니 잘 되었다고 말했다. 당시 해당 공영주차장은 유인으로 운영 중이었는데, 무인 운영을 하는 것을 조건으로 낙찰을 받았다. 무인 장비가 설치되고 에러가 발생하자 기존 고객들은 불편하다고 아우성에 지하에 누수, 배수 문제로 쾌쾌한 냄새가 났다. 장기간 방치된 차량도 여러 대 있었고, 예전 운영자가 비용절감을 위해 형광등 전구를 많이 빼놓아 매우 어두웠다. 수익이 안 되니 회사에서도 투자를 할 수 없어 주차장 운영이 엉망이었다. 매일 가서 청소도 하고, 민원도 해결하였지만 정말 쉽지 않은 상황이 이

어졌다. 그런 상황에서 하필 아이들 불장난으로 소방차까지 출동하는 사고도 발생하였다. 추후 다른 담당자가 현장을 인수받아 운영을 하였는데 만약 개인이 낙찰 받아 운영하였다면 중도해지 수수료가 발생했거나, 어둡고 습한 지하에서 주차관리를 했을 것이다. 여기서도 많이 배웠다. 힘이 드는데 돈도 안되는 현장은 하지말자. 일 잘하는 사람은 조금 일하고 많이 번다. 많이 일하고 많이 버는 것은 당연하다. 많이 일하고 적게 버는 현장은 계약 하지 말자. 지금도 이것이 나의 영업 철학이다.

2 주차장 운영을 위한 13가지 성공 법칙

토지나 건물이 있다면 주차사업의 반은 성공한 것이다. 국내 기업들은 부동산을 많이 보유하고 있다. 위치가 좋은 곳은 당연히 고급호텔이나 상업시설을 건축할 것이고, 그 건물 지하에는 주차장이 조성되게 된다. 그 주차장을 운영하여 매출을 내면 주차장 운영사업자가 되는 것이다. 경쟁도, 임대료도 필요 없다. 상업시설도 아파트도 짓기 어려운 지방외곽에 위치한 토지가 있다면 화물차, 버스, 특수차, 캠핑카 주차장으로도 수익창출이 가능하다. 어차피 놀리면서 세금만 낼 바에는 단돈 수십만 원이라도 수익을 내는 것이 좋지 않을까?

거짓, 과장에 속지 말고 절대 사기당하지 말자

보유한 토지가 없다면 사업지를 찾아야 된다. 먼저 돈을 벌기 전에 돈을 잃지 말자. 주차장 역시 부동산이다. 나는 부동산 시행사, 공인중개사를 많이 믿지 않는다. 사기를 치려고 하는지, 진짜 몰랐는지 알 수는 없지만 어쨌든 주차장 임대, 매입 후 손실을 보는 개인이 굉장히 많다. 중개업자나 분양대행사도 주차장에 대해 잘 모르는 경우가 다수이기 때문이다.

집을 계약할 때 공인중개사를 통하여 집을 계약한 분들이 대부분일 것이다. 요즘은 일반 대중도 어느 정도 부동산의 가치와 권리관계에 알고 있다. 중개사의 역할은 물건을 소개해 주고, 위험한 물건인지 확인해 주는 정도이다. 상세분석을 해주는 컨설턴트는 아니기 때문에 아주 높은 전문성을 가지고 있다고 보기는 어렵다. 그래서인지 부동산 거래사이트에서도 중개인을 배제한 개인간 거래가 증가하는 추세이다.

주차장은 부동산이지만 특수물건으로 중개사가 정확히 주차장에 대해 분석해 준다는 것은 기대하지 말자. 중개인은 중개 후 수수료를 가져가는 것이 목표이다. 적어도 사고만 안 나면 된다는 것이다. 생각보다 매출이 적게 나거나 세금이 많이 나와도 중개사와 상관없는 일이다. 권리관계 분석 후 거래만 성사시키면 수수료를 받는다. 할인권이 무엇인지 몰라도, 주차장 운영비가 얼마인지 몰라도 되는 것이다.

주차장 매입시 특히 조심하자. 사기와 사업은 한 끗 차이다. 주차장을 구매한 사람은 사기라고 하고 주차장을 매도한 사람은 사업이라고 주장한다. 주차장을 매수하는 과정에서 사기를 당하는 경우를 많이 보았다. 아파트, 상가와 달리 주차장은 매매사례를 찾기 어렵기 때문에 적정가격이 얼마인지 알기 어렵다. 주차장은 아파트, 상가보다 면적이 훨씬 크다. 대형 면적과 공시지가, 지분에 속아서 주차장을 샀다가 매출과 이익을 보고 망연자실한 자신을 발견할 것이다. 충분한 주변 시세 조사와 철저한 권리분석이 최선이다.

덕스파킹 컨설팅

| 매매 과장사례 |

의뢰인 경기도 ▢▢시에 주차타워를 소유한 분을 알고 있습니다. 주차타워를 매각하려고 하는데 주차장 전문으로 하는분 맞으시죠?

덕스파킹 네 맞습니다. ▢▢시에 위치한 주차타워라면 ◇◇주차장 아닌가요?

의뢰인 어떻게 아시나요? 대단하시네요.

덕스파킹 지역에 주차타워는 몇 개 되지 않거든요. 어쨌든 가격은 얼마인가요?

의뢰인 네 30억입니다. 매출이 점점 많이 늘고 있기 때문에 앞으로 괜찮을 것 같습니다!

덕스파킹 네? 30억이요? 그 물건 현재 매출 3백만원도 안 나오는 것으로 알고 있는데 관리비 내고 나면 마이너스 아닌가요?

의뢰인 앞으로 상권발달을 보면 충분히 가능하지 않을까요?

덕스파킹 그 가격에 판매하시려면 한참을 기다려야 할 겁니다. 아니 못 팔 수도 있어요.

| 사기 사례 |

의뢰인 경기도 ○○시에서 음식점을 하고 있는데, 주차장사업에 관심이 많습니다. 제가 임차하고 있는 건물의 시행자와 자주 술 한잔을 하는데, 주차사업이 괜찮다고 주차장을 매입하라고 하더군요. 매입해도 될까요?

덕스파킹 주차장이 주차전용건축물인가요?

의뢰인 아닙니다. 일반 상가구요. 주차장은 지하입니다.

덕스파킹 그런데 어떻게 주차장을 매입할 수 있죠? 주차장은 공유지분, 서비스 면적이기에 주차전용건축물이 아니면 주차장만 구분해서 팔 수가 없습니다. 등기부에도 문제도 있구요. 잘 검토해 보세요.

권리관계를 조심하자

권리관계를 제대로 파악하지 못하면 주차장 계약 후, 주차장을 운영하지 못하는 경우가 발생할 수 있다. 소유자가 1명이거나 소수인 나대지의 경우는 이러한 사례가 많지 않지만, 상가, 오피스텔 같이 소유주가 많은 주차장은 너도나도 주차장 권리자임을 주장하며 주차장 운영권을 주겠다고 한다. 주차장은 부동산이기 때문에 권리분석을 제대로 하지 않고 매입하거나 임대할 경우 수익은 커녕 법원을 드나들다 시간과 노력을 날리는 경우가 발생할 수도 있다. 특히 주차장은 정보가 한정적이라 분쟁이 많다.

아파트나 상가는 명확히 구분되어 있다. 즉, 여기는 내 소유라는 개념이 명확하다. 반면에 대부분의 주차장은 공유로 이용되고 있기 때문에 누가 주인인지 알기가 쉽지 않다. 조심해야 할 유형으로는 권리관계가 없으면서 마치 권리가 있는 사람인 것 마냥 매매나 임대계약을 체결하는 것이다. 가령 상가의 경우 주차장 소유주가 수십에서 수백 명이 될 수 있는데, 이러한 경우 구분소유자를 대표하는 관리단과 주차장 계약을 해야 한다. 권리관계로 분쟁 중인 관리단 회장이 본인이 책임질 테니 계약을 하자고 하여 주차관제장비를 설치하고 임대료를 지불하다가 다른 관리단의 등장으로 소송하는 경우도 있다. 혹은 내가 분양중인 건물을 매입해 주면 주차장권리를 주겠다는 사람도 있는데, 건물 전체를 소유한 소유주의 주차장이 아니라면 매우 조심해야 할 부분이다.

덕스파킹 컨설팅

| 권리관계문제 사례1 |

의뢰인 주차타워의 일부를 구매했는데요, 도대체 운영이 되지가 않네요. 좋은 방법이 없을까요?

덕스파킹 어떻게 구매하셨길래 운영이 안 되나요? 구분 소유자끼리의 문제인가요?

의뢰인 총 9층 주차타워 중에 제가 2,5,7,8 층을 소유하고 있고, 나머지 2명이 다른 층 들을 소유하고 있는데, 구매할 때는 합의만 하면 아무 문제도 없다고 했어요.

덕스파킹 합의만 하면 아무 문제도 없지만, 합의가 안 되면요?

의뢰인 그래서 지금 주차관제장비를 설치해서 과금을 하고 돈을 나누려고 하는데 그것 도 쉽지가 않네요.

덕스파킹 온전히 내 것이 아닌데, 누가 열심히 영업을 해서 주차장 매출을 올리려고 하며, 수익 정산이 정확하지 않다고 믿으면 어떻게 신뢰가 있을 수 있겠습니까? 처음 부터 주차장 전체를 매각하거나, 인감이 첨부된 이용 동의서를 받으셨어야죠. 지금 상황에서는 저도 해결할 방안이 없습니다. 구분된 주차장은 싸다고 사면 안됩니다. 사전 검토가 필요합니다.

| 권리관계문제 사례2 |

의뢰인 주차장 전문으로 운영 매각 하는 분이죠? 혹시 경기도에 ◇◇쇼핑몰 아십니까? 제가 거기 관리단 회장입니다.

덕스파킹 네 알고는 있습니다만, 어떤 일이시죠?

의뢰인 아실지 모르겠는데, 지금 저희 건물이 주차장 이용관련으로 분쟁 중입니다. 그 래서 대형주차장 운영사들이 저희 주차장을 임대하지 않으려고 해요. 혹시 임대 가능하시면 제가 계약을 진행시켜 드리겠습니다. 물론 사례금이 필요합니다.

덕스파킹 관리단 회장님이 주차장 전체의 소유자는 아니잖아요? 관리단 회장이 어떻게 책임을 질 수 있죠!?

사업을 시작하면 임대료와 싸움이다

과거 주차장의 주요 비용 이슈는 인건비였지만 현재는 월 60만원 수준이면 24시간 무인으로 주차장 운영이 가능하다. 인건비가 줄면서 늘어난 수익은 결국 임대료에 녹아 들었다. 주차장 운영 비용의 대부분이 임대료라는 말이다. 매출이 아무리 높아도 임대료를 지불하고 나서 남는 게 없다면 사업을 할 이유가 없다. 좋은 주차장은 매출대비 임대료가 낮은 주차장이라고 보아도 무방할 것이다.

가장 좋은 주차장 계약방식은 바로 무상임대차이다. 초기 투자를 하고 임대료 없이 주차장을 운영하면서 수익은 모두 가져오는 구조이다. 과거에는 주차관제장비 가격이 상대적으로 비싸고, 주차장 운영수익이 적어 이렇게 계약하는 경우가 많았다. 투자가 부담스러운 건물주, 임대료 리스크 없이 주차장을 운영하려는 업체가 원-윈 할 수 있는 구조였다. 무상임대차는 임대료가 없으므로, 운영자 입장에서는 아무리 큰 손실이 난다고 하더라도 투자비와 관리비 정도이다. 그래서 필자는 무상임대차 계약을 많이 했었다. 하지만 최근에는 주차관제장비의 가격이 하락하면서 주차관제장비 설치의 부담이 없어져 무상임대차 계약이 점차 사라지고 있는 추세이다. 물론 임대료가 없거나 낮다고 무조건 수익이 발생하는 것은 아니다.

지방 부설주차장의 경우 방문객이 주차할인을 받으면 대부분이 무료 출차하기 때문에 매출이 50만원도 되지 않는 주차장도 많다. 아무리 임대료가 낮아도 어느 정도의 매출은 있어야 수익을 얻을 수 있다. 대기업의 경우 자본력이 뒷받침되니 임대료가 높더라도 입지가 좋은 곳을 운영하여 매출을 올리기 때문에 개인보다는 임대료를 높게 지급하는 편이다. 다수의 기업이 최대 임차료로 경쟁하는 현장은 피해야 한다. 필자가 회사를 그만둔 계기 중 하나도 높아지는 임대료 부담이었다. 현재에도 수주를 위하여 무리하게 높은 임대료를 제시하는 개인, 기업이 있다. 기업의 목적은 이윤추구이다. 이익을 내지 못하는 기업은 기업이 아니다. 높은 임대료는 건물주, 토지주만 행복하게 할 뿐 주차장 운영자는 행복하지 못하다.

정액 임대료는 임대인이나 임차인이나 서로 리스크가 있다. 임대료가 너무 높으면 임차인 입장에서는 적자운영이 될 것이고, 임대료가 너무 낮으면 임대인은 손해본다는 생각을 가질 것이다. 최근 임대료 책정에 많은 시간과 비용이 투입되어 다수의 현장에서 수익배분방식으로 계약이 진행되고 있다. 예를 들면 총 매출에서 9(소유주 측):1(주차장운영사)로 수익을 배분하는 것이다. 과거에는 5:5 수익배분도 있었지만 이제는 대부분의 매출을 소유주 측이 가져간다. 투자비와 운영비를 제외하는 수익배분 방식과 총 매출 대비 수익배분으로 하는 것은 계약내용에 따라 달라진다.

주차장은 임대료가 저렴하면 매출이 좋지 않고, 임대료가 비싸면 매출이 높다. 중요한 것은 수준 이상의 매출이 발생하고 적정 임대료가 책정된 현장을 찾아 임대료 협상을 하는 것이다. 대부분 주차장 영업자, 사업가는 좋은 주차장을 찾지만 좋은 주차장은 많지 않다. 경쟁자가 너무 많고, 소유주가 직접 운영하고 싶어하는 경우도 많다. 좋지 않은 주차장을 좋게 만드는 것이 능력이다. 싸고 좋은 주차장은 결코 없다.

덕스파킹 컨설팅

1. 임대료가 낮은 현장을 잡아 성공한 사례

인천의 한 상업지역.

아직 아파트나 상가가 활성화 되지 않은 지역을 유심히 지켜보던 개인사업자가 있었다.
주차전용건축물의 소유주인 시행사는 주차장 수익으로 관리비도 내지 못하는 상황이었
고, 이를 알게된 개인사업자는 관리비지급 조건과 월 백만원의 임대료를 제시하여 주차장
운영을 시작하였다. 초반에는 너무나도 매출이 낮았기 때문에 겨우 적자를 면하는 수준이
었으나, 시간이 지나면서 상권이 활성화 되자 월 매출이 1천만원 이상 나오기 시작하였다.
임대료, 관리비, 운영비를 빼고도 6백만원 이상의 이익이 나오는 것이다.

2. 대기업의 임대료 싸움

사이가 좋지 않은 A기업과 B기업. 한 현장을 두고 빅매치가 벌어졌다.

그 현장의 매출은 월 5천만원 수준. 인건비, 투자비, 운영비, 수익 등을 고려하면 월 임대
료는 4천만원 이하가 되어야 정상인 상황.

하지만 A기업과 B기업의 대표는 철천지 원수였다.

"무조건 수주하라"는 방침에 따라 영업사원들은 이기기 위하여 임대료를 무리하게 썼다.

B사가 주차장을 수주하였지만, 운영할수록 엄청난 적자가 발생하였다. 해당 주차장 영업
사원은 책임을 지고 짐을 싸서 집으로 향했다.

돈을 버는 것이 중요하지 이기는 것이 중요한 것이 아니다. 특히 개인사업자의 경우 높은
매출에 혹하여 임대료를 높게 쓰면 망하기 딱 좋다.

투자비를 줄이자

주차장 운영사업은 부동산 임대업의 일종이다. 임대사업은 보유기간 중 꾸준히 수익을 얻는 사업이지 한번에 큰 수익을 얻는 사업이 아니다. (물론 주차장을 보유하고 있다면 큰 시세차익도 이룰 수 있다) 매달 적정 수익을 발생시켜야 하는데 초기 비용을 많이 투자하면 문제가 생긴다. 사업 초기에 주차장 도색, 바닥공사, 주차시스템 등에 수억 원의 투자를 일시에 하였는데, 생각보다 매출이 나오지 않는다면, 고스란히 손실로 남을 수밖에 없다.

주차장은 이쁘다고, 깨끗하다고 매출이 더 나오는 것이 아니다. 대부분의 주차장은 입지가 가치이며 추가로 약간의 마케팅을 통하여 매출이 상승한다. 도색을 더하고 인테리어를 한다고 높은 매출이 발생하는 것이 아니라는 말이다.

현재도 운영중인 종로 ○○철골조 주차장. 건축한 지 30년이 지나 빗물도 새고, 주차공간 및 통로가 형편없이 좁아 주차하기 매우 불편하였다. 심지어 관리사무소 밑에는 정화조가 있어 악취도 심했다. 하지만 위치가 너무 좋아 주차하는 차량의 행렬이 끊임이 없었다. 매출 역시 매우 좋았다. 이러한 주차장을 리모델링해서 에폭시 포장을 하고, 주차공간을 넓히고, 통로를 넓히면 매출이 늘어날까? 아니다. 반대로 매출이 줄어든다. 오래된 주차타워이기 때문에 과거의 법령을 기준으로 만들어 오히려 주차면수가 늘어났기 때문이다. 최근 주차장은 개정된 법령으로 인하여 주차하기는 편리하지만 주차면이 줄어들어 매출은 줄어들고 공사비는 올라간다. 극단적으로 말해서 주차장은 위치만 좋으면 비가 새든 냄새가 나든 쓰레기가 많든 장사는 잘된다. 과한 투자나 관리가 필요없다는 말이다.

덕스파킹 컨설팅

| ◇◇야구장 나대지 주차장 |

서울 중심지에 위치한 소형 나대지 주차장. 위쪽은 코인야구장을 운영하고, 아래쪽은 나대지로 주차장을 운영중인 현장. 주차대수는 20대도 되지 않지만 월 매출은 2천만원 이상. 위 현장의 소유주는 지금의 모양 빠지는 주차장을 없애고 좀 더 멋진 주차장을 만들고 싶어 여러 업체를 섭외하였다.

이 땅에 건물을 지어 주차장을 운영하면 매출이 더 올라가지 않을까?

토지가 작다 보니 역시 설계는 좋지 못했다. 주차전용건축물을 짓는다고 주차면수가 무조건 많아지는 않는다. 램프가 있기 때문에 용적률을 올려도 주차면수는 그대로인 것이다. 현장 철거비, 건축비만 수십억 원. 지금 그대로 운영하는 것이 당연히 수익률상 이득이다. 필자는 토지소유주에게 주차장으로 운영하다 나대지로 매각하는 것이 오히려 수익률이 좋을 것이라고 컨설팅했다. 현재도 역시 야구장과 주차장으로 높은 수익을 내고 있다.

| 주차장을 럭셔리하게 만들고자 하는 꿈 |

질문자 "저는 주차장으로 모빌리티 허브를 만들고 싶습니다. 주차장 엘리베이터 홀에 사전정산기도 여러대 설치하고, 초음파센서나 위치확인센서도 설치하고 싶습니다. 전기차 충전기도 법적 기준보다 많이 설치하고 싶은데요. 의견 어떠십니까?"

덕스파킹 사장님이 자금이 많으시다면, 좋으신대로 하시면 됩니다. 사장님이 말씀하시는 주차장컨셉은 대기업의 초대형 현장에서 볼 수 있는 컨셉입니다. 사전정산기, 초음파센서, 키오스크, 전기차충전기가 있다고 큰 수익이 되는 것은 아닙니다. 그냥 멋있을 뿐이지요. 초대형 현장은 고객편의를 위하여 위의시설을 설치하는 것입니다. 사장님의 주차장은 소형 주차장입니다. 무인주차관제장비 1SET만 설치하셔도 충분할 듯 합니다.

누구나 하고 싶어하는 곳은 피하라

주차장의 경우 모두가 좋다고 하는 곳은 재미가 없다. 좋은 곳은 경쟁이 심하고, 경쟁이 심하면 수익이 줄어든다. 좋은 현장은 입찰이 나오기 전부터 대기업, 중소기업, 개업사업자 등 모두가 만반의 태세를 갖추고 수주를 위해 준비하고 있다. 주차장 운영을 전문으로 하는 대기업이 입찰하는 곳에 개인이 들어가서 이길 수 있을까? 이것은 단순히 이기고 지고의 문제가 아니고 아예 제안을 하지 못하는 것에서부터 생각을 해야 한다. 민간 대형주차장 입찰의 경우 입찰자의 신용도, 매출, 업력, 주차장 현장개수, 운영 면수, 근무자 수까지 제안서에 담도록 한다. 소규모로 주차장을 운영하는 개인이나 소형운영사는 입찰에 참가할 수도 없는 경우가 대부분이다. 이기더라도 높은 임대료와 인건비, 어려운 운영난이도로 인하여 중도에 포기하거나 큰 손실을 볼 수 있다. 내가 좋다고 보는 물건은 누구나 좋다고 보는 것이다. 경쟁을 해서 이기는 것 보다는 최대한 경쟁하지 않는 주차장 물건을 계약하는 것이 좋다. 욕심을 과하게 내다가 큰 코 다친다.

엄청난 매출이 발생하는 서울의 관광명소. 이곳을 수주하기만 하면 1년 영업은 다하고 회사에서 놀고먹을 수 있었다. 물론, 임대료가 높아서 적자의 위험이 있기는 했지만 그것은 회사의 몫. 열심히 입찰을 준비했다. 나름 열심히 조사해서 적자 나지 않는 수준으로 성심성의껏 투찰을 했다. 아니 그런데 이게 웬일인가? 투찰한 기업은 무려 20여 곳. 그 중에서 내가 쓴 금액은 거의 하위 쪽이 아닌가? 한 달 넘게 공을 들였는데 낙찰가 근처에도 못 가다니 충격이 컸다.

한편, 누구나 수주하고 싶었던 ○○연구소 주차장. 각 기업의 영업 에이스가 수주경쟁에 뛰어들었다. 최고가 낙찰이 아닌 제안 PT형식이라 임대료를 낮게 쓰고 운영에서 점수를 따려는 전략도 먹힐 것이라고 생각했다. 죽을 힘을 다해 제안서를 썼다. 타 부서 직원들도 나에게 힘을 보태고 대표님이 직접 PT를 진행했다. 하지만 결국 제안에서 탈락하였고 경쟁사가 그 현장을 수주하였다. 시간이 지난 후 그 현장에 가보았는데 당시 필자가 제안한 그대로 모든 것이 설치되어 있는 것이 아닌가! 이미 사전에 작업을 하고 들러리로 몇 개 업체를 세운 것이었다. 좋은 주차장은 단기간에 제안 한번으로 수주하기 어렵다. 필자가 운영하는 주차장은 대부분 다른 영업사원이 잘 모르는 주차장이다.

덕스파킹 컨설팅

| 소문난 주차장에 먹을 것이 없다 |

우리나라에 유명한 몇몇 주차장이 있다. 매출이 어마어마하기 때문에 많은 개인과 기업들이 노린다. 필자는 기업에 근무를 할 때나, 지금 개인사업을 할 때나 유명한 주차장 근처에는 가지도 않는다. 이런 주차장은 수주하기도 어렵지만 수주 한다고 하더라도 이익은 정말 운에 맡겨야 하는 경우가 많다.

매출이 크다는 것은 주차장이 크고 회전율이 높다는 것을 뜻한다. 봄, 가을 날씨가 쾌청하고 겨울에 눈이 많이 오지 않는다면 엄청난 매출을 기록할 수 도 있다. 하지만, 봄, 가을 주야장천 비가 온다면? 기상은 내가 어찌 할 수 없는 사항이다. 위치가 좋은 유명한 주차장은 개인사업자가 건드릴만한 물건은 아니다.

내가 잘 아는 곳을 노려라

주차장을 개발할 때 한 곳을 오픈하면 그 인근으로 추가적인 계약이 진행된다. 왜냐하면 오픈 후 매출상승을 위해 인근을 조사하여 주차 특성을 알게 되고, 운영을 하면서 마케팅 방법을 알아가기 때문이다. 물론 경쟁 주차장의 동향도 자연스럽게 파악된다. 비슷한 맥락으로 본인이 거주하고 있는 지역에 주차장이 있다면 이 주차장을 잘 아는 사람은 타지역 보다는 지역 주민일 것이다. 주차장 운영 경험이 있는 사람이라고 할 지라도 타지역의 매출분석, 마케팅 능력은 약할 수밖에 없다. 지방 소유주에게 연락이 올 경우 분명하게 이야기한다.

"지역에 거주하는 사장님 보다 제가 더 잘 알 수는 없습니다. 현장을 가봐야겠지만 사장님이 가장 잘 알 것입니다."

필자가 현재 공동설립자로 재직중인 빅모빌리티. 화물 주차장은 경기도 외곽에 주로 조성된다. 필자는 서울에 거주하다 몇 년 전 남양주로 이사를 왔는데 남양주도 화물차 불법주차가 심각하다.

서대규 대표에게 이야기 했다.

"남양주는 제 지역구입니다. 남양주도 화물차 불법주차 문제가 심각합니다. 나름 주차전문인이고 남양주 시민인데 남양주에도 화물 주차장을 꼭 만들어 보겠습니다."

화물주차장 사업에 본격적으로 뛰어들기 전 동네를 지나다니다 화물주차장 간판을 본적이 있다. 화물주차장은 아직 수주 경쟁이 덜하다. 그 기억을 더듬어 해당 현장에서 주차장 관리자를 만났고, 주차장을 수주하여 현재 화도 주차장으로 운영중이다. 일단 인근에서 찾자. 부산시민이 경기도 땅을 찾아 주차 사업을 하기에는 너무나도 아는 것이 없다.

덕스파킹 컨설팅

| 소유주가 잘 아는 인천 ◇◇ 주차타워 |

의뢰인 인천에 있는 ◇◇주차타워를 매각하고 싶습니다. 주차대수는 48대이고 매출은 약 1천 5백만원가량 나옵니다.

덕스파킹 네? 인천지역에서 48대로 매출이 1천 5백만원이나 나온다고요? 설마요?"

의뢰인 못 믿으시겠죠? 일단 한번 와보세요. 상권이 기가 막힙니다.

덕스파킹 (갈 필요도 없을 것 같은데) 마침 인천에 화물차 주차장 부지를 보러 갈 일이 있으니 한번 들러 볼께요.

의뢰인 깜짝 놀라실 겁니다.

덕스파킹 (현장방문 후) 상권이 정말 좋네요. 인천도 어느정도 안다고 생각했는데 생각보다 상권이 너무 좋아서 놀랐습니다. 제가 아는 1WAY주차타워 중에서 거의 매출 탑급이네요. 매각 가격도 높을 것 같습니다.

어떤 지역의 주차장을 둘러보면 대부분의 주차장에 특정기업의 주차관제장비가 쫙 깔려 있는 것을 볼 수 있다. 왜 그럴까? 상권이 형성되는 시기에 주차장을 임대하거나 위탁관리하는 것은 위험부담이 따른다. 앞으로 상권이 발달할지도 모르고, 주차장 매출정보에도 한계가 있기 때문이다. 위험부담이 있지만 일단 1곳을 계약하고 나면 매출 자료가 남는다. 그 자료를 기반으로 주차장을 확장할 수 있다. 그리고 계약한 현장을 보고 자연스럽게 다른 주차장의 소유주가 연락이 온다. 내 주차장도 관리해 주지 않겠냐며 말이다.

하자 있는 주차장을 노려라

앞서 주차장 권리관계를 조심해야 한다고 말한 바 있다. 만약 문제 있는 권리관계를 해결할 수 있는 능력이 있다면, 아무도 노리지 않는 하자 있는 부설주차장이나 나대지를 임대해서 수익을 얻을 수 있을 것이다. 필자의 경우 무상임대차 주차장과 더불어 하자 있는 주차장을 노리는 것이 가장 좋아하는 영업 방식 중 하나였다. 하자 있는 주차장이란 권리관계나 매출에 문제가 있는 주차장이다.

권리관계 하자

5층짜리 주차전용 건축물이 있다고 가정해보자. 1~2층은 근린상가이고, 3~5층은 주차장이다. 그런데 각 층의 주인이 모두 다르다. 그리고 이자부담으로 한 개 층이 경매에 나왔다고 한다. 경매에 나온 주차장은 4층이다. 권리관계에 하자가 있는 주차장이므로 주차장 임대나 경매에 참여하지 않아야 정상이 아닐까? 상황에 따라서는 이러한 주차장이 더 수익이 될 수도 있다. 사전에 3층과 5층 건물주와 이용에 대한 협의를 하거나 조건부로 매각 협상을 하여 전체 주차장을 운영할 수 있는 것이다.

실제로 부실채권을 전문으로 담당하는 부동산 기업의 경우 층별로 입찰 나온 주차장을 아주 저렴하게 매입하여 비싸게 팔아 큰 수익을 내는 경우도 있다.

매출 문제

예를 들어 매출이 도저히 나오지 않는 주차장이 있다고 하자.

규모도 큰 편인데 위치가 좋지 않다. 이러한 경우 덤핑을 치면 된다. 렌터카, 카쉐어링, 중고차 업체는 관리비 때문에 한 현장에 많은 차량을 넣는 것을 선호한다. 장사가 되지 않는 주차장을 저렴하게 임대하고, 임대하기 전에 차량을 많이 소유한 모빌리티 업체와 조건부 계약을 하는 것이다. 이미 많이 알려진 마케팅 기법이지만 실제로 사용하지 못하는 주차장 운영주가 대부분이다. 물론 차량을 많이 보유한 기업과 접촉하여 어떠한 주차장을 원하는지 파악하는 수고가 필요하기는 하다.

덕스파킹 컨설팅

| 용인에 위치한 OO주차타워 |

400대 규모의 대형 주차전용건축물인데, 인근의 상권이 붕괴되면서 주인이 계속 바뀌는 주차장이었다. 기억으로는 이 물건에 대해 세 번의 컨설팅 진행했다. 마지막 토지소유주는 부실채권 매입매각을 하는 부동산 기업이었는데 굉장히 높은 가격에 주차장 매도를 의뢰하였다. 워낙 매출이 나지 않는 주차장이고 주변 상권도 무너져 필자는 도저히 매각을 진행할 자신이 없었다. 그렇게 저렇게 시간은 흘렀고, 그 주차장에 대한 기억이 잊힐 즈음 한 통의 전화를 받았다.

의뢰인 주차장 전문으로 하시죠?

덕스파킹 네, 그렇습니다.

의뢰인 제가 중고차 매매업을 합니다. 제 아는 지인도 중고차 매매업을 하는데 용인에 좋은 주차타워를 싸게 구했더라구요. 싸고 빈 공간 많은 주차전용 건축물 없어요?

덕스파킹 일단, 용인에 주차타워 어떤 것을 지인께서 구매하셨죠?

의뢰인 OO역 앞에 OO타워요.

덕스파킹 네? 그 주차장 매출도 형편없고, 상권도 좋지 않아서 매각이 안될 줄 알았는데 얼마에 사셨을까요?

의뢰인 OO억원요.

덕스파킹 네? 그 주차장을 OO억원에 사셨다구요? 너무 비싼거 아닌가요?

의뢰인 아니죠! 되게 싸게 산거죠. 거의 다 비어있어서 싸게 사서 거기에 중고차 왕창 채워서 주차비도 아끼고 차 팔아서 돈도 버는데요.

나는 간과했었다. 빈공간이 많으면 매출이 작아서 주차장 매매가 안될 것이라고 생각했는데 오히려 빈 공간이 많은 썩은 주차장을 찾는 사업가도 있다는 것을…

주차장 매출은 무한하지 않다

주차장 매출이 계속해서 오를 것이라는 생각은 하지 말자. 간혹 주차사업을 준비하는 예비 창업자 중 매출이 계속 성장하리라 생각하는 사람이 있다. 나부터도 주차장을 이용하려고 갔는데 입구부터 차량이 많아서 대기를 한다고 하면 바로 다른 주차장을 찾아간다. 돈을 내고 주차하면서 기다릴 이유는 없다. 간혹 "공영주차장은 대기를 하면서도 주차를 하지 않습니까?" 질문을 하는 분들이 있는데, 특정 지역의 공영주차장 가격은 민간주차장의 절반이하이다. 민간주차장의 경우 무료주차 적용을 받기 위하여 무료주차 차량이 몰려서 줄을 서는 경우도 있다. 이런 상황은 저렴한 요금 때문에 줄을 서는 것이지 정말 이 주차장에 꼭 주차하고 싶어서 아니라는 것이다. 주차장은 줄서서 먹는 맛집이 아니다. 특수한 경우가 아니라면 매출의 최고치는 정해져 있다.

덕스파킹 컨설팅

| 잘못된 매출 계산 |

의뢰인 주차장을 매각하려고 합니다. 아직 준공되지 않은 건물입니다. 약 100대 주차가 능한 건물인데요, 대충 매출계산을 해보니까 12회전이 나오더라구요. 인근에 위치한 주차장도 자리가 없어서 대기를 하고 있어요. 얼마나 매출이 나올까요?

덕스파킹 저도 현장을 조사해 봐야 대략적인 매출을 알 수 있습니다. 그런데 12회전이라는 숫자는 어디서 나온 걸까요? 12회전이라는 숫자를 저는 본 적이 없는데요?

의뢰인 인근에 주차장을 살펴보니 밤이나 낮이나 주차가 많이 되어있더라구요. 그래서 24시간 중 12시간 주차니까 1시간에 1회전, 12시간 12회전으로 잡았습니다.

덕스파킹 그러니까 매출이 얼마나 나오던가요?

의뢰인 월에 3천만원 정도는 나오지 않을까요?

덕스파킹 자세히 설명 드리기는 어렵지만 완전히 잘못된 계산 방법입니다. 서울에서도 일 주차비라는 게 있어서 일정 주차요금 이상이 되면 주차비가 더 상승되지 않습니다. 대부분의 고객이 시간제 주차만 한다는 오류가 있습니다. 주차장 매출이 그렇게 많이 발생하지는 않습니다.

당연히 보수적인 접근이 필요하다

코로나 이후 대기업이 운영하는 주차장 운영사도 무너졌다. 이 기업은 주차사업을 통하여 공격적으로 모빌리티 사업을 확장하였고, 적정 임대료 보다 높은 임대료를 제시하였으며 많은 직원도 채용하였다. 코로나가 아닌 시기에도 임대료와 인건비가 높았는데 코로나가 터지면서 일부 상업시설의 주차장 매출은 50% 수준까지 하락하였고 결국 경쟁기업에 인수되었다.

코로나는 특수한 상황이지만, 눈 비가 잦은 기상상태는 일반적인 상황이다. 보통 주차장은 봄, 가을 매출이 높다. 여름에 비가 많이 온다면 나대지 주차장은 매출이 굉장히 낮아질 것이다. 겨울에 눈이 며칠만 오면 통행량이 줄어들어 주차 매출이 순식간에 빠진다. 봄, 가을에만 수익을 내고 여름, 겨울에 적자를 내서 전체적으로 적자라면 사업을 할 이유가 없지 않을까? 지금도 사세 확장에만 열을 올리는 일부 주차장 운영사가 있는데, 그 많은 사람들이 일을 하면서도 수익을 거두지 못하는 것을 보면 안타까울 뿐이다.

그중에서도 주차장 사업을 하려는 분들은 이중적인 잣대를 가지고 있는 듯하다. 본인은 주차비를 최대한 내지 않으려고 하면서 정작 주차장 사업을 할 때는 당연히 고객이 흔쾌히 주차비를 낼 것이라는 생각을 한다. 주차비는 세상에서 가장 아까운 돈이다. 고가의 차량을 소유한 차주라도 어떻게든 주차비를 내지 않기 위해 카운터에서 무료주차를 제공받는다. 주차비를 아끼기 위해 불법주차도 마다하지 않는다. 이러한 주차사업으로 돈을 벌기 위해서는 수익성 분석시 비용은 높이고, 수익은 낮춘다는 생각으로 당연히 보수적으로 판단해야 한다. 필자는 주차장운영사에 근무하면서 수익성 분석툴을 매우 보수적으로 작성하여 현장에서 손실을 본 적이 거의 없다. 개인사업을 하면서도 최악의 상황을 염두에 두고 사업을 하였기 때문에 큰 어려움을 겪지 않았다.

덕스파킹 컨설팅

| 보수적인 운영 |

의뢰인 주차타워를 매입하려고 하는데, 매출과 비용을 다 알고 있습니다. 수익률이 7% 이상 나올 것 같은데 이런 것은 매입해야겠죠? 10억도 안 하는 가격입니다.

덕스파킹 수익률이 7%라는 것은 연 평균 매출과 세금을 다 고려하신 건가요? 모든 것을 다 고려했다고 하면 매입하기 나쁘지 않은 물건 같습니다.

의뢰인 1년 전체 매출은 아니고 이번 달 매출만 알려 주더라구요.

덕스파킹 지금 10월인데요. 주차장 매출이 가장 높은 계절입니다. 다시 한번 1년치 매출 전부 다 확인해 보세요. 겨울, 특히 2월은 명절도 있고 영업일이 짧아서 매출이 많이 떨어집니다. 사업 한 달만 하실건 아니잖아요?

| 이중적인 잣대 |

의뢰인 노상주차장을 입찰을 해서 운영을 하려고 하는데요. 주변에 불법주차가 많아요. 이 불법주차를 단속을 해서 제가 입찰하려는 주차장으로 유도하면 현재 매출보다 더 올라가지 않을까요? 그러면 임대료를 높게 써서 제가 낙찰 받을 수 있을 것 같은데요?

덕스파킹 관청에 주차 단속을 시키겠다구요? 현재는 단속을 하고 있나요?

의뢰인 안 하는거 같은데, 민원 넣으면 단속하지 않을까요?

덕스파킹 혹시 불법주차 많이 하시죠? 단속 당하면 기분 나쁘시죠?

의뢰인 네??

덕스파킹 단속 잘 안 하는 지역은 앞으로도 잘 안 할 겁니다. 단속 당한 사람들이 역으로 민원 넣어요. 통행에 불편도 없는데 왜 단속하냐구요.

무료주차가 없는 곳에 주차장을 운영하라

주차요금이 높으면 높을수록 주차사업이 잘 되는 지역이라는 뜻이다. 수요가 많기 때문에 주차비가 비싸지는 것이다. 서울에서 가장 비싼 주차비는 2024년 기준 10분 당 2천원, 일 5만원 수준. 지방으로 내려가면 1시간에 천원을 받는 민영주차장도 있고, 공영주차장은 10분당 100원을 받는 곳도 있다. 만약 인근에 무료 주차장으로 운영 중인 나대지가 많고, 그 주차장에 차량이 가득 차 있다면 주차사업이 될 리가 없다. 무료주차장이 많다는 것은 주차로 수익을 내기 어려운 지역이라는 뜻이다.

경기도 외곽의 상가, 오피스를 살펴보았을 때 상권이 활성화되지 않았음에도 불구하고 주차된 차량은 굉장히 많은 현장이 있다. '대중교통이 좋지 않으니까 유료 월 정기차량이 많지 않을까?'라고 생각하기 쉬운데 대부분의 경우 무료주차를 많이 제공하기 때문에 주차장에 차량이 많은 것이다. 상권이 좋지 않아 분양이 잘 되지 않으니 상가에 렌트프리를 제공하면서 무료주차도 많이 지급하는 것이다. 이러한 건물은 추후 분양이 거의 완료되면 주차장에 차량이 심각할 정도로 많은 것을 알 수 있는데, 이것은 최초에 무료 주차를 이용하여 분양을 하였기 때문이다. 추후 분양완료 시점에 부족한 주차공간으로 인하여 시간이 지나면 방문 고객이 줄어드는 상황을 볼 수 있다.

이런 무료주차가 많은 현장은 대표적으로 마트, 기업형 슈퍼마켓(SSM) 등의 리테일 업종이다. "만 원 구매시 1시간 무료, 3만원 이상 구매 시 2시간 무료" 대형 마트에서 10만원의 상품을 구매한 고객이 주차비를 낼 의사가 있을까? 대부분의 리테일 현장에서는 주차비를 유료로 정산하는 고객을 찾아보기 힘들다. 무료주차 시간을 넘어서까지 머물러 있는 고객이 거의 없다는 뜻이다. 무료 고객이 많다는 것은 매출이 적다는 이야기도 되지만, 돈이 안 되는 고객만 많다는 의미도 있다. 대부분의 리테일 주차장은 입출차가 엄청나게 많은데 입출차가 많은 만큼 사고도 잦고, 쓰레기 투기, 청소 등 문제도 증가한다. 현재 주차장 운영사들 중 대형 리테일을 다수 운영하는 기업들이 고민하는 것이 바로 이 문제이다. 고객은 많고 일도 많으나 무료처리를 해주고 나면 돈이 안 된다는 것이다.

덕스파킹 컨설팅

| 방문객 무료주차 문의 |

의뢰인 제가 건물관리회사를 운영중입니다. 관리단과 잘 협의하여 상가 주차장을 임대 운영하고 싶은데요. 무료주차를 어떻게 지급해야 할지 몰라서 문의 드립니다. 주차장의 크기는 100대 정도 됩니다.

덕스파킹 대단하시네요, FM(facility management)을 운영하시니 가능한 구조인 것 같습니다. 어떤 무료주차 문의시죠?

의뢰인 현재 상가주차장이 완전 무료로 운영 중입니다. 수익화를 하려고 하는데 무료주차를 얼마나 지급해야 할 지 모르겠네요.

덕스파킹 위치는 어디시죠?

의뢰인 김포입니다.

덕스파킹 업종은 주로 어떤게 있으세요?

의뢰인 병의원, 학원이 많습니다.

덕스파킹 주차장 지분은 당연히 공유일 것이구요.

의뢰인 네

덕스파킹 경기도의 경우 보통 2시간의 무료주차를 제공합니다. 서울은 1시간 이내, 혹은 30분이내의 무료주차를 제공하는 곳도 있습니다.

의뢰인 저기 무료주차를 1시간만 제공하면 안될까요? 그러면 주차수익이 좀 될 것 같은데요.

덕스파킹 그렇게 하시면 좋죠. 하지만 주차장은 소유주들의 재산이니 소유주들이 무료시간을 결정할 겁니다. 방문객 무료시간 뿐 아니라 건물임차인 무료도 주셔야 할 꺼에요. 예를 들면 100평당 1대씩이라던지요.

의뢰인 그럼 매출은 얼마나 날까요?

덕스파킹 위치에 따라 다릅니다. 하지만 김포면 고객들이 무료주차시간 이후 오래 머무르지 않습니다. 시간제 유료 주차비를 많이 지불할 의사가 없다는 뜻이죠. 무료시간 협의를 잘 해보세요. 그러면 돈이 됩니다.

박리다매 운영 방식

기존에 주차장으로 운영하던 곳을 인수했다면 이미 매출이 발생하고 있으니, 매출을 더 올리기 위해 마케팅을 해야 한다. 반면 처음 주차장을 시작하는 현장이고 중심지도 아니라면 싼 가격으로 승부해야 한다. 커피숍의 경우 아무리 입지가 좋지 않더라도 기본적으로 투입되는 임대료, 식자재, 인건비가 있다. 단가를 내리려고 해도 어느 선에서 한계가 있다는 말이다.

하지만 주차장은 대부분 무인 운영이기 때문에 원가는 임대료, 관리비 정도이다. 운영 초기에 적자를 각오하고 주차비를 엄청나게 낮추면 매출은 적지만 쉽고 빨리 고객을 모집할 수 있다. 요즘은 고급 호텔도 낮에는 대실을 운영하여 매출을 올리고, 모텔의 경우에도 비어 있을 바에는 싼 요금을 적용하여 공실을 메운다. 주차장 역시 공간이 비어 있으면 무조건 손실이다. 싸게라도 공간을 채우는 것이 좋다.

박리다매 방법으로 주차장 이익을 크게 높인 기업이 있었다. 이 방법은 현재에도 대기업 주차장 운영사에서 널리 사용하고 있다. 예를 들면 주차장 오픈 초기에 시간차 주차, 일 주차요금을 인근의 절반 이하로 받는다. 시간제, 일 주차는 요금을 올리면 바로 올린 가격으로 적용하여 주차요금을 받을 수 있지만 월 정기주차는 차량을 빼는데 시간이 걸리기 때문에 받지 않는다. 초기에 인근 경쟁 주차장의 절반이하 가격정책을 유지하면 주차장은 금새 만차가 된다. 그러면 고객들은 단기간에 그 주차장을 저렴한 주차장으로 인식하게 된다. 주차장이 만차가 되어 가기 시작하면 요금을 조금씩 올린다. 조심해야 할 부분은 한번에 많이 주차요금을 올리면 반감이 심하다는 것이다.

최대로 올리는 주차요금은 인근의 주차요금 수준이다. 이미 낮은 가격의 주차요금을 받아 왔기 때문에 인근과 비슷한 주차요금을 받아도 문제될 것이 없다. 주차공간이 만차가 되지 않는다면 인근보다 약간 낮은 가격을 계속 받아도 좋다. 그러나 월 정기권은 싸게 받으면 안 된다. 월 주차권은 오히려 경쟁 주차장 보다 많이 비싸게 받는 것이 좋다. 그래야 매출이 큰 시간제 주차, 일 주차 고객이 모인다. 할인권의 경우도 대량으로 구매하는 경우 할인율을 크게 하여 인심과 고객 충성도를 얻을 수 있다.

덕스파킹 컨설팅

| 인천 주차타워 컨설팅 |

의뢰인 주차장을 매각하고 싶은데 주차장 매출이 너무 안 나옵니다. 현재 인근은 거의 공사현장이라 단기간 매출을 올리기도 쉽지 않을 것 같구요. 어떻게 하면 좋을까요?

덕스파킹 매각을 하시려면 매출이 잘나와야 좋은 값을 받죠. 맞습니다. 지금 주차비는 얼마나 받으시나요?

의뢰인 시간당 4천원, 일 2만원, 월 15만원입니다.

덕스파킹 이 위치에서 그 가격은 비쌉니다. 그리고 현재 상권 형성 상황도 좋지 않구요. 혹시 월 정기 차량이 많나요?

의뢰인 네 아무래도 인근에 공사 인부차량이 많아서 월 정기 주차 비율이 높습니다.

덕스파킹 그러면 다음달까지만 월 정기 주차를 받으시고 월 정기 주차를 받지 마세요. 그리고 시간주차비는 한 시간 2천원 / 일 주차비는 1만원으로 낮추세요.

의뢰인 그러면 매출이 더 빠지지 않을까요?

덕스파킹 지금 월 주차가 많은데 원래 월 주차는 돈이 안됩니다. 여기는 공사인부차량이 많아서 대부분 일 주차를 할꺼에요. 시간당 주차비를 낮추는 건 미끼일 뿐입니다. 월 주차가 15만원인데 일 주차 1만원으로 평일 22일 주차하면 어떤게 매출이 더 높아요?

이후 현장은 매출이 쭉쭉 상승하여 건물주는 원하는 가격에 주차장을 매각 할 수 있었다.

무료주차를 줄이고 요금을 올려라

주차요금을 내리기는 쉽다. 하지만 조금이라도 올리면 너도나도 한 마디씩 한다. 커피값 천 원 오르는 것은 아무렇지 않게 생각하지만 주차비는 100원만 올라도 민원이 생긴다. 오픈 초기가 아니고 이미 주차비가 어느 정도 확정되어 있으며, 주차장 매출이 어느정도 발생하는 곳이라면 앞서 말한 박리다매 전략을 할 이유가 없다. 기존에도 이미 매출이 나고 있었고 주차장에 차량이 많다면 주차요금을 조금 인상하였을 경우 바로 매출 증대로 이어질 수 있다.

처음에 주차요금을 올릴 때는 말이 많지만, 공간이 부족하고 인근에 주차장도 장사가 잘 된다면 주차요금을 인상할 수 밖에 없다. 주차요금은 올렸지만 무료주차가 많다면 결국 이익이 증가하지 않는다. 방문객이 머무는 시간을 최대한 줄여야 주차장 회전율과 수익이 증대된다. 무료시간을 줄이면 상가에서 반발할 가능성이 높지만, 주차공간에 약간의 여유가 있어야 오히려 고객이 증가하고 매출이 상승하는 사례가 많다. 주차수익의 증대를 위해서도 상가를 위해서도 무료주차 조정은 반드시 필요하다.

무료주차 조정 효과는 개인이 운영하는 주차장의 경우 매출 상승 효과가 크다. 주차전용건축물 경우 개인 소유가 많기 때문에 상가의 지분이 없어 무료주차를 지급해야 할 필요가 없는 곳이 많다. 이러한 현장의 경우 독하게 마음을 먹고 1시간에 300원만 요금을 인상하여도 매출이 크게 상승할 수 있다. 입출차가 많은 주차전용건축물 현장은 하루 수천 대의 입차가 이루어지는데 만약 모든 방문차량에게 1시간 무료를 준다고 하면 차량이 많아도 매출은 줄어든다. 상가에게 방문자 주차비를 대신 납부하도록 하고 300원만 받으면 천 대의 방문차량이 입차 할 경우 하루 30만원의 매출이 발생하게 된다. 주차전용건축물에서 사업을 하고 있는 임차인은 주차비를 부담할 의사가 있는 경우가 많다. 주차가 편해야 고객이 모인다는 것을 알기 때문이다.

덕스파킹 컨설팅

| 리테일 사례 |

15년 전 이마트, 롯데마트, 홈플러스의 주차장은 거의 모두 무료였다. GS그룹에서 GS슈퍼주차장을 유료화하기 시작한 것이 리테일 주차장 유료운영의 시작이었다. 당시 필자가 리테일 점장과 나눈 대화이다.

> **점 장** 아니, 뭔소리예요? 주차장을 유료화 하면어떤 고객이 우리 매장에 오겠어요! 다른 경쟁사 주차장은 다 무료인데?

> **덕스파킹** 점장님. 어차피 지금 무단주차 때문에 고객이 주차도 못하잖아요. 유료화 하면 무단주차가 확 빠진 다니까요. 무인주차관제장비를 설치할거라 인건비도 안 들고, 주차수익도 발생해요.

> **점 장** 본사 지시라서 하지만, 이거 설치해서 매출 빠지면 장비 다 뜯어버릴 겁니다.

> **덕스파킹** 분명 좋아지실 겁니다.

이후 리테일주차장에 무단주차는 확 빠지게 되었고, 고객은 편리하게 주차를 하며 쇼핑을 해서 객 단가는 높아지게 되었다. 그리하여 대부분의 리테일 주차장은 유료화 되었다.

| 화물주차장 요금 인상 사례 |

화물주차장을 운영하는 기업은 빅모빌리티카 유일하다. 운영초기 수익자료가 없으니 주차요금을 높게 받을 수 가 없었다. 주차요금이 비싸서 화물차가 들어오지 않으면 손가락을 빨 수 밖에 없으니 말이다. 처음에는 위치가 좋은 주차장도 월 18만원의 주차비를 받았다. 그런데 금방 주차장이 만차되었다. 이후 위치가 좋지 않은 주차장에서도 월 18만원을 받았는데 결국은 만차가 되었다.

경기도 광주, 남양주 등등 대부분의 주차장은 이제 22~25만원의 주차비를 받는다. 대부분의 주차장이 만차이기 때문에 주차비를 더 올려도 주차를 할 수 밖에 없다. 수요가 많은 지역은 요금을 인상하는대로 매출이 오른다.

무작정 퇴사하지 말자

어떤 기업이든 열심히 하는 직원이 있고, 대충 하는 직원이 있다. 한 달에 한번도 현장에 안 나가는 직원이 있기도 하고 다른 직원이 제대로 관리를 하지 않아 엉망이 된 주차장의 담당자가 되어 모든 문제를 해결하는 직원도 있다. 회사에서 성과를 내지 못하는 직장인은 주차장 사업을 하지 않기를 권한다. 회사라는 든든한 방패를 가지고도 별 성과를 내지 못하는데 개인이 주차장을 한다고 잘 할 수 있을까?

직장생활을 하면서 개인적으로 몰래 주차장을 운영하는 직원이 있었다. 회사에서 실적이 신통치 않은 그 직원이 개인적으로 주차장을 운영한다고 했을 때 많이 놀랐다. 굳이 남에게 얘기할 필요도 없고 해서도 안 되는 이야기니까. 그 직원이 운영한 공영주차장은 어떻게 되었을까? 인력관리가 되지 않아 손실을 내고 접었다는 이야기를 들었다.

나는 주차장 운영사 한 곳을 제외하고는 대부분 짧게 근무를 하였다. '왜 근무기간이 짧았을까?' 생각해보니 개인사업에 대한 열망이 컸던 것 같다. 직장생활 초기 주차장 영업을 하면서 조직에 속해 있다는 것은 중요했다. 혹시 실수했을 때 리스크도 적었고, 내 뒤에는 대기업의 자본이 있었고 나를 도와주는 콜센터와 공사팀, 운영팀이 있었다. 기업에서 내공을 쌓았기에 겁내지 않고 내 사업에 뛰어 들 수 있었던 것이다. 준비되지 않았다면 쉽게 퇴사하지 말자.

덕's
Parking
Story

2장

주차장의
종류와 산업

주차장 업계 들어온 지 10년이 넘었지만 아직도 주차장 산업에 대한 명확한 정의는 없는 것으로 보인다. 제대로 정리된 문서도 없고, 포털에 검색하여도 정확히 나오지 않고, 하다못해 위키백과도 검색되지 않는다. 2024년 4월 기준 네이버에 주차장 산업이라고 검색을 하면 '리멤버'라는 앱에서 주차산업에 대해 쓴 글이 있는데, 그것보다는 필자가 정의하는 것이 조금 더 정확하지 않을까.

덕스파킹이 정의한 주차장 산업이란?

주차장산업은 주차장과 연관하여 수익활동을 할 수 있는 것으로 부동산 매매업, 부동산분양 임대업, 주차시스템사업, 주차장 운영업, 부동산공간중개업, 주차장 관련 연관산업을 포함한다. 최근 모빌리티라는 단어가 많이 사용되는데 모빌리티 사업 내 주차장 산업이 포함되어 있다고 본다.

*모빌리티사업

이동과 관련된 사업을 총칭한다. 기존의 교통수단(차량, 열차, 비행기 등)에 IT와 결합한 새로운 교통수단(킥보드, 전기자전거 등)을 제공하여 효율과 편의성을 제공하는 것이다.

1 주차전용건축물 분양 임대

　　부동산 개발 측면에서는 아주 미미한 부분을 차지하지만, 주차장 수익분석과 매각에 대한 전문가가 많지 않아 잘 진행하면 고수익을 올릴 수도 있다. 보통은 국가나 개인에게 주차장 용지를 매입하여 주차전용건축물 건축과 분양을 하여 수익을 낸다. 신도시에서 많이 볼 수 있으며 대부분의 이익은 상가 분양에서 나온다. 주차장은 상가 분양을 위한 보조적 수단으로 건설되며, 주차장 수익 분석에 실패하여 수익을 얻지 못하는 사례도 종종 있다. 주차장 지분배분을 정확하게 해야 매각이 쉬우며, 지분배분이 잘못될 경우 분쟁발생 소지가 있다.

　　개별 현장의 일시 매출규모로 보았을 때는 주차장 사업 중 가장 규모가 크다. 상가까지 포함한다면 매출은 최소 수십억에서 최대 수천억 단위이며, 주차장만 따로 매각을 하더라도 보통 수십억 이상에 거래된다. 주차전용건축물 매매가는 매출로 결정되는데 지역활성화 단계 전이라면 저렴하게 구매할 수 있으나 지역이 활성화되지 않을 경우 수익률 하락의 위험성 있다.

공유지분인 오피스나 아파트 주차장과 달리 주차장 부분만 매각도 가능하기 때문에 시행자 사이에서 상가를 대체할 투자, 시행수단으로 떠오르고 있다. 아파트나 오피스에 비해서는 규모가 작은 경우가 대부분이라 주로 중소 시행사가 사업을 진행한다.

덕스파킹 성공전략

| 신도시 주차전용건축물 분양 |

일반 시행사는 신도시의 주차장 용지를 입찰을 통해 낙찰을 받아 상가와 주차장을 분양한다. 주차장용지는 층수가 제한되고 일부 면적을 반드시 주차장으로 조성해야 하기 때문에 상가가 많지 않다. 즉, 상가 분양 리스크가 작다는 말이다. 주차장의 경우 내부 인테리어도 거의 없고, 빈 공간이 많으므로 공사기간이 짧은 장점도 있다. 이러한 장점으로 인하여 주차전용건축물만을 전문으로 시행하는 시행사도 있는데, 문제는 주차전용건축물 면적의 대부분을 차지하는 주차장에 대한 수익분석을 대충한다는 것이다.

필자가 검토한 대부분의 사업성 분석(수지분석표) 자료에는 주차장을 아주 비싸게 매각하는 것으로 계산해 놓았다. 주차장 매각가를 과도하게 계상하여 상가 분양가를 낮추면 추후 정산시 수지가 맞지 않는다. 주차전용건축물에서 주차장 매출과 매각가는 상당히 보수적으로 추정해야 한다.

2 주차장 설계, 건설 및 공사

주차장 설계

주차장을 전문으로 설계, 건설, 공사하는 업체는 많지 않다. 타 공사에 비하여 공사 자체가 많지 않기 때문이다. 무인주차장시장이 확대되면서 중소 전문건설업체가 무인주차장 공사를 다수 진행하고 있다.

이제 주차장이 없는 건물은 거의 없다고 봐도 무방하다. 오래된 건물의 경우 주차장이 없는 경우가 있지만 이제는 주차장이 없으면 건물의 분양이 되지 않는다. 이제 건물에서 주차장은 매우 중요한 부분이다. 간혹 건축 설계사가 별생각 없이 주차전용건축물을 설계하다 큰 실수를 범하는 경우가 있는데, 이는 건축법과 주차장법 규정만을 고려하여 운전자의 주행 패턴이나 주차전용건축물의 특성을 이해하지 못하고 설계하기 때문이다. 소규모 주차전용건축물이라고 하더라도 공사비만 최소 수십억 원 수준인데, 준공 후 주차장 설계 문제로 진퇴양난에 빠진 건물을 본 적이 있다. 주차장 부분에서 만큼은 '건축설계사가 전문가이니 그들에게 맡기면 된다'라는 생각은 위험하다.

덕스파킹 컨설팅

경기도 신도시에 위치한 어느 주차전용건축물에 시행사 대표에게서 연락이 왔다.

시행사 대표 한 200대 되는 주차전용건축물을 시행했습니다. 1층에 리테일을 입점시키려고 하는데, 주차장 규정을 어떻게 해야할 지 몰라서 연락했습니다.

덕스파킹 네 초반에 상가 매출이 커야하니 무료주차 많이 주시구요.(중략)

시행사 대표 한번 만나서 이야기 하시죠.

현장에서,

덕스파킹 아… 이거 문제가 많겠는데요?

시행사 대표 네? 무슨 문제가 있다는 거죠?

덕스파킹 리테일은 여성고객이나 초보운전자가 많아요. 주차장이 조금만 불편해도 객 단가가 떨어집니다. 이 현장은 1way주차장도 아니고 규모가 꽤 큰데 램프가 이상하네요.

시행사 대표 아니 별 문제 없어 보이는데요?

덕스파킹 사장님은 운전 잘하잖아요. 말도 안 되게 운전을 못 하거나 주차를 못하는 분이 정말 많습니다. 다 지어진 건물을 어떻게 할 수도 없고… 앞으로 문제가 많을 겁니다.

추후에 연락이 왔는데 설계사와 소송을 준비하고 있다는 것을 전해 들었다. 하지만 법적으로는 전혀 문제가 될 것이 없는 상황이다. 다만, 고객동선에 대한 분석을 못했을 뿐이다.

주차장 공사

아직 전문업체가 없으니 전문성을 발휘하면 돈이 되겠다라는 생각에 주차장 공사 사업을 시작한 적이 있었다. 필자가 시행한 주차장 공사 사업은 결과적으로 실패였는데 원인은 4가지였다.

참고로 이것은 주차장 공사를 잘 모르던 나의 실패 사례이다. 공사의 품질, 단가인하에 자신있다면 해볼만 하다.

단가가 낮아졌다

무인주차장이 처음 보급될 때 공사 업체는 큰 재미를 봤다. 무인주차장 공사 건수는 작았지만 전문업체가 없어서 단가가 높았기 때문이다. 현재는 주차장 운영사가 1곳이 한 달 기준 100여 곳 이상의 공사를 발주한다. 일거리가 많아 좋을 수도 있지만 업체간 경쟁, 주차장 운영사의 비용절감 요구로 공사단가가 많이 하락하였다. 과거보다 수익률이 떨어진 것이 사실이다. 게다가 필자는 공사 기술이 없어 일부 하청을 주었다. 수익이 낮은데 하청을 주니 남는게 더 없을 수 밖에.

일정이 타이트하다

과거에는 콘크리트 패드를 양생하고, 장비를 세운 후 셋팅하는데 10일 이상의 시간이 걸렸으나 최근에는 콘크리트 양생 전 장비를 고정하고 그 위에 콘크리트를 바로 부어버린다. 콘크리트가 굳지 않아도 주차장 운영이 가능한 것이다. 빨리 주차관제 장비를 설치하고 운영해야 매

출이 발생하니 공사일정이 타이트 할 수밖에 없다. 하루에 해야 할 공사
가 2~3일 걸리면 인건비가 늘어나고 수익이 줄어든다. 조금이라도 지체
되면 매출의 손실이 발생하니 주차장 운영사에서 일정관련 독촉이 심
했었다. (물론 이것도 나의 문제였다. 공사를 잘하는 전문가는 정말 빨리 하는
데 필자는 하루에 끝낼 일을 3일을 했으니)

아는 것이 없었다

결정적으로 주차장 공사업에 실패한 이유는 대표인 내가 공사 세부
사항에 아는 것이 없었기 때문이다. 가령 공사일정을 잡아 놓고 갑자기
인부가 오지 않으면 대표인 내가 무엇이든 해야 했는데 아는 것이 없었
다. 주차장 매매, 임대, 수익성분석, 계약, 마케팅, 장비판매, 컨설팅 안
해본 것이 없는 필자지만 공사는 경험이 없었다. 주차장 공사시 공사팀
과 협의하고 지시해 본 적만 있지 실제 몸으로 해본 적이 없으니 바보
되는 것은 한 순간이었다.

몸으로 때워도 안 된다

공사팀을 꾸리는데 많은 비용이 든다. 장비도 구매 하고, 공사일이 지속적으로 있지 않다면 수익은 없이 인건비만 지속적으로 발생할 수 있다. 주차장 공사를 하기로 하고 N사에 업체 등록을 했다. 당시 N사는 공사물량이 넘쳐 공사업체가 부족했고, 주차사업 확장을 위해 더 많은 공사업체가 필요한 상황이었다. 과거 근무했던 기업이라 손쉽게 몇 개의 공사현장을 수주했다. 문제는 실행인데 첫 공사부터 삐그덕거렸다.

모 리테일 부설주차장의 무인주차장 공사였는데 주차장 모양이 난감하였다. 입·출구가 삼각형 모양이라 출차 차량이 무인정산기에 접근하여 정산하기 어려운 구조였다. 정확한 장비 위치가 잡히지 않고 고민만 하다 인부들이 철수하려는 것을 겨우 설득해서 공사를 진행했다. 하루만에 끝나야 할 공사가 이틀이 걸렸고 당연히 비용도 추가되었다. 마무리 공사도 빨리 진행되지 않아 발주 기업으로 부터 엄청난 항의를 받

었다.

　또 다른 사례로 동대문 인근의 주차장 역시 동선이나 장비 위치가
좋지 않았는데, 인부가 제 시간에 나오지 않는데다 일정도 많이 늦어졌
다. 그날 마침 딸 생일이었는데 생일잔치가 끝나자 마자 현장에 나가 밤
을 새웠다. 태어나서 처음으로 전동 그라인더와 전동드릴을 사용해서
콘크리트 바닥에 구멍을 뚫었다. 무서울 줄 알았는데 생각보다 꽤 재미
있기도 했다. 문제는 재미만 있었지 공사품질이 엉망이었다는 것. 영업
을 하던 사람이 공사를 잘해봐야 얼마나 잘하겠는가? 결국 싫은 소리만
무진장 듣고 수익도 남기지 못한 채 주차장 공사는 접어야 했다.

| 주차장 설계 |

서울에 약 200평도 안 되는 토지를 보유하고 있는 사업가 A씨의 자산관리인에게 연락이 왔다. 주차전용건축물을 건설할 예정인데, 한번 만나자는 것이었다.

"200평인데 주차전용건축물을 짓는다고요? 어려울 것 같은데요. 램프도 안 나올 거예요. 수익성도 맞지 않을 것이고요. 만나 뵈어도 드릴 말씀이 없는데 굳이 만날 필요가 있으실까요?"

"아주 특이한 설계가 나왔습니다. 한번 만나서 이야기합시다."

만나기 전 미리 설계도를 받았다.

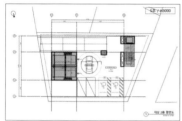

'허허, 정말 이런 설계가 가능할까? 서울 중심가에서 이렇게 주차장을 만들면 혹시 대박이 나지 않을까?'

설계의 내용은 승강식 주차타워를 조성하는 것이었는데, 차량을 주차하고 운전자는 하차하는 기계식 주차장이 아니라 운전자가 차량을 타고 엘리베이터에 들어가 각 층의 주차장으로 들어가 주차를 하는 구조였다. 물론 이러한 방식의 주차장은 현재도 꽤 많이 존재한다. 미팅 전 많은 고민과 분석을 했다.

결론은 이것은 그림에 불과하고 실현가능성이 없다는 것이었다. 작은 공간에 많은 주차대수를 채우려고 하다 보니 동선이 매우 좋지 않아 실제로 주차가 불가능했다. 건축주, 자산관리인과의 미팅에서 이런 부분을 적극 이야기했다.

"주차수요가 충분한 곳이라 주차장을 만들면 수요는 있을 것이고, 매출도 나쁘지 않을 것입니다. 근데 이 설계로는 주차 자체가 불가능합니다. 설계사에게 물어보세요. 나중에 이 주차장을 실제로 운영 가능한지, 책임질 수 있는지요." 결국 소유주도 의견에 동감하고 다른 대안을 모색 중이다.

주차관제장비 분야는 일종의 기계 제조업이다. 주차장에 투입되는 기계장치(무인주차관제장비)를 제조하는 사업으로 국내에 약 100여 곳 이상의 기업이 있다고 한다. 주요 업체로는 아마노코리아, 파킹클라우드, 다래파크텍 등이 있다.

아마 이 책의 독자 중에서 주차시스템 제조사업에 관심을 가지는 분은 많지 않을 것이다. 일단 제조업이기 때문에 기술력과 공장설립을 위한 자본이 필요하다. 무인주차장 운영 붐으로 최근 몇 년 간 매출이 급증하였으나 경쟁 심화로 인하여 단가가 많이 하락하였고, 일부 중소기업은 중견기업에 인수되기도 하였다. 중소기업의 주차관제장비를 구매하였다가 업체가 도산하면 유지보수가 어렵기 때문에 필자의 경우 대형기업을 선호한다. 주차관제장비에 대한 이해도가 높고 지인 중 건축공사, 건물관리업을 하는 분이 있다면 주차시스템 판매사의 대리점(브로커)으로 영업 활동이 가능하다.

주차장 운영을 하려면 장비에 대해 어느 정도는 알고 있어야 주차장 운영에 유리한 것은 말할 필요가 없을 것이다. 주차장을 운영하려면 유인부스의 비용은 얼마인지 장비셋팅은 어떻게 해야하는지 사전정산기를 어디에 위치시키며 어떤 시스템으로 할인을 적용해야 하는지 정도는 알아야 장비업체에게 끌려 다니지 않고 협상에서 우위를 점할 수 있다. 아래에서 주차관제장비에 대해 살펴보자.

유인부스

게이트도 없던 시절에는 이 부스 하나에 근무자 한 명(현재는 노동법 위반)이면 주차장이 운영되었다. 오로지 현금으로 결제되던 시기라 근무자의 횡령도 많았다. 수기로 주차용지를 발행하여(유인정산기를 설치하기도 하였음) 주차요금을 징수하였으며, 아직도 이런 현장이 있기는 하다. 부스 하나 가격은 약 4백만원 정도이며, 내부에 현금출납기, 에어컨 설치여부에 따라 가격은 추가된다. 이제는 점점 사라지고 있는 주차

설비이다. 무인주차장을 도저히 조성하기 어려운 토지 모양 이라던지,
유인으로 운영할 수밖에 없는 현장(발렛, 초단기 나대지 운영현장)의 경우
아직도 사용되고 있다.

덕스파킹 스토리

| 지금은 찾아보기 힘든 주차장 유인정산 부스 |

2010년 경에는 이 부스만 찾아 다니며 영업을 했던 기억이 난다. 유인부스가 있다는 것은
근무자가 근무를 하는 주차장이라는 것이고, 노동법 강화와 인건비 증가로 주차관리에 문
제가 생기고 있다는 것을 뜻했다. 지금도 가끔 유인부스가 있는 현장을 보면 '들어가서 영
업해볼까?'라는 생각을 하기도 한다. 몇 년 전만 하더라도 대형현장의 경우 무인주차관
제장비를 신뢰하지 못해 근무자를 채용하여 유무인 복합운영을 하기도 하였지만, 지금은
대형현장주차장도 완전 무인으로 운영하는 추세이다. 텅 빈 부스를 보면 마음이 짠하다.

게이트(주차 차단기)

주차장을 컨트롤 하는 장비로 유인으로 주차장이 운영되던 시절부터 아주 유용하게 사용되었고 무인주차장이 대세인 지금도 거의 모든 현장에 적용되어 사용하는 장비이다. 장비가격은 저렴하지만 가장 중요한 장비로 주차비를 지불하기 싫어하는 고객이 넘쳐 나기 때문에 게이트가 없으면 열에 아홉은 주차비를 내지 않고 도주한다. 기술력 보다는 내구성이 중요한 제품으로, 입출차가 많은 주차장에서 게이트가 고장난다면 엄청난 매출 손실이 일어나거나, 심하면 소송으로도 번질 수 있다. 최근에는 LED바가 대세이며, 부러지지 않고 휘어지는 게이트 바도 판매되고 있다. 주차시스템 중 가장 앞 단에 위치하여 파손이 많이 발생하는 장비로 소모품이라고 볼 수도 있겠다. 게이트 바만 손상되어도 수리비가 50만 원 이상 발생하는데, 비싸다고 느낄 수 있지만 유지보수 인원 출동비, 자재 가격 등을 고려하면 비싼 것은 아니라고 생각한

게이트(굴절바)

게이트(직선바)

게이트(차번인식기, 굴절바)

다. 만약 대형 주차장에서 운전자의 잘못으로 게이트가 완전 훼손되어 출구에서 주차비를 징수할 수 없다면 그 손실을 보상해야 하는 문제가 발생할 수도 있다. 게이트 수리비가 비싸다고 시간 끌지 말자. 게이트를 빨리 수리하지 않으면, 못 받은 주차비로 차 한 대 값이 날아갈 수도 있으니 말이다. 공사비를 제외한 신제품 판매 가격은 약 100만원 선이다.

덕스파킹 컨설팅

| 게이트 파손 |

(질문자) 제가 실수로 주차장 차단바를 손상시켰어요. 살짝 휘어졌는데, 관리실에서 50만 원을 달라고 하네요. 너무한거 아니에요?

(덕스파킹) 게이트는 계속 열렸다 닫혔다 하잖아요. 휘어져있으면 결국 부러져요. 그냥 수리하세요. 비싼 가격도 아닌데요.

(질문자) 비싼거 같은데 혹시 좀 싼데 없나요?

(덕스파킹) 게이트에 제조 기업명이 있을거에요. 거기 전화하세요. 다른 회사에서는 잘 안 해줘요. 수리비도 작은데 수리 후에 문제 생기면 안 되니까 타 업체에서 꺼립니다.

발권기

주차권을 발행하는 장비이다. 발권용지 비용, 발권용지로 인한 폐기물 증가, 발권 용지 에러 등으로 거의 사라지고 있는 추세 이다. 바닥에 루프코일을 설치하고 그 위로 차량이 진입하면, 루프코일의 전자신호가 발권기로 전달된다. 그러면 안내 멘트가 나 오고, 발권버튼을 누르면 마그네틱, 바코드

주차권이 발생되는 방식이다. 운영 비용(발권용지 비용 장당 약 100원)이 추가되나, 과거에는 차번인식기의 성능이 부족했기에 발권기가 선호되 기도 하였다. 현재에도 입출차가 적은 현장, 차량 회전 반경이 커서 차 번인식기의 인식오류가 큰 현장의 경우 발권기를 사용하기도 한다. 판 매량이 줄어들어 최근 주차관제장비 판매 기업들이 발권기 생산을 많 이 줄이고 있는 추세이다. 가격은 공사비 제외하고 약 500만원 선이다.

덕스파킹 스토리

필자는 발권기 시절부터 주차장 영업을 시작하였다. 지금 생각해보면 발권기로 말도 안 되는 구성을 했던 경험이 있는데, 대표적으로 G사 리테일 봉담점이었다. 주차장 입출구가 회전반경에 위치하여 발권, 정산 다 어려운 현장으로 지금이라면 당연히 차번인식기를 설 치하였을 것이다. 그리고 앱 할인을 적용하여 별문제 없이 운영할 수 있을 것같다. 하지만 당시에 차번인식기는 너무 비쌌고, 앱 할인이라는 단어 자체가 없을 시절이다. 발권, 정산 다 불편하다고 고객들이 아우성이었고, 결국 재공사를 했다. 당시 현장에서 살다시피하며 오만 욕을 먹었던 기억이 나니 갑자기 슬퍼진다.

RF리더기, 카드

차량 전면 유리에 RF카드를 부착하고,
이 차량이 리더기를 통과하면 자동으로 게
이트가 열리는 시스템이다. 과거 차번인식
기 성능이 좋지 않았던 시절 발권기와 함
께 설치되었다. 앞유리가 두껍거나 썬팅이
진하면 인식이 되지 않는 경우가 많았으며
RF카드 돌려쓰기, 카드 회수의 어려움 등 관리의 문제로 최근에는 설
치 현장이 거의 없어졌다. (RF카드 인식이 안 되는 차량들은 외제차량이 많
았는데, 의미심장하게 웃으며 인식이 안된다고 민원을 넣는 차주들이 있었다)
리더기는 200만원, 카드는 장당 1만원 수준. 최근에 생산하는 기업을 찾
아보기 어렵다.

차번인식기(LPR: License Plate Recognition)

차량번호를 인식하여 차량의 입출차를
제어하는 장비로 최근에는 어느 주차장에
서든 볼 수 있다. 발권을 하지 않기 때문
입차시 정체가 없고, 운전자가 창문을 열어
주차권을 받는 번거로움도 없다. 차량번호
를 이용하여 전자적으로 정산 절차를 수행

하기에 앱, 웹 할인 등 편리한 할인과 연동이 가능하다. 예를 들면 차번인식기반의 무인주차장은 여러분이 사용하는 주차 앱에서 차량번호만 누르면 자동 결제가 된다. 하지만 주차권 방식이라면 차량번호를 이용한 무료 처리 등이 불가능하다. 고도의 광학장비로 설치 위치에 따라 차량번호 인식율이 달라진다. 1%의 에러만 발생해도 대형 현장에서는 심각한 문제가 발생할 수 있다.

발권기는 입구에 1대 설치하면 되지만 차번인식기는 입구와 출구 각 1개씩 2개가 필요하며, 출구가 여러 곳이면 추가 설치해야 하기 때문에 투자비용도 올라간다. 광학장비로 정밀한 번호판 조회가 필요한데, 언어와 차량번호판 위치에 따라 에러가 많이 나기 때문에 수출이 쉽지 않다고 한다. 최근에는 게이트 일체형 차번인식기, 후방 차번인식기 등 현장에 따라 설치할 수 있는 차번인식기의 종류가 다양해지고 과거 대비 가격도 많이 하락하였다. 가격은 공사비를 제외하고 500만원 수준이다.

차번인식기 인식율을 말할 때 장비업체는 보통 자사제품의 차번인식율은 국내 최고라고 한다. 이러한 인식율은 '번호판이 아주 깨끗하며 직선주로에서 정확히 차량이 진입하고, 빛의 반사가 없는 적당한 밝기의 주차장' 이라는 전제를 붙여야 한다. 언덕이나 회전반경 혹은 차량 진입각도가 맞지 않으면 차번인식률은 급격히 떨어진다. 실제사례로 과거 모 리테일 주차장에서는 대충 공사를 해서 차번인식률이 80%가 채 되지 않는 현장을 본 적이 있다. 한마디로 차번 인식 오류로 주차장 운영이 불가한 현장이었다. 차번인식기를 설치할 때 중요한 것은 장비자체보다도 현장의 컨디션이 무엇보다 중요하는 점을 명심하자.

무인정산기

주차장 유료화, 무인화의 1등 공신이다. 무인정산기가 없으면 근무인력이 주차요금을 징수하고 게이트를 컨트롤 해야 하기 때문에 인건비가 많이 투입된다. 2023년 기준 24시간 주차장을 유인으로 운영하려면 약 천만원의 인건비가 발생한다.

주간, 야간, 당직, 비번 4인의 근무인력에 야간수당, 주휴수당, 4대보험 등을 반영하면 더 많은 인건비가 투입될 수도 있다. 대한민국 전국 주차장 중 월 매출 천만원 넘는 주차장은 1%나 될까? 무인정산기가 없었다면 대부분의 주차장은 인건비 때문에 주차관리를 포기해야 했을지도 모른다.

10년 전에는 일본제 무인정산기가 많았으나 최근에는 국산 무인정산기의 성능이 오히려 더 우수하다. 대한민국은 IT 강국이다. 일본 정산기의 내구성은 무시무시 하지만, 앱과 웹 할인 등 각종 연동기능이 부족하여 점점 시장에서 밀려나는 분위기이다. 예전에는 주차장에서 현금 결제 비율이 높아 현금+카드정산기가 많이 사용되었으나, 최근 신용카드, 앱 카드, 각종 페이 결제의 증가로 카드전용정산기 설치비율이 95% 이상이다. 국가나 지자체에서도 대부분 카드전용 무인정산기를 설치 운영하고 있다. 현금 겸용 정산기는 현금부 모듈추가로 인한 장비가격 상승, 현금 입출부 에러 증가, 현금 및 잔돈 수금이라는 단점이 있다. 무인정산기에는 대부분 콜 버튼이 장착되어, 정산이나 출차에 문제가 생기면 콜센터에 바로 연결되도록 구성되어 있다. 현금, 카드결제 겸용 정산기는 2천만원 수준, 카드전용 정산기는 천만 원 이하 수준이다. 좋은 정산기는 정산기는 투입구가 적고 심플한 것이다.

정산기에 할인권 투입구, 현금투입구, 카드투입구, 영수증배출부 등이 배치되어 있으면 분명 사고가 생긴다. 이 책을 읽는 독자분 중에는 이런분이 없겠지만, 현금투입부나 영수증 출력부에 신용카드를 억지로 넣어서 장비가 망가지는 사례가 많다. 최근 메이저 업체의 정산기는 카드삽입구, 영수증 출력부 외 투입구는 전부 없애버리는 추세이다. 물리적인 오류는 원격제어로 감당할 수 없으므로 민원과 매출손실이 크다. 정산기 액정의 경우도 크고 단순한 것이 좋다.

통합 관제 컴퓨터

게이트, 차번인식기, 정산기, 사전정산기, 초음파센서, 웹과 앱 할인 같은 관제시스템과 할인시스템을 하나로 통합하여 관리하는 PC이다. 정산기가 많이 투입될 경우 서버가 추가로 설치되어야 해서 비용이 더욱 상승한다. 관리용 PC가 다운되면 결제도 되지 않고, 최악의 경우 원격 제어가 되지 않으면 무인주차장의 경우 관리불능 상태에 빠질 수도 있다. 대략 300만원 수준이며, 일반 PC에 관리프로그램이 설치되기 때문에 소프트웨어가 주된 비용이라고 보면 된다. 이제는 클라우드 방식이 적용되어 현장에서 많이 사라지고 있다.

보안용 감시 카메라(CCTV: Closed-circuit Television)

무인주차장이든 유인주차장이든 보안 감시 카메라 설치는 주차장 운영의 기본이다. 무인주차장의 경우 입출구에 4개 정도의 카메라를 통하여 게이트가 잘 동작되는지, 정산에 문제가 없는지 실시간으로 체크한다. 문제가 발생하면 카메라를 보면서 정산기, 게이트를 원격제어 할 수 있다. 입출구 외에 주차장 내부에도 다수의 카메라를 설치하는데 사고처리 등을 위함이다. 비용의 문제만 아니라면 카메라는 사각지대 없이 많으면 많을수록 좋다. 실제 분쟁이 발생했을 때 보안용 감시 카메라의 역할은 대단하다. 필자는 CCTV를 돌려보는 것을 매우 싫어한다. CCTV를 본다는 것은 뺑소니 사고가 있었다는 것인데, 주차장관리자로서 왠만하면 피하고 싶은 상황이다. 과거에는 CCTV화질이 좋지 않아 뺑소니 차를 찾아도 잡기가 어려웠는데 이제는 차번인식기와 연동하여 차량을 추적하면 왠만하면 가해자를 찾아낸다.

주차장 내 대물사고의 경우 나는 몰랐다고 발뺌하는 경우가 있다. 이러한 경우에는 민사소송을 물고 늘어져서라도 CCTV를 하루종일 쳐다본 필자의 인건비라도 받고 싶은 심정이다.

초음파 유도 시스템(Ultrasonic Parking Guidance System)

마트, 복합시설, 고급오피스 등의 대형 현장에서 볼 수 있는 시스템으로 주차공간의 만공차 여부를 초음파 센서를 통하여 확인해 준다. 고

객이 주차공간 위치정보를 잘 모를 경우 설치하면 유용하며, 아파트 같이 거주민이 주차장 구조, 만공차 상황을 잘 아는 주차장의 경우 투입비용대비 효용이 낮다. 층별로 주차장 면을 알려주는 주차대수 표시등을 설치하고자 하면 초음파센서가 필수이다. 초음파센서의 정보를 모아 층별 주차가능대수를 표시하기 때문이다. 면당 공사비 포함 20만 원 수준의 비용이 투입되고 주차장 규모가 클수록 면당 투자비는 감소한다.

동영상 방식 위치확인시스템

초음파센서에서 한 단계 발전한 주차보조시스템이다. 주차공간의 만차, 공차 유무뿐만 아니라 내 차가 주차된 위치까지도 확인할 수 있다. 동영상 방식 위치확인 시스템이 적용된 대부분의 현장에서는 곳곳에 키오스크까지 적용하여 사전정산이 가능하도록 하고 있으며, 위치

확인 시스템이 감시카메라 역할까지 수행하여 사고발생시에도 대처가 용이하다. 초대형 현장에 설치되는 경우가 많으며 설치비가 매우 높기 때문에 객단가가 높은 복합쇼핑몰 등에 시공된다. 면당 공사비 포함 50만원 수준으로 현재 주차관제 보조 시스템 중 가장 높은 가격을 자랑한다.

키오스크(kiosk), 사전정산기

역시 대형현장에서 많이 찾아볼 수 있다. 동영상방식 위치확인시스템을 적용했을 경우 키오스크나 사전정산기를 통해서 내 차의 위치를 확인할 수 있으며, 사전정산도 가능하다. 키오스크는 차량 위치확인,

상가 안내 같은 부가기능까지 수행한다. 과거에는 사전정산기에 대한 인지도가 낮고 고객이 잘 이용하지 않아 많이 설치되지 않았으나, 최근 이용빈도가 높아지고 출차시 정체를 해소하는 효과가 높아 설치현장이 늘어나고 있다.

위에서 언급한 초음파 센서, 동영상방식 위치확인시스템, 사전정산기는 대형현장에 적용하여야 효과를 볼 수 있다. 소형 현장에 적용하면 효용이 낮고 투자비만 더 높아진다. 부설주차장의 경우 200대 수준이라면 초음파센서나 사전정산기가 필요 없는 현장이 많다. 자금이 넘쳐난다면 다 설치해도 되지만 영업사원에게 속아 과도하게 장비를 설치하는 일은 없도록 하자.

지방 어느 현장에 갔는데 부설주차장 주차면이 500대였다. 그에 반해 이용차량은 50대 수준 남짓, 앞으로도 주차공간에 여유가 많을 수밖에 없는 입지였다. 이곳에 초음파센서와 사전정산기, 급속전기차 충전기까지 여러 대 설치되어 있는 것을 보고 놀랐다. 건물주는 엄청난 투자를 했다며 자랑하셨는데 필자에게 의뢰하였으면 몇 억은 절약해 줄 수 있었을 것이다. 워낙 재력이 있으니 그럴 수도 있겠다는 생각도 했다.

플랩형(flap) 차단기

소형주차장에서 사용되는 장비로 주로 일본에서 수입하여 설치하였다. 게이트 없이 바닥에서 플랩이라는 장비가 올라와 정산 전에는 차량을 움직이지 못하게 하는 시스템이다. 국산 제품은 수요 부족으로 생산

단가가 높고, 장비 품질이 불량한 경우가 많다. 플랩에 사용되는 할인권도 일본에서 제작되어 공수되었는데 재활용이 가능했으나, 가격이 비싸다. 일본제품이다 보니 과거에는 천 원권 현금결제만 가능하지만 현재는 정산기에서 카드결제가 가능하다.

예전에 프론트 플랩(전면 범퍼 앞에 위치한 잠금장치)에서 사고가 자주 발생하여 대부분이 싱글 플랩(바퀴사이에 잠금장치 위치)으로 교체되었다. 파크24(일본기업)와 GS의 주차장 협업이 종료되면서 앞으로는 일본으로부터 플랩을 공급받기 어려운 상황이다. 소형주차장에서 안정적으로 설치 및 운영이 가능한 제대로 된 국산 플랩 제품이 나오기를 기대해 본다.

기계식 주차장 설치

기계식 주차장을 무인주차장과 혼동하는 사람이 많다. 무인주차장은 대부분 자주식램프(운전자가 직접 운전하여 주차면에 주차하는 공간)를 가지고 있고, 입출구에서만 관제장비로 주차장을 제어하는 것을 말한다. 반면에 기계식 주차장은 자주식 램프가 없이 차량을 기계에 입고시키고 건물이 아닌 기계 안에 차량을 보관하는 것을 뜻한다.

무인주차장과 기계식 주차장의 가장 큰 차이는 '안전성'에 있다. 무인주차장은 문제가 생겨도 원격제어를 하거나, 게이트를 수동으로 열어 놓으면 그만이다. 매출이 줄어들거나 약간 불편할 수는 있지만 대형 사고는 잘 나지 않는다. 그러나 기계식주차장을 무인으로 운영하는 것은 위험하다. 초보운전자가 실수로 기계식주차장을 뚫고 나가거나 기계 작동오류로 차량이 추락하는 경우도 종종 있다. 자칫하면 대형 사고가 나는 것이다. 현재는 주차장법 개정되어 20대 이상 기계식 주차장에는 반드시 교육을 이수한 관리인을 배치하도록 하고 있다. 관리자는 최초 4시간, 3년 마다 3시간씩 보수교육을 이수하여야 한다.

지금껏 딱 한번 기계식 주차장 운영 입찰에 참여한 적이 있는데, 필자는 기계식 주차장의 운영 자체를 결사 반대하였고 실제 계약이 진행되지 않게 노력했다. 여러분은 기계식 주차장이 편리하고 안전하다고 느끼는가? 나 자신 조차 이용을 꺼리는 주차장을 운영하는 것은 아니라고 판단했다. 실제 기계식 주차장은 투자비와 운영비는 높고 매출은 낮다. 간혹 조그마한 부지에 기계식 주차장을 만들어 운영하고 싶다는 지

주들이 있는데, 결코 추천하지 않는다.

여러가지 문제가 있는데도 있음에도 왜 기계식주차장은 계속 만들어지는 것일까? 기계식 주차장이 만들어지는 가장 큰 이유는 공간과 돈 때문이다. 자주식주차장이 만들어지려면 바닥면적이 최소 300평 이상은 되어야 하는데, 소형건물은 자주식 주차장을 만들 대지 규모가 나오지 않으니 법적 문제를 해소하기 위해 기계식으로 주차장을 만드는 것이다. 게다가 지하 주차장을 만들기 위해 토목공사를 하는 것보다는 기계식주차장을 만드는 것이 비용상 저렴하기도 하다. 이런 현실에서 기계식 주차장의 계속적 운영이 어렵다는 것을 알기에 국가에서는 신도시의 경우 지구단위계획으로 기계식주차장을 만들지 못하게 규제하고 있다. 최근 신도시를 보면 기계식주차장이 거의 없는 것을 볼 수 있다.

'기계식 주차장을 전문적으로 운영하는 기업이 거의 없으니 이것으로 수익을 낼 수 있지 않을까?'라고 생각할수도 있다. 지금도 기업형으로 기계식주차장을 운영하는 기업이 있다. 하지만, 인건비, 운영비가 많이 들어가고 사고위험이 있다. 무엇보다 사업이 성장하기 어렵다. 특수한 아이템이 없다면 기계식주차장은 사업적 측면에서는 검토하지 않길 바란다.

덱스파킹 성공전략

| 좋은 장비를 구매하는 방법 |

무인주차장 운영에서 가장 중요한 것은 무엇일까? 여러 회사를 다니며 여러 제품을 사용해 본 경험으로 중소기업이든 대기업이든 장비의 질에는 큰 차이가 없다. 장비의 질 보다는 A/S와 콜센터가 더 중요하다. 게이트의 경우 입출차가 많은 현장은 하루가 멀다 하고 파손사고가 자주 일어나는데, 이런 상황에는 빠르게 게이트를 유지보수 해야 차량의 통제가 가능하고 매출 손실도 최소화할 수 있다. 게이트가 부러져 있는데 3일 뒤에 유지보수팀이 게이트를 고친다면 그로 인한 손실은 누가 책임지게 되는가? 게다가 그 현장이 하루 매출 수백만 원의 현장이라면 가해자에게 그 비용을 다 청구할 수 할 수 있을까?

정산기가 설치된 현장은 정산으로 인하여 출구 정체현상이 발생할 수 있다. 혹시라도 에러가 나게 되면 게이트가 열리지 않아 주차장 내 혼란이 일어나게 되는데 이러한 경우 원격제어를 할 수 있는 콜센터가 큰 역할을 하게 된다. 필자가 운영했던 현장에 주차장 이용객이 급격히 늘어난 적이 있는데 콜센터 연결이 잘 안 되어 엄청난 민원이 발생하였다. 운영이 불가능한 수준이라 1달 만에 장비를 해지하고 콜센터가 좋은 업체 장비로 교체해 버렸다. 최신 무인 주차관제장비를 설치하는 것이 능사가 아니다. 장비뿐만 아니라 운영 능력도 함께 검토해야 한다.

물류 및 창고사업

'미니창고 다락' 이라는 물품보관, 저장 기업이 있다. 1인 가구, 원룸 거주자가 늘어나면서 넘쳐나는 짐을 보관할 수 있는 서비스를 제공하는 기업이다. 무거운 짐을 옮기려면 당연히 차를 가지고 와야 하기 때문에 이러한 창고에는 반드시 주차장이 필요하다. 미니창고 다락이 입점한 곳은 임대료가 싸면서 주차장에 인접한 곳으로 지하주차장 인근이 많다. 나대지주차장 같은 경우 빈자리에 컨테이너를 적재하여 물건 보관업 및 물류업도 가능하다.

경정비와 세차

주차장에 주차된 차량을 대상으로 경정비와 세차를 하면 짧은 시간 추가 매출을 올릴 수 있다. 문제는 환경적 측면의 법적 규제이다. 경정비나 세차를 하면 기름, 오폐수 등이 발생하게 되는데, 지하부설주차장에서는 법적으로 경정비와 세차가 불가능하다. 스팀세차나 출장세차 정도는 가능하지만 이 마저도 먼지, 소음 등으로 민원이 발생할 가능성이 크고, 특히 고급 오피스주차장에서는 더욱 진행이 어렵다. 몇 년 전 지하주차장에서 스팀세차를 하다 화재가 발생하여 큰 재산피해가 일어난 사고를 독자 여러분도 알고 있을 것이다.

결론적으로 지하부설주차장은 할 수 있는 주차장 연관 사업이 많지 않다. 지방 나대지의 경우 주차장을 하면서 경정비와 세차를 동시에 진행하면 사업성을 높일 수 있다. 초기에는 투자비를 최소화하여 가건물 형태로 진행하다 사업이 잘되면 스테이션화(복합건물 건축)하여 주차, 전기차 충전, 경정비, 세차로 수익을 극대화 하는 것이다.

공유 모빌리티(Carsharing) 및 중고차 판매

임대로 주차장을 운영할 때 빈 주차공간이 많으면 손해다. 정액 임대현장의 경우 최대한 차를 채워 넣어야 매출과 이익을 높일 수 있다. 주차장에 빈 공간이 있을 때는 카쉐어링이나 중고차 판매업체를 유치하면 매출을 올릴 수 있다. 대부분의 주차장운영사 주차장에는 카쉐어링 차량이 입차해 있는데, 주차수익 증대는 물론이고, 교통의 거점 역할도 할 수 있기에 카쉐어링 차량을 유치하지 않을 이유가 없다.

중고차 판매업체 역시 판매할 차량을 보관하기 위해 주차장을 찾는데, 주차장을 매번 빌리면 추가 비용이 발생하고 장기간 이용하지 못하는 경우도 많기 때문에 아예 주차장을 매입하여 렌터나 중고차 판매업을 하는 경우도 있다. 국내의 한 대형 카쉐어링 기업의 경우 주차장을 빌리고 쫓겨나기를 반복하다 현재는 직접 주차장을 운영하고, 매입하고, 주차장 공유사업까지 함께 진행하고 있다.

전기자전거, 킥보드 운영사업

킥보드 운영사업 역시 모빌리티 사업이다. 차량 보다 싸고, 유지비도 적고, 주차공간도 많이 차지하지 않아 젊은 층이 많이 이용하고 있다. 안전과 주차문제의 우려에도 연간 수백억 원의 매출을 올리며 안정적으로 성장하고 있는 사업인데, 역시 전기자전거나 킥보드의 운영사업의 가장 큰 문제는 주차이다. 길에 아무렇게 널브러져 있는 킥보드를 보면서 발전하고 있는 주차문화를 역행시키는 것 아닌가 하는 생각이 든다. 신사업이면 처음부터 주차장을 확보하고 사업을 진행하는 게 옳을 것이다.

도심항공 모빌리티(Urban air mobility)

도시에 공중을 비행하는 모빌리티 장비를 이용하여 인력과 물품을 이동시키는 차세대 교통수단이다. 이러한 모빌리티는 기존의 땅 위에서 이동하는 교통수단과는 달리 공중을 비행하기 때문에 도시 안에서 발생하는 교통체증과 같은 문제를 해결할 수 있다. 현재 다양한 기술이 개발되어 있으며, 항공기, 드론, 헬리콥터를 이용하여 빠르고 안전하게 이동 가능하다고 한다. 미래의 교통수단으로 주목받고 있으나 아직 상용화의 길은 멀게 느껴진다. 전기자동차의 경우도 보급되고 10년이 지나도 아직 점유율이 낮은데 과연 항공 교통수단은 빠르게 발전할 수 있을까? 법적 체계도 마련해야 하고 빠른시간에 보급되기에는 쉽지 않아 보인다.

로봇주차

무인주차장을 넘어 앞으로는 로봇이 주차를 해주는 시대가 올지 모른다. 이미 해외 공항과 주차난이 심한 지역은 로봇이 주차를 하는 현장도 늘어나고 있다. 로봇주차시스템이 출시된 지 10년이 지났지만 우리나라에는 거의 적용되고 있지 못하다. 우리나라 주차장은 복잡하고, 차량사고로 인한 분쟁이 많기 때문에 발렛 인력을 고용하는 주차사업이 큰 수익을 거두고 있다. 인건비가 매우 많이 상승하였기 때문에 로봇주차기의 가격은 큰 문제가 되지 않을 것이나, 로봇주차시스템의 안정성

이 확보되지 못하고 있는 상황이라 아직은 상용화되고 있지는 못하는 것으로 파악하고 있다.

5 주차장 운영업

지금 이 책의 읽는 분들이 가장 관심 있어 하는 분야가 아마도 주차장 운영업이 아닐까 생각한다. 10년 전만 해도 주차장 운영업은 아는 사람만 아는 미지의 세계였다.

과거에는 주차비를 내는 운전자가 많지 않아 매출이 높지 않았고, 유인 근무자를 채용해야 했기 때문에 인건비 부담이 컸다. 하지만 주차장이 무인화되고, 큰 인건비를 투입하지 않아도 주차장을 운영 할 수 있게 되면서 새로운 투자처인 주차장운영 사업에 관심을 갖는 사람이 늘어나게 되었다.

언론에서도 배우 김희애 주차장이 기사화되며 주차사업을 다뤘고, 몇 년 전부터 대기업, 투자 기업으로부터 엄청난 투자금이 유입되었다. 주차장 임대 운영은 보통 5년 계약이고 매출이 꾸준하게 발생하므로 기업의 입장에서는 큰 리스크 없이 매출을 늘리며, 자동차 연관사업을 할 수 있는 사업종목이다. 하지만 대기업 입장에서는 주차장 운영만으로는 수익이 크지 않다. 그렇기 때문에 위에서 언급한 주차장 연관산업에 진출하려는 운영사가 많다.

과거에 15년 전만 하더라도 주차장 전문 운영기업은 거의 없었다. 유인기반의 주차장 관리 형태로 수익을 얻는 경우가 대부분이었는데 사실 이 때 주차사업을 아는 몇몇 기업가는 큰 돈을 벌었다. 업계에서 유명한 사업가가 있는데, 과거에 지가가 저렴한 토지를 임대하여 일명 테트리스(관리 인원이 차량을 넣었다 뺏다 하는 운영)로 최고의 매출을 달성하였다고 한다. 이렇게 매출을 올려서 결국은 빌딩주인이 되었다고 하니 이익이 얼마인지 상상이 가는가?

과거 개인이나 소규모 법인들이 주차장 사업으로 수익을 내고 있을 때 다양한 수익구조를 찾던 GS그룹과 AJ그룹이 본격적인 무인주차장 운영 사업에 뛰어들었다. 그 이전에 하이파킹이 기업형으로 주차장 운영업을 하고 있었지만 유인 기반이었고, 자금난으로 펀드에 인수된 이후 무인화를 시작하였으므로 실제 국내 무인 주차사업의 시작은 GS와 AJ라고 하겠다. (아마노 코리아 역시 무인주차장 운영사업의 시초격이나 장비사로서 위상이 더 크므로 제외)

현재는 코로나를 기점으로 많은 기업이 사라졌다. 나이스그룹 한국전자금융 나이스파크, 휴맥스그룹의 트루파킹, SK쉴더스 T맵주차, 카카오모빌리티의 KMP, 아마노코리아, 아이파킹 등 대기업 계열사와 중견기업들이 주차장 운영시장을 놓고 각축을 벌이고 있다.

〈덕스파킹스토리〉 블로그 시작

첫 주차장 운영사에서 정말 열심히 일했던 것 같다. 블로그 '덕스파킹스토리'가 알려지기 시작하자 여러 기업에서 주차사업에 관심을 가지기 시작했다.

"덕이가 누구냐? 누군데 개인이 글까지 올리고 사업을 홍보하냐?"

각 기업 인사담당자의 궁금증도 커졌다. 첫 주차장 운영사에 입사할 때는 먼저 이력서를 내고 면접을 보았지만, 이후 입사하고 싶다고 먼저 서류를 낸 기억은 없다. 많은 모빌리티, 부동산 기업에서 먼저 같이 일하자고 찾아왔고, 나는 선택을 했을 뿐이다. 주차장 개발 역시 취업과 같다. 먼저 찾아 다니면 협상력이 떨어진다. 나서지 말고 기다리다 좋은 토지, 건물이 나오면 정확히 파악하고 빠르게 행동해야 한다. 물론 말처럼 쉬운 일은 아니다.

10년 전에도 주차장 운영사와 무인주차관제 장비업체가 몇 곳 있었는데, 블로그나 인터넷을 이용한 홍보에 적극적이지 않았던 시절이었다. 큰 기대없이 시작한 블로그의 조회수가 일일 10명, 100명, 300명 점점 늘어나더니 어느 날부터 글을 쓰면 포털사이트 메인 상단에 노출되었다. 조회 수와 방문객이 늘어나면서 휴대폰에는 토지소유주, 건물주의 전화번호 역시 늘어나게 되었다. 더 이상 뚜벅이 영업을 하지 않아도 되는 상황이 온 것이다. 영업사원 전체의 개발 후보지(주차장 계약 예정지)보다 혼자인 나의 후보지가 더 많았을 때도 있었기에 회사로 들어오는 의뢰는 실적을 쌓기 위해 검토할 필요도 없었다. 주차장 전문 블로그를 가장 먼저 시작했고, 현재도 개인적으로 주차장에 대해 글을 쓰는 사람이 없다. 과거 필자의 글을 보고 '나도 제2의 덕스파킹이 되어보겠다'라면서 글을 쓰는 업계 종사자도 있었다. 개인적으로 써보라고 한 적도 없고 말린 적도 없다.

이제 블로그의 인기, 신뢰가 예전 같지 않다. 많은 SNS 홍보채널이 새로 생겨났고, 블로그의 상업성 홍보 글이 도배되고 있는 것이 현실이다. 덕스파킹 블로그도 방문객이 많이 줄었다. 블로그로만 홍보하고, 수익을 얻는 시대는 갔다. 다만 필자가 지난 10년간 써 온 글을 보면 정확한 사실만을 전달하였다고 자부하고 있다.

정말 열정적으로 사업을 해보고 싶은 분께 이렇게 이야기한다.

"주차장 운영기업 본사에서 근무하기 어렵다면 주차장 현장관리자로 한번 근무해 보세요. 주차장 현장 근무자 자리는 아직도 많습니다. 하지만 쉽지는 않을 겁니다. 주차장으로 근무하면 엄청난 민원에 시달리고 멸시와 환멸을 느낄 겁니다. 그러나 현장을 보고 분석하다 보면 보면 돈이 되는 현장, 문제가 되는 사항 등을 알게 될 겁니다. 돈 벌면서 공부할 수 있잖아요."

이 책의 글귀 한 줄은 읽기 쉽지만 주차장 현장은 절대 만만하지 않다.

1년에 2~3곳만 개발 해도 에이스 영업사원 소리를 듣던 시절있었다. 현재 메이저 주차장 영업사원은 1년에 20개 이상의 주차장을 개발해야 한다. 그만큼 무인주차장 운영 수요가 많다는 뜻이기도 하지만 경쟁이 치열해 졌다고 볼수도 있는 것이다. 지금도 여전히 주차장 영업은 어렵고 힘든 일이지만 주차장 운영사는 예전 보다 쉽게 영업을 하고 있을 것이다. '주차장 사업이 돈이 된다'는 인식이 퍼지면서 많은 토지소유주가 주차장운영사에 견적의뢰를 하기 때문이다. 이제는 굳이 등기부를 발급하여 뚜벅이를 하지 않아도 축적된 데이터와 체계적인 매뉴얼로 영업을 할 수 있는 시대가 온 것이다.

〈트럭헬퍼〉 공동 설립

2022년 10월, 전화 한 통이 왔다. 상대방은 화물주차장을 만들고 싶다며 아주 조심스럽게 상담을 요청했다. 알고보니 한국타이어 사내벤처팀에서 주차장 사업을 준비하면서 주차장 관련 궁금증에 대해서 알고 싶다고 전화를 한 것이었다.

서 대 규: 덕스파킹스토리 덕이님 되시죠? 전 주차사업을 준비하고 있는 서대규라고 합니다. 혹시 주차관련해서 잠깐 이야기 나눌 수 있을까요?

덕스파킹: (사무적이고 무뚝뚝하게)네. 짧게 말씀하시죠. 혹시 주차관련 앱을 개발하시나요? 대부분의 스타트업이 앱을 통하여 쉽고 빠르게 수익을 얻으려고 하는데요, 쉽지 않습니다. 주차장은 부동산이 잖아요.

서 대 규: 아닙니다. 앱은 개발비도 많이 들고, 유저확보도 어려운 것을 알고 있습니다. 모바일반응형 웹으로 홈페이지와 결제 부분을 만들려고 합니다. 앱 개발은 아니고 주차장 운영 쪽

을 해보려고 합니다.

덕스파킹: 주차사업이 생각보다 쉽지 않은데요. 요즈음 주차장 운영사업을 하는 대기업들도 일부 적자가 발생하는 마당입니다. 굳이 왜 지금 주차사업을 하려고 하십니까?

서 대 규: 한 번 뵙죠. 제가 찾아 뵙겠습니다.

덕스파킹: 아닙니다. 제가 계신 곳으로 찾아가겠습니다.

언제나 그렇듯 별로 기대하지 않았다. 판교 방면에 업무가 있어서 가는 길에 한국타이어를 방문하여 어떤 사업인지 들어보기로 했다. 서 대규 대표와 또 다른 한 명의 직원이 필자를 맞이하였다.

자리에 앉자마자 어쩔 수 없이 필자가 한 말.

"이 사업 쉽지 않아요. 주차사업 파이의 한계가 있는데다 경쟁이 너무 치열해지고 있습니다."

하지만 이번은 달랐다. 10분 정도 설명을 듣고는,

"이거 되겠는데요? 화물차 주차장! 어차피 도심지는 임대료가 너무 올라서 주차장 운영사업이 쉽지 않은데, 말씀대로 외곽에서도 주차사업이 가능하잖아요? 저희 아버지도 대형버스 운전을 하셨는데 이미 20년 전부터 회사의 비용으로 주차비를 처리했습니다. 돌아가신 장인 어른도 화물차를 운전하셨는데 불법주차를 하다 화물을 도난당한 적도 있다고 들었습니다. 하지만 뭔가 레퍼런스가 있어야 하지 않을까요? 생각으로는 될 것 같지만 실제로 실행해보면 안 되는 사업이 워낙 많으니까요!"

빅모빌리티's Vision

당신의 토지를 트럭헬퍼 하세요

화물차 주차장으로, **모빌리티**와 **프롭테크**를 접목하여
도시의 Dead Space 재생 & Value를 만드는 **화물차의 에어비앤비**

승용차 주차 수익으로는 도저히 임대료를 맞추기 어려워져 수주하지 못한 주차장이 많았다. 같은 주차장 사업이지만 고객을 승용차가 아닌 화물차로 바꾸는 발상의 전환. 별것 아닌 것 같지만 아무도 생각하지 않았던 새로운 주차장 사업. 게다가 국가도 해결하기 어려운 화물차 밤샘주차를 민간이 나서서 해결하겠다는 무모한 도전. 끌렸다. 나의 긍정적인 반응에 서대규 대표도 힘을 받은 것 같았다. 집에 돌아와 아내에게 말했다.

"주차장 업무를 이렇게 오래 했는데 나는 왜 화물차나 대형차량 주차장을 생각하지 못했지? 아버지도 버스기사였는데 말이야"

"주차장 일만 하니까 더 넓은 것을 못 본거야."

"새로운 사업 구조긴 한데, 화물차 차주들이 주차비를 잘 낼까? 거기에 대한 확신이 없네. 가끔 한번씩 만나기로 했으니 기다려보지 뭐"

"어쨌든 오빠가 미팅하고 오면 늘 사기꾼 같은 사람만 만나고 왔다고 하더니 이번에는 완전히 다르게 말하네? 그 분 좀 도와주면서 멀리 봐."

사업을 같이 하자고 찾아온 사람들을 보면 대부분이 수익성이 부족하거나 뜬구름 잡는 자료를 만들어 제안을 한다. 주차사업 관련 통화를 하면서 좋은 말을 할 수가 없다. 주차사업을 하려면 어느 정도 공부는 하고 연락하는 것이 예의 아닌가? 첫 미팅에서 "이 사업 너무 좋습니다. 될 것 같습니다. 훌륭한데요?" 이런 반응을 보인 기억은 거의 없다. 첫 미팅에서 처음으로 '이건 된다.'라는 확신을 가졌다.

2022년 미팅 이후 한 달에 한번 정도 서대규 대표를 만났다. 어쨌든 필자는 주차장으로 여러 사업을 하고 있는 대표였고, 서대규 대표는 당시 한국타이어에 소속된 신사업 팀장이었다. 회사는 일을 하든 안 하든 월급을 주지만 사업은 잘못하면 망한다. '서대규 대표도 이러다 말겠지. 대기업에 14년을 다녔는데 그만 두는게 쉽겠어?' 라고 생각했다. 그러나 미팅을 할 때마다 말했다.

"곳간이 비어 있으면 안되니 먼저 국가예산, VC투자를 받고 회사를 그만두겠습니다."

여러 사업가를 만났지만 자신의 말을 제대로 지키는 사람은 그리 많지 않았다. 하지만 서대규 대표는 본인의 말 대로 국가예산과 VC투자를 받아 ㈜빅모빌리티를 설립하였다. 그리고 4개의 화물차 주차장을 본인 손으로 직접 계약해서 필자와 함께 현장을 돌아보았다. 2023년 5월 2일은 화물차 주차장 전문기업 ㈜빅모빌리티 창립기념일이다. 그리고 필자가 사업을 하면서 처음으로 상대측 보다 먼저 같이 일하고 싶다고 오퍼를 던졌다.

"이제 서대규 대표님 하시죠. 저는 김영덕 이사 하겠습니다. 주차장 영업은 자신 있습니다."

화물차 주차장의 특징과 운영

현재 인터넷에 '무인주차장' '주차장사업'이라고 검색하면 많은 기업광고가 나온다. 하지만 '화물차 주차장'이라고 검색하면 조회되는 내용이 그다지 없다. 아직 경쟁이 치열하지 않다는 뜻이며, 외곽의 넓은 땅을 저렴하게 구할 수 있다는 뜻이다. 주차장의 경우 보통 임대료 10배의 보증금을 지불해야 하는데 개인의 경우 이 보증금도 무시못할 금액이다. 하지만 화물차 주차장은 임대료가 낮으니 보증금 부담도 높지 않다. 화물차 주차장 사업은 이제 시작하는 사업이다. 모든 사업은 '잘된다. 돈 된다' 하는 순간 끝물이다. 아무도 모를 때 시작을 해야 수익을 얻을 수 있다.

필자는 그동안 승용차 고객을 대상으로 주차장 영업만 하였다. 트럭, 버스는 주차비를 내지 않을 것이라고 생각했기 때문에 고객명단에서는 빠져 있었다. 국내 화물차는 약 40만 대, 자가용 1톤 트럭까지 포함하면 약 4백만 대. 어마어마한 잠재력을 가진 시장이다. 현재 화물차, 버스 주차장을 전문적으로 조성하는 기업은 트럭헬퍼가 유일하다. 돈이 되지 않는 것을 돈이 되게 만들어야 사업이 된다. 매월 화물차는 수백만 원의 유류대를 지불 하는데 20~30만원의 주차비는 큰 비용이 아니다. 불법주차를 하고, 밤샘 불법주차 과태료를 한번 지불하는 비용이면, 한 달 주차비를 쓰는 것이 오히려 이익이다. 보통 대형차량이 밤샘 주차에 단속되면 1회 20만원의 벌금이 부과된다. 어느 화물차 운전자의 경우 1달에 4번이 단속되어 과태료만 80만원을 지불했다고 한다. 대형 차량 운전기사들은 돈이 없어서 불법주차를 하는 것이 결코 아니다. 누구도 대형차량 주차장을 만들어 주지 않았기 때문에 불법주차를 할 수밖에 없었던 것이다.

화물차는 유류비, 환경문제, 운전의 어려움 등 이유로 도심지로 잘 진입하지 않고 주차도 하지 않는다. 주로 도심지 외곽에 주차를 하는데, 외곽지역은 주차장 임대료가 저렴할 뿐 아니라 개발사업을 하기도 어렵기 때문에 계약기간의 안정성이 보장된다. 이 책이 출간된 이후 많은 기업이 대형차량 주차장 사업에 진입하려 할 것이다. 대형차량 주차장을 발판으로 물류, 경정비, 세차 사업을 진행할 수도 있을 것이다. 대형 차량은 나대지에만 주차할 수 있으므로 할 수 있는 사업이 많다. 이 책을 읽는 여러분 중 조상에게 물려 받은 땅이 있으면 화물 전용 주차장을 검토하시길 바란다. 미래에 승용차 주차장을 수주하여 큰 이익을 내기 어렵다는 것을 알고 있다. 개인이나 중소기업이 대기업과의 경쟁에서 이기고 수익까지 내기는 점점 어려워질 것이다. 그래서 이 책을 쓰면서도 많은 고민을 하였다. '과연 이 책을 읽는 분들이 주차사업을 통하여 수익을 낼 수 있을까?' 그래서 집필의 정체기가 있었던 것도 사실이다. 주차장 사업구조로 여러 고민을 하고 있던 찰나에 새로운 주차사업 모델을 새롭게 시작할 수 있다는 것은 나에게 큰 행운이다. 아직 경쟁이 치열하지 않은 화물차 주차시장을 노려라.

승용차 공영주차장의 경우 국가가 조성하면 누구든 환영한다. 저렴한 가격에 주차장을 이용할 수 있으니까 말이다. 하지만 화물차 공영주차장의 경우 국가가 조성하고도 운영을 하지 못하는 경우가 있다. 화물차는 왠지 더럽고, 위험하다고 생각하기 때문이다. 주차장을 만들어도 민원이 발생하니 국가 입장에서는 많이 보급하기가 난감하다. 그래서 각 지자체가 운영하는 공영화물차 주차장은 수백 대 수준에 불과하다. 화물차 수대비 주차장 보급률은 5%미만. 화물차주 대부분은 개인사업자이다. 즉 사장님이라는 말이다. 화물차량 한 대의 가격은 수억 원에 달하고 월 운영비는 수백만 원 이상이다. 나의 수익창출 수단인 비싼 화물차를 주차장에 넣어놓으면 안심이 되지 않을까? 그래서인지 빅모빌리티의 직영 화물주차장 가동률은 95%이상이다. 화물주차장은 큰 투자금 없이도 운영가능한 사업이다. 필자가 현재 가장 노력하고 있는 주차장 사업 부문이기도 하다.

① 가격이 저렴한 외곽지역에 화물차 주차장을 만든다.

도심지의 임대료는 비싸다. 그리고 경쟁도 치열하다. 하지만 현재 나대지로 방치되고 있는 경기도 인근의 토지가 있다면 그 토지의 임대료가 비쌀까? 아직도 경기도 외곽에는 저렴한 토지가 많다. 저렴하다는 것은 사업성이 부족하다는 말인데, 이런 토지에서 할만한 마땅한 사업을 찾기도 쉽지 않다. 토지주가 건물을 지어 분양하여 수익을 낼 수도 있겠지만 분양리스크가 너무 크다. 결국 이도저도 못하고 세금만 내게된다. 화물차 주차장은 이러한 수요가 없는 저렴한 토지를 임대하기 때문에 경쟁이 많지 않고 투자비용도 낮다.

덕스파킹 컨설팅

| 화물 주차장 사례 1 |

예전부터 〈덕스파킹스토리〉 블로그를 봐왔다는 주차장 사업가 A씨. 서울 중랑구에 위치한 국가부지를 낙찰 받아 주차장으로 조성하였다. 인근의 공영주차장이 워낙 저렴하였으므로 승용차 주차로는 사업성이 떨어졌다. 그래서 화물차를 모집하기로 하고 화물차 주차장 운영사인 트럭헬퍼에 협업을 요청했다. 서울시내는 화물차, 버스 주차장이 부족하기 때문에 수요가 충분히 있다고 판단하였고 마케팅을 시작하였다. 시간이 얼마 지나지 않아 월 정기 요금을 받고 화물차를 입차시켰고, 추가 마케팅을 계속 진행하였다.

어느 날 토지 임차인에게서 전화가 와서 화물차 환불과 차량 철수를 요청하였다. 바로 옆 빌라에서 소음 민원을 제기하였고, 공무원 방문 후 화물차량은 주차를 금지시켰다는 것이다. 화물 주차장은 도심지에 있으면 오히려 민원을 당할 수 있다.

| 화물 주차장 사례 2 |

어느 날 지인에게 전화가 왔다.

"영덕아 큰일이야. 회사에서 위치가 안 좋은 주차장을 계약했는데 이거 매출을 낼 수가 없다. 그런데 화물차로 채우면 될 것 같아 전화했어."

현장을 가보니 승용차는 한 대도 들어올 것 같지 않은 물류센터 인근의 주차장, 게이트가 활짝 열려 있었는데도 무단주차한 차량이 한 대도 없었다.

"형님, 여기 승용차 주차는 어차피 안 되고 트럭이라도 채워야 하니 입출구나 넓게 공사해줘요."

공사 후 야밤에 홍보전단까지 돌려가며 열심히 마케팅을 했다. "안 되면 할 수 없지 뭐." 한두 달은 문의가 없더니 3달이 지나자 차량이 조금씩 들어오기 시작했다. 화물차가 주차하기 편리하다는 소문이 나서일까? 단 한 대의 주차 차량도 없던 주차장은 5달 뒤 만차가 되어 화물차를 더 받을 수 없었다.

| 화물 주차장 사례 3 |

경기도 물류창고와 함께 위치해 있는 화물차 주차장. 사업 초기 이 주차장에 지인을 데리고 갔다. 승용차 주차장 마인드로는 도저히 상상할 수 없는 곳에 위치한 주차장, 밤에 가면 정말 귀신이 나올 것 같은 그곳에 화물차 몇 대가 있었다. 지인은 이렇게 말했다.

"이런 데서도 주차장으로 돈을 벌어? 에이 설마! 도대체 나를 지금 어디로 끌고 가는 거야? 이런데 뭔 주차장이야?"

당시 이 화물 주차장에 차량이 3대 밖에 없었는데 지금은 만차라 화물차를 더 받을 수가 없다. 서대규 대표가 마케팅 능력을 발휘하여 화물차를 다 채워버렸다.

② 화물차 진입이 용이한 도로가 있는 곳에 적정 규모로 만든다.

화물차는 회전반경이 크다. 좁은 도로 옆에 나대지 화물차 주차장을 조성하면 입출구가 불편하여 화물차량을 채우기 어렵다. 주차장 안에서 회전을 하려면 주차장 면적도 어느정도 큰 것이 좋다. 500평 이상이 좋고 위치에 따라 1,000평이 넘어가도 좋다. 하지만 대지가 너무 크면 임대료가 높고 차량을 채우는데 시간이 걸려 초반에 적자가 발생할 수도 있다.

덕스파킹 컨설팅

1. 출입구는 중요하다.

현재 화물차의 폭은 최대 2.5미터 길이는 5~13미터까지 다양하다. 승용차보다 폭이 넓다보니 진입로가 넓어야 고객이 편리하게 주차할 수 있다. 최근 인천, 김포에 화물주차장이 부족하여 잘만 만들면 큰 수익을 낼 수 있다. 이 지역에 집중적으로 토지를 구하려 다녔는데, 늘 진입로가 문제였다. 아무리 위치가 좋고 임대료가 낮아도 화물차 교행이 불가하면 계약을 하기 어렵다. 승용차도 후진으로 수십 미터를 가려면 어려운데 넓고 긴 화물차는 어떠하겠는가?

2. 대형 화물차 주차장의 실패 사례: 인천 송도 아암물류 2단지 화물차 주차장

인천은 항구가있기 때문에 화물차의 통행이 많다. 화물차 불법주차 단속건수도 손에 꼽힌다. 이러한 이유로 국가에서 송도 아암물류 단지에 대형 화물차주차장을 조성하였다. 문제는 인근에 주거단지가 있다는 것이다. 화물차 불법주차문제를 해결한다는 의도는 좋았으나, 주거단지의 주민들이 소음, 매연 등 이유로 민원을 제기하여 현재 주차장이 운영되고 있지 못하다. 화물차 주차장은 주거 지역과 어느 정도의 거리가 있으면서 1~2천평 규모(주차면수 30~60면 정도)가 적당하다고 판단된다.

③ 화물차는 회전반경, 높은 전고로 차번 인식 오류가 많으니 장비는 최소화
   한다.

승용차 주차장은 시간제 매출이 중요하기 때문에 입출차 관리를 위한 차번인식기, 무인정산기가 필수이다. 하지만 화물차 주차장은 대부분이 월 정기에 지정구역주차제이다. 승용차를 주차하고 그 자리에 있던 화물차를 가지고 나가 업무를 한 후 다시 돌아와 승용차를 가지고 퇴근하는 구조이다. 화물차는 크기가 크기 때문에 조금만 부주의하면 주차관제장비를 파손할 수도 있고, 주차관제장비로 인해 주차면 손실 (일반적으로 주차관제장비가 설치되면 장비가 차지 하는 공간으로 주차면이 줄어든다)이 발생할 수 있다. 중소형 화물주차장은 굳이 주차관제장비를 하지 않아도 관리 가능하며 오히려 주차관제장비가 없는 것이 화물차의 주차와 관리에 더 편리할 수도 있다.

덕스파킹 컨설팅

승용차 주차장을 생각하고 화물차주차장을 운영하면 안된다. 승용차 주차장은 무인주차관제장비가 필수지만, 화물차주차장은 주차관제장비를 설치하면 운영이 오히려 어려울 수 있다.

화물차주차장은 정기권 위주로 운영되는 것을 알고 있는 개인사업자 A씨. 입구에 차번인식기와 게이트만 설치하여 관리를 하고자 하였다. 하지만 지금은 게이트를 열어놓고 관리하고 있다. 화물차는 길이가 길어 크게 회전을 하기 때문에 인식 자체가 안 되는 경우가 잦다. 게다가 차번호판이 훼손된 경우도 있다. 승인된 차량만 들어올 수 있게 세팅을 하였는데 입구에서 게이트가 열리지를 않으니 게이트를 열어놓을 수 밖에 없었다.

④ 화물차 주차장은 바닥이 잡석인 것이 오히려 낫다.

화물차 주차장에서 가장 큰 공사비용은 바로 바닥공사이다. 차량이 크기 때문에 바닥 면적도 넓어야 하는데, 이곳을 다 시공하면 엄청난 비용이 발생한다. 그래서 바닥의 경우 잡석 정도로 포장하고 주차라인도 밧줄을 이용한다. 승용차의 경우 잡석으로 바닥시공을 하였을 때 차량이 손상되는 경우가 많지만 화물차는 그다지 손상도 없고 겨울철 눈을 생각하면 오히려 잡석포장이 입출차가 편리하다. 바닥포장에 큰 비용을 지불하면 결국 주차비가 상승하게 되고, 사업성이 떨어진다.

덕스파킹 컨설팅

화물차주차장은 대부분 나대지이다. 계약초기에는 흙바닥인 경우가 많은데 흙바닥에서는 주차장운영이 어렵다. 눈, 비가 오면 흙탕물이 생겨 주차된 화물차든, 출퇴근용 승용차든, 차주이든 차나 옷이 오염되기 때문이다. 이때는 잡석을 시공하는 것이 가장 좋다. 겨울에 눈이 오면 아스콘 포장보다 잡석이 덜 미끄러지기 때문에 비용도 줄이고, 운영효율도 좋다.

| 실제 사례: 남양주 OO화물차 주차장 |

필자가 계약한 화물주차장으로 눈이 많이 오는 남양주에 위치하고 있으며, 지주께서 멋지게 공사를 해놓은 현장이다. 엄청난 비용을 들여 아스콘포장과 융착식페인트 라인 공사를 했다. 문제는 경사로에 위치하고 있다는 것인데 오히려 포장이 너무 잘 되어 있어 겨울에 눈이오면 차량이 오르내리지를 못한다. 이것은 하루종일 염화칼슘을 뿌려대며 제설을 해야 한다는 것을 의미한다. 화물주차장은 겨울철 제설은 체크가 반드시 필요하다.

⑤ 화물차 주차장을 만들기는 쉽다. 고객 모집이 더 어렵다.

화물차 차주들은 대부분 개인사업자이다. 어떤 대기업에 속해 있는 경우가 많지 않다는 것이다. 그래서 B2B(기업간 대규모 영업)가 아닌 이상 한 명 한 명 주차고객을 모집해야 한다. 승용차 주차장의 경우 대형 렌터카 업체나 인근 주차수요가 많은 건물과 제휴하면 금방 차량을 채울 수 있지만 화물차주차장은 그렇지 않다는 의미이다. 그리고 보통 화물차 주차장은 주거지와 어느정도 떨어져 있다. 거주지에서 배회하다 주차장을 찾아서 들어오기도 쉽지 않다. 화물차 주차장은 지가가 저렴한 곳에 조성하므로 만들기는 쉽다. 문제는 주차창에 차를 채우는 것이다. 이것을 잘해야 돈을 번다.

덕스파킹 컨설팅

필자가 화물차 주차장 영업을 본격적으로 한것은 이제 1년 남짓이다. 1년 동안 많은 것을 배웠는데 특히 고객모집이 포인트라는 것을 알게되었다. 점점이 흩어져 있는 고객을 모으기 위해 빅모빌리티는 국내 최대의 화물차차주 운영자 모임에 가입하기도 하였고, 물류기업과 협의를 하였다.

⑥ 캠핑카와 화물차 주차장의 차이

화물차든 캠핑카든 운행하려면 비용이 투입된다. 유류비, 통행료, 차량 감가상각비, 보수비 등 비용이 드는 것은 같지만 화물차는 운행을 하면 수익을 얻고, 캠핑카는 운행을 하면 놀러 다니면서 비용을 지출한다. 같은 주차장에 있는 차량이지만 돈을 버는 차량과 돈을 쓰는 차량이라는 큰 차이가 있다.

여러 주차장을 운영해 본 경험상 캠핑카 차주 보다 화물차주가 주차비에 대한 반감이 적은 것 같다. 화물차는 돈을 벌기 위해 주차비를 비용으로 쓰지만, 캠핑카는 움직이든 주차하든 돈만 나가니 그런 것 아닐까 싶다. 캠핑카는 뭔가 고급지고, 비싸 보이지만 실제로는 화물차가 더 비싸다. 그리고 화물차주는 엄청난 비용을 들이면서 운행을 하기 때문에 주차비를 큰 비용으로 생각하지 않는 것 같다.

화물차 주차장은 잡석, 밧줄 라인 시공 정도면 운영이 가능하다. 하지만 캠핑카 주차장은 오폐수처리시설(화장실)이 있어야 해서 투입비가 더 든다. 어떤 사업이든 투입비를 줄여야 이익을 높일 수 있는 것 아닐까?

덕스파킹 컨설팅

용인에서 캠핑카주차장사업을 하던 A대표는 본인의 주차차량 전부를 트럭헬퍼로 넘겼다. 캠핑카는 보통 1년 단위로 주차비를 받는데 이것을 이유로 할인을 해준다. 그런데 중간에 몇 달씩 캠핑을 가면 주차비를 더 할인해 달라는 요청이 있다고 한다. 게다가 캠핑카는 한번 주차를 하면 몇 달씩 나가지 않는 경우가 있는데, 이때 차량에 손상이 가면 언제 사고가 났는지 알수가 없어 CCTV를 확인하기도 어렵다. 생각보다 민원이 많자 캠핑카를 더 이상 받지 않고, 트럭헬퍼를 통하여 화물차만 받고 있다. 코로나 이후 캠핑카의 인기가 시들어 캠핑카주차장을 전문으로 운영하는 A기업 역시 어렵다고 한다.

덕's
Parking
Story

3장

실제 사례로 보는
주차장 운영

1 주차장의 발전 과정

무인주차장의 도입으로 기회가 많아졌다

전국 주차장에 깔려 있는 게이트, 차번인식기, 무인정산기를 보면 신기할 따름이다. 주차장에 관심이 없는 분들이 보기에는 별다른 변화가 없는 것 같지 않지만 실제로는 짧은 시간 동안 아주 많은 변화가 있었다. 10년 전에는 강남에도 무료주차장이 있었다. 운전자들은 주차비를 내지 않기 위해 어떻게든 무료주차장을 찾았고, 관리자가 없거나 게이트가 없는 주차장에는 일단 비집고 들어가고 봤다. 출차할 때 관리자가 주차비를 요구하면 다툼이 발생하는 현장도 많았다. 당시에는 무인주차장이라는 개념이 생소했으므로 근무자를 두어 주차관리를 하거나 관리를 전혀 하지 않거나 두 가지 중 하나였다.

왜 무인주차장이 급속도로 보급되기 시작하였을까? 가장 큰 원인은 인건비 상승이다. 최근 몇 년간 최저임금은 가파르게 올랐고, 그 최저임금을 받던 주차장 근무자(요금정산원, 주차장 내부안내원)의 급여도 상승했다. 안타깝게 최저임금을 받는 근로자의 업무는 기계장비, 로봇으로 대체 가능하다. 가장 먼저 무인화가 이루어진 곳이 주유소, 그 다음이 주차장이다. 주유소와 주차장의 공통점은 상품 종류가 아주 제한적이고 단순하다는 점이다. 주유소는 먼저 카드 삽입, 휘발유 또는 경유 선택, 요금 입력 그리고 주유하면 끝이다. 주차장 역시 할인권을 투입하고(웹할인, 앱할인으로 대체하면 이조차 없음) 주차비를 투입(이 또한 무료주차 시간내에 나가면 하이패스 출차) 그리고 출차하면 끝이다. 최근 음식점에서 키오스크를 도입하는 곳이 크게 늘고 있는데 선택할 품목이 많아 여간 불편한 것이 아니다. 게다가 상품을 고르다 시간이 지체되면 뒷사람의 눈치를 보기도 한다. 하지만 주차장은 선택할 상품이 없다. 게이트만 잘 관리하고 원격제어와 콜센터만 연동되어 있으면 운영에 별 문제가 없다. 주차장의 사업성이 증명되고 대기업이 진출하면서 무인주차장 운영사업은 단기간에 성장하고 변화하였는데 여기에는 할인시스템의 발전도 한 몫했다. 바코드, 마그네틱 할인권을 사용하던 때는 할인권 소진을 대비하여 할인권 제작업체에서 미리미리 구매해 놓아야 했다. 할인권 제작 비용과 배송시간도 필요하여 입주업체나 고객 불만이 많았다. 하지만 기술의 발달로 PC와 휴대폰에서 주차 할인이 가능하게 되었고, 이제는 종이 할인권을 제작할 필요가 없어졌다. 마치 예전에 플로피디스크를 들고 다니던 시대에서 CD롬마저 없어진 컴퓨터를 사용하는 것 같은 변화가 이루어진 것이다.

과거 일본 A사 무인주차관제 장비를 구매했을 때는 게이트, 발권기, 현금 카드겸용 무인정산기, 마그네틱 할인권 등 구식장비를 설치하는데도 가격은 지금의 2배 이상이었다. 무인주차장 공사가 많지 않아 규모의 경제가 되지 않았기 때문에 공사비도 2024년의 현재에 비해 2~3배 비쌌다. 무인주차관제 장비 판매가 늘어나게 되자, 규모의 경제로 인하여 장비가격은 계속 떨어지게 되었다. 현재 무인주차관제 장비 가격은 월 50~60만원 수준으로(60개월 기준) 일시불 구매시 2천만 원 이하로 장비를 판매하는 곳도 다수이다. 사업을 하면서 가장 무서운 인건비가 '0'이기 때문에 무인주차장사업이 발달하지 않을 수 없었던 것이다.

그럼 무인주차장은 만능인가?

예전에 영업을 하면서 무인 운영에 대한 문의를 많이 받았다.

"기계는 고장날 수도 있고, 인터넷이 끊길 수도 있죠. 그래도 인력이 인 마이 포켓(횡령) 하는 것이 없으니 매출은 올라요."

실제 무인주차관제장비를 설치하고 매출이 오른 현장이 많았다. 근무자는 졸다가 차량을 놓치는 경우도 있지만 무인주차관제장비는 24시간 쉬지 않고 운영되니 당연할 수 밖에…

초기에 무인주차장 운영이 두려운 현장도 있었다. 입출차가 많고, 초보운전자가 많은 현장이었다. 과거에는 차번인식기 성능이 좋지 않았기에 발권기를 설치하는 경우가 많았는데, 일단 발권기에 차량을 붙여 버튼을 누르는 것이 쉽지 않았다. 여기서부터 민원 발생, 차라리 인력이 있으면 근무자가 손을 뻗어 주차권을 지급하는 것이 더 편리했던 것이다. 입출차가 많은 현장의 경우 주차권의 소진도 빨랐는데, 당시에는 주차권 잔여수량 확인이 쉽지 않았다. 주말에 지방에서 주차권이 떨어지는 경우, 하루 이틀 주차장을 운영할 수 없는 상황도 있었다. 정산 시에도 문제가 많았다. 정산기에 주차권을 넣고, 할인권을 넣고, 현금이나 카드로 정산해야 했는데 무인주차관제장비 설치 위치가 좋지 않으면 정산에 시간이 걸리고 불편했다. 과거 이러한 현장에서 민원을 줄일 수 있는 최선의 카드는 바로 인력, 근무자 채용이었다. 현재는 사전정산기, 웹, 앱 할인 등이 일반화되어 할인권을 배송 받을 필요도 없고 출구에서 현금을 삽입할 필요도 없다. 과거보다 무인주차장의 편의성이 높아진 것이 사실이다. 기술의 발달로 에러도 꽤 줄어들었지만 무인주차장이 만능은 아니다. 특히 입출차가 많은 현장의 경우는 문제가 발생할 가능성이 높다. 특수한 현장은 무인주차시스템만으로 운영할 수 없을 수 있다는 것을 기억하자.

조금 특이한 생각도 한다. 인건비 문제로 무인화가 대세이지만, 개인적인 의견으로 일부 주차장에서는 유인근무자 시대가 다시 올 것으로 예상한다. 호텔에 돈 쓰면서 서비스를 받으려고 왔는데 이왕이면 근무자가 친절히 응대하며 주차요금을 받는게 더 좋지 않을까?

무인주차장의 핵심은 콜센터 운영이다!

사업의 꽃은 영업, 무인주차장 운영의 꽃은 콜센터이다. 무인 주차 관제 시스템도 결국은 기계라 문제가 생길 수밖에 없다. 문제가 발생하였을 때 정산기에 붙어있는 콜버튼을 누르면 콜센터로 연결되는데 친절하고 빠른 응대가 중요하다. 게이트도 안 올라가고, 결제도 안 되는 상황에서 뒤에서 차는 빵빵거리는데 콜센터에서는 요금 입금하시면 출차 가능하니, 계좌번호 말씀드릴께요 하면 고객 입장에서 욕이 안 나올 수가 없다. 필자는 콜센터 응대가 좋은 기업의 장비를 사용하라고 하는데, 이것은 불멸의 진리라고 말하고 싶다. 어떤 주차장 운영사의 경우 콜센터 버튼을 누르고 2분이 지나도 전화를 받지 않는 곳이 있다. 콜센터 직원이 현장을 잘 파악하여 유연하고 재빠르게 대응해야 하는데 아쉽게도 콜센터는 근무환경이 열악하고 급여수준이 높지 않기 때문에 이직이 잦다. 이로 인해 콜센터 인력의 전문성 확보가 어려워 상담의 질과 상황 대처 수준이 낮은 것이 현실이다. 무인주차장 콜센터는 카드사 콜센터와 다르다. 무조건 신속하게 대응하여야 한다. 뒤에서 차량이 기다리고 있다. 콜센터의 대응능력이 부족하면 어렵게 계약한 주차장을 빼앗기는 상황이 올 수도 있다.

카드전용결제 시장의 발달 / 현금 수금이 필요 없는 시대

지금은 대부분의 주차장 요금결제가 신용카드나 휴대폰 간편결제로 이루어진다. 과거에는 주차장 이용 고객들이 무인주차장을 낯설어하던 시기였고, 주차요금은 당연히 현금결제라고 생각했던 때가 있었다. 주차비를 카드로 지불하면 무엇인가 없어보이는 것 같은 느낌(예전에는 담배도 카드로 사면 없어보였다)도 있었다. 현금지급이 대세였기 때문에 정산기에 현금 투입구와 잔돈 반환구도 있었다. 만 원을 넣고 7천 원의 잔돈을 받으면 2천 원이 먼저 나오고 5천원 권이 나오는데 꽤 시간이 걸렸다. 그래서 간혹 5천원을 못 받았다고 항의 하는 고객도 있었다. 특히 문제는 수금 업무였는데 유지보수팀이 전국현장을 돌며 차에 현금을 가득 담아 오면 대부분의 직원들이 모여서 돈을 세었다. 시간이 흘러 현금카드 겸용 무인 정산기의 현금부를 사용하지 못하도록 틀어 막았으며, 이 후 완전 카드결제전용으로 운영이 시작되었다.

처음 카드전용정산기를 주차장에 설치했을 때 잠을 이루지 못했던 기억이 난다.

'아! 카드 없는 사람이 얼마나 많은데 왜 카드전용 정산기로 넣으라고 하는 거야. 분명 상가 관리단에서 불편하다고 난리 칠 텐데…'

이제는 현금도 거의 가지고 다니지 않는다. 카드 아니면 휴대폰으로 결제를 한다. 참 세상이 금방 바뀐다.

경쟁 심리를 이용하라: 경기도 양주 주차타워

2011년 말 양주 주차타워 무인주차장을 오픈했다. 필자의 첫 무인주차장! 당시에는 차번인식기를 거의 사용하지 않던 시절이라 3층 주차장 입구 방면에 발권기, 무인정산기, 굴절바(한번 접는 주차 차단기)를 시공하여 무인주차장 운영을 시작하였다.

상권이 활성화되지 않은 신도시라 매출이 매우 낮을 것으로 예상했다. 다행히 임대료가 낮았지만 매출 역시 낮아 어떻게 매출을 올릴까 고민을 많이 했던 기억이 있다. 당시에는 주차장 청소 용역이 따로 없었다. 주차장 청소를 해야 하는데, 평일에는 영업 때문에 현장에 가기 어려워 주말에 청소를 해야 했다. 아내와 연예를 할 때인데, 아내에게 건물 1층 커피숍에 잠깐 있으라고 하고 청소 후 근처에서 데이트를 했다. 어쨌든 매출을 올려야 했는데, 10년 전에는 경기도권의 주차장 매출이 신통치 않았다. 회사에서는 내가 이 주차장으로 수익을 내지 못할 것으

로 예상하고 있었으나 필자는 매출 올릴 방법을 찾았다.

주차타워 인근에는 L사와 M사 영화관이 있었는데 주차장이 너무 협소했다. 나는 먼저 L사로 갔다.

"M사가 우리 주차장을 이용하려 하는데, 주차장이 불편한 L사는 고객 유치가 어려울 것입니다. 우리 주차장을 이용하십시오."

미팅이 끝나고 M사 점장을 만났다.

"L사가 우리 주차장을 이용하려 합니다. 주차장이 불편한 M사는 고객을 L사에 빼앗길 수도 있을 겁니다."

영화관에서 주차는 굉장히 중요한 운영 요소이다. 영화관이 오픈한 지 몇 달 되지 않은 상황에서 주차문제로 방문 고객이 불편을 겪는다면 막대한 손실이 발생할 수밖에 없다. 결국 L사와 M사는 필자가 계약한 주차장을 월정액으로 이용하기로 하였고, 극장 두 곳에서만 수백만 원의 매출이 발생했다. 한 달 뒤 매출을 보고 받은 일본인 대표이사는 나에게 악수를 권하였다.

"아니 이로케(이렇게) 위치가 조치아는(좋지 않은) 주차장에서 오토케(어떻게) 이렇게 매출을 올렸습니까?"

"경쟁에서 지지 않으려는 심리를 이용했을 뿐입니다."

사업에 불확실성은 존재한다: 양주 주차장 그 이후

내가 근무했던 A기업은 계약 후 영업사원이 초기 관리와 매출증대 영업을 하고, 계약 3개월 이후 마케팅팀이 주차장을 운영하는 프로세스였다. 마케팅팀으로 주차장 운영을 이관하고 한참이 지난 후 소유주에게 연락이 왔다. 담보를 추가로 잡아야 하는데 협조해 달라는 것이었다. 지원팀에서는 진행불가 통보했고, 소유주는 굉장히 불쾌한 감정을 드러냈다. 영업자 입장에서는 소유주 입장을 최대한 수용하는 편인데, 지원팀은 영업과 대립되는 의견을 낼수 밖에 없는 조직이 아닌가?

결국 소유주는 청소 미흡으로 주차장이 손실을 입고 있다고 소를 제기하였으며, 놀랍게도 필자가 근무하던 주차장운영사는 패소하여 운영권을 빼앗겼다. 14년간 주차장 일을 하며 처음받은 소장이었고, 최초의 패소였다. 아무리 강자인 대기업과 약자인 개인간 소송이었지만 패소는 참으로 납득하기 어려웠다. 계약 해지 후, 소유주는 타사에서 무인주차관제장비를 구매하여 주차장을 직접 운영을 하였으나, 지속적인 매출 하락으로 주차장 운영에 어려움을 겪었다고 들었다. 훗날 양주 주차장은 N사가 경매로 낙찰 받아 현재 운영하고 있다.

지나가는 땅도 넘기지 말라: 홍대 나대지 주차장

홍대를 거닐다 컨테이너를 놓고 유인으로 운영 중인 나대지 주차장을 발견하였다. 보통 도심에 운영중인 나대지 주차장의 경우 토지 소유주와 주차장 운영자는 특수관계인 경우가 많다. 혹시나 하는 생각에 등기부를 발급하여 소유주에게 찾아가 사업제안을 하였다. 현재 시가로 400억원이 넘는 나대지인데 당시에는 100억이 되지 않았던 것으로 기억한다. 주차장 위치와 매출에 비하여 임대인은 아주 낮은 임대료를 받고 있었다. 당시의 임대료를 듣고, 그 자리에서 바로 이전 임대료의 3배를 제안했다.

"뭐라고요? 지금 임대료의 3배나 준다고?"

소유주는 장인으로부터 토지를 상속 받았는데 나이도 많고 어느 정도 자산도 있어 개발할 의사가 없었다. 이러한 개발 의지 없는 토지를 나대지 주차장으로 운영 가능한 것이다.

소유주는 나의 제안을 받고 기존 임차인에게 계약해지를 통보했다. 임차인은 임대인 지인의 아들로 그 주차장을 통해 이미 많은 수익을 얻고 있었는데, 임대인이 계약해지를 통보하자 투자비 등을 구실로 소송을 걸었다. 나대지 주차장이라 투자비도 얼마 들지 않았는데, 법원에서는 임차인을 약자로 판단하여 임차인의 손을 들어 주었다. 몇 달의 시간이 지난 후 임대인이 천만 원 수준의 보상을 해주고 계약이 종료되었는데, 재판 중에도 임차인은 수천만 원의 주차수익을 얻었을 것이다.

10년 전 계약한 그 나대지 주차장은 여전히 운영되고 있으며, 임대료는 당시 보다 3배가량 상승하였다. 170평의 규모에 운영면수 20면의 주차장이 직원 몇 사람을 먹여 살렸는지 모른다. 그리고 인센티브를 30만원 받았다. 처음으로 회사를 그만둬야겠다는 생각을 했다.

부실한 운영으로 돈이 샌다: 인사동 부설 나대지 주차장

무작정 블로그를 시작한지 얼마 안 되던 시기였다. 주차장 관련 글을 몇 개 쓰지 않았는데 포스팅이 네이버 상위에 노출이 되면서, 무인주차장 운영을 알아보고 있던 현장 담당자가 내게 전화 걸어왔다. 현장을 가보니 매우 좋은 입지이고 주차장 매출도 상당해 보였다. 당시에는 24시간 무인주차장이 거의 없었기 때문에 근무자 3명이 24시간 주차장을 관리하고 있었다. 담당자 말로는 무료정기권 위주(옆 건물의 나대지 부설 주차장)로 운영하기에 매출이 거의 없다고 했다. 하지만 딱 보고 나는 알 수 있었다.

　'주차장 근무자들의 주차비 횡령이 엄청나겠구나. 이 좋은 위치에 유료차량이 없다고?' 현장 조사 후 팀장님께 제안서를 보고 드렸다. 주차장 위치와 크기가 좋았고 매출도 자신 있어 시원하게 제안서를 보냈다. 그 제안서를 본 주차장 담당자의 반응은

　"진짜 이렇게 임대료를 이렇게 준다고요?"

　"네, 다 내부 승인을 받고 나온 제안서입니다."

　"어떻게 이게 가능하죠? 무료차량이 많아서 수익을 내기가 불가능한데…"

　"월 무료주차라고 차가 하루 종일 주차되어 있는 것은 아닙니다. 회전을 하죠. 50대의 공간이 있으면 월 정기권 100대를 받아도 주차장이 잘 돌아 갑니다."

　"혹시 그럴 리 없지만… 주차장 근무자들이 횡령을 하고 있었던 것은 아니죠?"

"글쎄요…"

건물주 측 담당자는 무인주차장 계약 직전 전 근무자들을 모아 놓고 이렇게 말했다고 한다.

"이제껏 횡령하였던 것은 문제 삼지 않겠습니다. 당장 그만두세요."

그렇게 말하면서도 담당자는 근무자들이 반발할 것으로 예상했다고 한다.

'내가 너무 세게 말하는 거 아냐? 혹시나 오해를 하고 있는지도…'

그 이후 모든 근무자가 조용히 그만두었다고 한다. 과거 주차업계에는 이런 소문이 있었다. 목 좋은 위치의 주차장비가 설치되어 있지 않은 주차장에 근무자로 취업하면 1년이면 차가 바뀌고 3년이면 집이 바뀐다고…

주차관제장비 공사를 하고 직원을 채용한(만차를 대비한 인원) 후 운영을 시작했을 때 매출은 임대료를 제외하고 임대료만큼 이익이 남았다. 무료주차가 많으니 매출이 없을 거라고 생각했던 담당자도 얼마나 당황했을까? 해당 주차장은 현재에도 역시 운영 중이며 당시 현장관리자가 여전히 근무 중이다.

운영 방식만 바꿔도 돈이 된다: 인사동 호텔 나대지 주차장

인사동 나대지 부설주차장을 개발한 이후 바로 옆 호텔에서 연락이 왔다. 한번 보자는 것이었다. 그 호텔이 보유한 주차장은 고작 10면 남짓. 방문고객에게 주차를 제공하고 나면 수익을 낼 수 있는 빈 공간이

없을 것 같았다. 그래도 건물주 측이 먼저 만나자는데, 영업사원으로서 안 만날 이유는 없어서 미팅을 했다. 아니나 다를까 주차관리가 힘들어 임대료를 안 줘도 되니 운영만이라고 해달라는 것이었다. 임대료 없이 (무상임대차) 주차장을 운영한다고 하더라도 주차관제 장비 비용도 들고, 공사비도 투입해야 한다. 임대료의 부담이 없다는 장점은 있지만 과연 수익을 낼 수 있을까? 임원께 보고했더니

"우리가 돈만 쓰고 힘만 들고 수익도 못 내는데… 이건 안 돼. 주차면이 너무 적어! 방문객 무료 주차만으로도 주차장이 터져 나갈 걸?" 이라는 반응이었다.

그런데 왜 나는 돈이 될 거라고 생각했을까? 당시 그 호텔은 인사동 인근에 위치하여 국내 방문객이 아닌 외국인 관광객이 많이 숙박하는 상황이었다. 외국인 관광객이 차를 가지고 복잡한 시내를 운전하며 주차를 할까? 내국인 관광객이라도 지하철이 잘 보급되어 있는 서울시내에 교통체증을 각오하고 차를 가져올 리가 없다. 무엇보다 내가 먼저 하

겠다는 것도 아니고, 건물주가 먼저 하자고 하는데 협상을 통해서 최고의 결과를 이끌어 낼 수 있으리라 생각했다. 호텔 담당자와 회의를 통하여 수차례 사업성이 없음을 강조하였다. 그럼에도 불구하고 호텔 측에서 방문객 무료주차를 최소한으로만 제공하면 운영할 용의가 있다고 말했다. 이 주차장은 관리를 하지 않아 어차피 무주공산. 무료로 운영되는 주차장이었다. 그저 관리라도 해주면 고마운 현장이다. 여러 번의 회의를 통하여 방문객 무료주차를 줄여 나갔고, 인사동 한복판에 10대의 주차면을 임대료 없이 계약하였다.

"이거 돈 안 돼. 니 얼굴 봐서 결재하는 거야"

"저는 자신 있습니다. 손모가지 겁니다."

결과적으로 고작 10면으로, 무료주차 다 지급하고도 꽤 큰 수익이 남았다. 더 좋았던 점은 바로 옆에 내가 먼저 개발한 주차장과 시너지를 낼 수 있었고, 근무자가 2곳의 주차장을 어려움 없이 관리할 수 있었다는 점이다. 지금 생각해보니 월급 받는 직장인인데 손모가지까지 걸었던 것은 좀 아니였던 것 같다.

어려운 조건은 쉽게 풀어 낸다: 인사동 오피스텔 주차장

사실 인사동에서 주차장 개발은 쉬운 일이 아니다. 아무생각 없이 걷다가 한 주차장을 보고 '어! 이게 뭐지? 이거 되겠는데?' 하며 하며 바로 관리사무실에 들어갔다.

상가와 오피스텔이 결합된 주차장이었는데 지하주차장은 차량이 꽉

들어차 있고, 지상주차장은 근무자가 유인으로 관리하고 있었는데 운영이 쉽지 않아 보였다. 지하는 무료정기차량 전용, 지상으로만 수익을 낼 수 있었으므로, 지하에 정기권 전용 차번인식기+게이트, 지상은 플랩(주차 1면당 관리하는 무인주차시스템)으로 주차장 운영제안을 하였다. 근무자도 지상의 주차차량을 관리하는 것이 싫었고, 횡령도 거의 없었기 때문에 무인화를 환영하는 분위기였다. 다만 문제가 있었는데 지하, 지상을 구분하여 관리하는데 공사비가 많이 든다는 것이었다. 보통 무인주차장은 감가상각이 5년으로 토목공사비가 1~2천만원 더 나와도 60개월 감가를 적용하면 추가비용은 월 수십만원에 불과하다. 토목공사비를 모두 회사에서 부담하는 조건으로 하고, 공사를 한 후 주차장을 오픈하였는데 역시 꽤 큰 수익이 발생하였다.

민원을 줄이면 돈이 된다: G사 리테일 주차장

리테일 부설주차장은 입출차는 많은데 비하여 구매금액에 따른 무료주차 시간이 많아 매출이 적다. 수익이 작은데도 불구하고 민원은 많다. 주차장을 좀 안다면 누구나 운영을 꺼려하는 주차장이다. 필자가 근무했던 기업의 리테일 담당자가 퇴사하면서 총대를 메고 리테일주차장 주차장개발, 개선작업을 맡았다.

"영업도 힘든데 리테일 주차장 담당까지 하면 너 죽어."

팀장님은 극구 말렸지만 한번 해보고 싶었다. 내가 하면 어떻게 달라질 수 있을지 궁금했다.

전국에 있는 리테일을 돌아다니며 주차장 환경개선사업, 무인화 사업을 진행했고, 무인주차장 운영에 대해 회의적인 점장, 본사 담당도 점점 마음을 바꿨다. 당시 리테일 주차장의 차번인식기 인식률에 문제가 있었는데 개선사업에 많은 비용을 투입할 계획이었다.

"왜 수익도 안되는 리테일에 이 많은 돈을 써야 하나?"

대표님이 질문했을 때 거리낌 없이 말했다.

"우리 관계사 주차장도 제대로 관리 못하면서 어떻게 다른 주차장을 관리하겠습니까? 이번 개선사업 후 관계사에서 더 많은 주차장을 계약해 줄 것입니다."

실제로 개선사업 후 민원은 엄청나게 줄어들었고 관계사에서는 추가로 다수의 주차장을 계약해주었다. 주차장 개선사업의 결과 긍정적인 반응이 많이 나오자 타기업의 리테일의 주차장 영업에도 뛰어들었다.

10년 전 리테일 주차장은 주차비를 거의 받지 않았다. 주차비를 받으면 고객이 주차비 부담으로 이탈한다는 것이 그 이유였는데, 지금은 거의 모든 리테일 주차장에서 주차비를 받고 있다. 과거 여러 리테일 기업에 방문하여 영업하며 무료주차장을 유료로 바꾸자고 설득했다. 주차장 유료화로 주차공간이 많아지면, 주차가 편리해지고 고객이 더 많은 물건을 사서 객 단가가 높아진다는 것을 강조하였다. 결과는 대성공. 그리고 최대한 돈 되는 리테일 주차장만 계약 했다. 민원이 많은데 수익도 적으면 일할 이유가 없다. 이후 리테일의 주차장 관리, 무인화가 본격화되자 무인주차장 운영사들의 경쟁이 시작되었는데 높은 임대료, 낮은 수익, 많은 민원으로 리테일 주차장은 업계의 골칫거리가 되기도 했다. 늦게 뛰어들면 당연히 돈이 되지 않는다. 한번에 다수의 주차장을 계약할 수 있는 기업을 노리고, 운영이 어려운 주차장 확보하여 좋은 본보기를 만들면 확장이 된다. 개인소유 건물, 토지의 양은 제한적이지만 기업의 경우 다수의 현장을 운영하는 곳이 많다. 한 곳을 오픈하는데 많은 시간이 걸리지만, 한 곳만 오픈 되면 수십 곳을 연쇄적으로 계약할 수 있어서 좋다.

리테일 계약 이후 △△은행을 중심으로 또 다른 영업을 하기 시작하였다. 현재는 은행 지점이 많이 줄고 있지만 당시에는 대부분 은행이 1층에 위치하고 있었고, 단독건물에 여유 있는 주차면을 보유한 점포도 많았다. 필자가 계약한 은행 부설 무인주차장 1호점은 매출이 좋지 않고, 좁은 통로로 차량이 교행 되지 않는 입출구를 가진 1WAY 주차장으로 장비 설치가 어려운 현장이었다. 해당 은행 주차장은 여러가지 부분에서 상태가 좋지 않았지만 나는 알고 있었다. '이것만 계약하고 잘 운영하면 △△은행 주차장은 우리 회사가 다 가져올 수 있다'라고! 실제로 1호 현장이 생긴 후 이후 1년 동안 △△은행 주차장을 몇 곳을 더 수주하였다. 기업 입장에서는 처음부터 수익이 되는 주차장을 제공할 필요를 느끼지 못한다. 어려운 것을 해결해 주길 원하고 시험한다. 나는 그 시험을 잘 통과했기에 위의 리테일, 은행, 다음의 리테일 부설주차장까지 영업할 수 있었다.

발상의 전환과 대담함도 필요하다: D사 점포 부설주차장

국내에서 다수의 점포를 운영하고 있는 D사 리테일 부설주차장 영업 사례다. 어느 날 필자가 근무 중이던 사무실로 전화가 걸려왔다. 경기도 리테일의 한 부설 주차장인데 주차관리가 되지 않으니 한번 방문해서 주차문제 좀 해결해 달라는 문의였다. 지도로 현장을 보니 수익성이 없는 상황. 점포 담당자를 만나 상황을 설명했다.

"수익이 거의 나오지 않습니다. 주차장 운영비를 지원해주시고, 주차장 모든 수익은 저희가 가져가는 조건이면 검토하겠습니다."

말도 안 되는 조건이었지만 사실 안 해도 그만이었다. 실적 때문에 돈 안 되는 주차장을 계약해서 힘들고 싶지 않았고 설마 계약이 진행될 것이라고 기대도 하지 않았다. 주차 수익 모두를 운영업체에 넘기고, 운영비까지 매월 일정금액을 지급해야 한다는 조건인데, 제안을 하면서도 어렵다고 생각했다.

"주차관리 때문에 매출이 떨어지고, 매일 주차 때문에 싸웁니다."

현장에서 이런 민원이 계속적으로 올라오니 본사 담당자도 힘들어하며 나의 제안을 모두 받아 주었다. 당시에는 무인주차장 전문기업이 많지 않아서 인건비를 투자하는 것보다는 무인으로 주차장을 운영하는 것이 낫겠다는 판단을 한 것으로 보인다. 이렇게 한 곳의 계약이 진행되니 다른 점포들도 비슷한 조건으로 계약이 진행되었고, 높은 수익률을 기록하게 되었다. 별 것 아닌 것처럼 느껴질 수 있지만, 이 하나의 계약으로 인하여 다른 주차장 운영사도 비슷한 조건으로 좋은 수익구조를 만들어 냈다.

30대 초반의 대리급 영업사원이 서울 중심지에 여러 곳에 나대지 주차장을 만들고, 대기업에서 운영 중인 리테일, 은행의 주차장을 다수 계약하고, 개인적으로 주차전문 블로그까지 쓰고 있으니 얼마나 자신감이 넘쳤을 것인가! 영업이든 사업이든 어느 정도 자신감이 생기면 발상의 전환을 통해 제안을 하게 되고, 실제로도 그것이 맞아 들어간다. 학창시절 나는 '좋은 회사에 들어가서 오래 잘 다니면 장땡' 이라는 생각을 했다. 목표는 오로지 연봉 높고, 복리후생 좋은 대기업 입사가 목표였다. 하지만 회사라는 곳을 다녀보니 다 거기서 거기 아닌가. 어느 순간 부산 다대포 사람이 본사 소유의 테헤란로 오피스 꼭대기층에서 커피를 한잔하면서 주차장 관련 일을 할 때는 꿈만 같았다.

하지만 정년이 보장되는 회사를 다녀도, 단 기간에 우수사원 표창을 받아도 어느새 불만 가득한 나를 발견하게 되었다. '저렇게 열심히 잘해도 부장에서 끝나는데 20년 더 일해서 나는 부장이나 할 수 있을까? 점점 사업에 대한 열망은 커져갔다.

선진 주차장 사례: 일본의 주차장

학창시절 대한민국은 개발도상국, 일본은 선진국이라고 교육을 받았다. 현재 대한민국이 기술, 소득, 문화 등 많은 분야에서 일본을 추월하는 과정에 있다. 그러나 주차문화에 대해서는 일본에 비하여 아직 갈 길이 많이 멀었다고 생각한다.

우선 일본에 가보면 불법주차가 거의 없어 도로가 매우 쾌적하다. 주차문화가 발달되어 자발적으로 주차비를 내는 상황이다 보니 주차사업을 하는 기업의 수익도 크고, 모빌리티 파생산업도 발전하는 구조이다. 그 수익이 다시 주차산업에 투자되어 선순환 구조가 만들어진다. 일본의 경우 1일 주차요금만 수십만 원에 달하는 주차장도 있는데, 엄청나게 비싼 비용임에도 불구하고 반드시 주차장을 이용한다. 단속에 대한 두려움도 있지만 '불법 주차를 하면 야만인 같은 느낌' '기본도 안 된

운전자' 등 극도로 남에게 피해주기 싫어하고 내색하기 꺼려하는 일본인의 특성일 수도 있다.

우리나라도 과거보다 주차문화가 좋아졌으나 하루가 멀다 하고 언론에 '주차빌런'이 등장하는 것을 보면 답답할 따름이다.

① 일본 주차장 운영업

그럼 일본은 왜 이렇게 불법주차가 없을까? 예전에 일본 방문하였을 때 긴자의 주차요금은 30분당 700엔, 2023년 8월 기준 100엔당 920원으로 계산하였을 때 30분의 주차비는 약 6,400원. 일 최대 요금도 없으니 24시간 주차를 한다면 우리 돈으로 약 16만원. 우리나라 주차장의 거의 한 달치 주차요금이다. 일본 주차정책의 핵심은 중심지에는 아예 차를 가지고 나오지 말라는 것이다. 중심지에 주차를 하지 못하게 하려면 이정도 주차요금을 부과하고, 불법주차는 한 40만원의 과태료를 부과해야 사람들이 전철을 탈 것 아닌가? 우리나라처럼 중심지의 차량유입을 줄이겠다고 기껏 시간당 4천원 수준의 공영주차장 주차요금을 받으면 이도 저도 안 되는 것이다.

긴자의 한 무인 주차장. 이 주차장은 최대 주차가능 대수는 단 2대다. 만약 위의 주차장이 24시간 만차상태로 한달 간 운영된다면 한 시간 1만3천원 × 24시간 × 2대 × 30일 =

약 1천9백만원의 매출이 발생한다. 24시간 차량이 계속 주차한다는 무

리한 가정이지만, 일본 최대의 중심지임을 고려한다면 최소 12시간 이상은 만차 상태가 유지될 것으로 예상된다. 차량 2대의 주차 공간으로 최소 월 1천만원 이상의 수익을 얻을 수 있다는 것이다. 일본인 현장 담당자에게 물어보니 임대료가 높고 주차면수가 적어 실제로 이익은 거의 없는 수준이라고 한다. 이런 중심지, 작은 땅에도 주차장을 오픈할 수 있다는 홍보효과를 내려고 계약한 것이 아닐까 한다.

일본 시내 다른 주차장. 요금 간판을 보면 시간에 따라 요금이 다르다. 기본요금 12분에 300엔, 1시간으로 치면 1,500엔 정도이다. 시간별로 최대 요금이 있어 몇 시간을 주차하더라도 최대 요금을 적용받게 된다. 원래 가격은 1시간당 1,500엔이지만, 8시부터 18시 사이에 주차를 하면 5시간을 주차하더라도 3,500엔만 부과

된다. 중심상업지역이 아닌 경우 저녁은 보통 손님이 없기 때문에 시간에 따라 주차요금을 탄력적으로 책정한다. 일본에서 차량을 가지고 다니려면 주차요금을 꼭 확인해야 한다. 하루 주차요금으로 몇 일 식비를 쓰게 될 수도 있으니 말이다.

② 일본의 무인주차장

파크24는 주차장 사업으로 매년 약 3조 원의 매출을 올린다. 필자가 근무했던 주차장 운영사의 주주이기도 하였다. 주차장 영업사원으로

처음 취업하였을 때는 무인주차
장 수익 모델이 국내에 많지 않
았기 때문에 주차장 공부를 위
하여 일본에 자주 가볼 수밖에
없었다. 일본에 가면 공항부터
관광지에 이르기까지 노란색 파
크24 간판을 볼 수 있는데 바로 파크24에서 운영하는 주차장이다. 일본
은 어디를 가던 나대지 주차장이 아주 많다.

　일본의 거품경제로 인하여 부동산시장이 바닥을 쳤을 때 분양 리스
크로 개발사업이 이루어지지 않았고, 넘쳐나는 나대지에 주차장을 임
대하여 조성하기 시작한 것이 현재의 파크24가 되었다고 한다. 보통의
일본 기업은 부동산 매입을 선호하지 않는데 그 이유는 참혹한 부동산
가치 하락의 늪을 맛보았기 때문이다. 파크24는 세계 전역에서 주차장
을 운영하고 있으며 주차사업을 기반으로 다양한 모빌리티 사업을 전
개하고 있다.

　일본은 선진 주차문화를 보유하고 있지만, 아이러니하게도 아직도
신용카드 보다는 동전을 선호한다. 여전히 아날로그 사회인 일본이라
가능한 결제시스템이며, 주차관제장비가 없어도 주차요금을 잘 내고
나간다. 주차관제장비가 고장 나서 게이트가 올라가지 않으면 경적 소
리도 내지 않고 30분도 기다리는, 정말 참을성 하나는 끝장나는 주차문
화 선진국이다. 성질이 급한 한국인이라면 도저히 생각할 수 없는 일이
다. 일본인의 이러한 성향으로 인하여 주차문화는 잘 발달되어 있지만

'느긋하게, 매너 있게, 배려하는' 주차문화의 역효과로 주차관제장비와 IT 기술 발전을 저해하였다는 분석도 있다.

우리나라는 기술과 문화적 특징으로 빠른 속도로 발권기가 없어졌지만 일본은 여전히 발권기가 많다. 고객이 동전을 많이 사용하기에 정산이 하이패스로 이루어지는 경우가 적어, 여전히 발권기의 생명이 유지되고 있는 것이다. 과거 우리나라 토종 주차관제장비 기업은 내구성 부족으로 IT기술에 목숨을 걸었는데, 일본 주차관제장치 제조기업의 좋은 내구성은 오히려 IT기술 발전의 발목을 잡는 격이 되었다. 일본주차관제장비의 경우 신제품을 개발 해도 소프트웨어가 구식이라 신기술을 적용하기가 어렵다. 과거에는 우리나라에서 일본 무인 주차 관제장비를 많이 수입하였는데, 이제는 주차관제장비를 일본에 역수출하는 상황이 되었다.

③ 일본의 노상주차장

일본의 경우 노상주차장이 우리나라보다 많지 않은데, 그 이유는 노상주차장은 불편하고 위험하다고 인식하기 때문이다. 하지만 주차장이 부족한 곳에 한하여 노상주차장을 운영 중이다.

처음 일본 노상주차장을 보고 한참을 궁금해 했었다. 네모난 주차구획과 덩그러니 서 있는 기계 한 대.

'도대체 이것으로 어떻게 노상 주차장을 관리한다는 거지?'

'주차를 하면 센서가 작동을 하여 자동으로 주차요금이 올라가는 건가? 그런데 요금을 안 내고 그냥 가버리면 어쩌지? 일본인은 양심적으

로 요금을 내고 가는 건가?'

멍하니 쳐다보고 있는데 어느 할아버지가 장비를 열어 돈을 회수해 가는 것을 보았다. 그렇게 의문점만 가진 채 시간이 지나 몇 년 후 일본 현장 연수교육을 가서 궁금증을 풀렸다.

"일단 주차를 하면 바닥의 센서가 차량을 감지해 주차시간을 표시 합니다. 보시는 이 차는 75분을 주차했군요. 일본의 노상주차장 최대 주차시간은 1시간이며, 요금은 10분당 300엔입니다. 75분을 주차했으니, 이미 15분이 지났고, 측면에 붉은 등이 점등되었습니다. 점등이 되면, 주차관리자가 견인업체에 신고합니다. 그럼 바로 끌고 가버립니다. 1시간만 주차하고 다른 곳으로 옮겨서 주차를 하던지 해야 합니다. 결국 주차는 잠시만 하라는 뜻이겠죠?"

이처럼 일본은 주차장이 아주 많지만 차량 통행에 지장을 주는 노상 주차장은 꼭 필요한 곳, 잠시 주차라는 기본적인 방향성을 갖는다.

④ 나대지 주차장의 천국

긴자인근의 한 무인주차장. 일본 최대의 무인 주차장업체인 파크24에서 운영하는 플랩형 무인 주차장이다.

일본의 주차장은 청소가 필요 없다. 직장생활 초기 나대지 주차장을 운영할 때 가장 어려웠던 부분은 바로 청소였다. 매출이 크지도 않은데 미화 관리 인건비가 상당히 지출된다. 그에 반해 일본에서는 함부로 쓰레기를 버릴 수 없을 만큼 주차장이 깨끗하다.

롯본기의 또 다른 무인 주차장. 이 주차장 사진에 서 눈 여겨 볼 부분은 조명은 있지만 CCTV가 없다는 것이다. 일본에서 주차장 사고는 웬만하면 가해자가 피해자에게 연락하고 원만하게 합의를 한다. 그런데 만약에 뺑소니 사고라면, CCTV도 없는데 어떻게 사고 처리 및 보상을 해줄까? 이해하기 어렵지만

'어? 사고가 났네, 누가 긁혔네. 에이 오늘은 재수 없는 날이구나' 하

면서 간다고 한다. 우리나라처럼 주차장 업체에 전화해서 수리비를 내놓으라고 하면 이상한 취급을 받는다고 한다. 주차장 내 사고 보상으로 늘 고민하던 나로서는 일본의 이러한 사고 처리 방식이 부러울 뿐이다. 주차장은 차를 잠시 세우는 공간이지 보관 공간이 아니다라는 고객 인식과 보험처리를 받으려면 차량마다 보험금이 다르니 요금도 차등하게 책정되어야 한다는 것이 일본 주차장 운영기업의 논리이다.

이런 정책에는 성숙한 운전 문화가 바탕이 되었다고 생각한다. 일본인에게 한국은 2중, 3중 주차는 기본에 인도까지 개구리 주차를 하는 교통문화 후진국인 나라이다. 한국 체류경험이 있는 또 다른 일본인은 한국 대중교통 운전기사는 레이서 수준이라고 말한다. 우리나라도 과거보다 주차문화가 많이 개선되었다. 당장 일본을 뛰어넘을 수는 없겠지만 법적, 제도적 정비와 주차의식 개선으로 조금 더 안전한 도로가 되기를 기대한다.

3 나의 주차장 운영 분투기

소유주, 공유자 관계를 명쾌하게 파악하라

| 주차장 개요 |

- 1〜2층 상가 / 3〜6층 주차장
- 3층은 상가 지분, 4〜5층은 시행사 지분, 6층은 공유 지분 / 약 180대의 중형 주차장
- 중심상권에서 조금 떨어진 서브상권 유일한 주차타워
- 1〜2층 상가 공실 없음, 인근 건물 꼭대기층까지 임대 완료

회사를 그만두고 독립하여 주차장 운영사업을 시작한 평택 주차타워이다. 주차장 입지도 규모도 훌륭하다. 문제는 권리관계 분쟁으로 당시 주차장 매출이 거의 발생하지 않아 아무도 관심이 없었다는 것이다. 대기업 입장에서 주차장을 계약하면 적자 운영도 감내할 수 있지만, 권리관계 문제로 운영조차 못한다면 이것은 운영상 심각한 하자이다. 회사 입장에서 분쟁의 소지가 있는 물건을 의사결정권자가 리스크를 가

지고 계약을 결정하기는 쉽지 않다. 이 현장을 제안한 지인은 회사로부터 '돈이 안 되고, 리스크가 크니 진행하지 마라'라는 이야기를 듣고 실망하여 필자와 소주 한잔을 기울이게 되었다.

"형님. 내가 한번 요리해 볼까? 문제 생기는 건 내가 알아서 해결하면 되잖아."

권리관계가 복잡한 주차장은 권리관계 확인과 위임장 수령이 중요하다. 어느 정도 초기 문제를 해결하고 주차장 운영 사업을 제안 후, 제주도로 휴가를 떠났는데 주차장을 공동 소유한 상가 구분소유자와 시행사에서 연락이 왔다.

"분쟁 때문에 주차장 운영이 제대로 안 되니 무단주차 차량만 많고, 실제 고객차량은 몇 대 없어요. 관리비도 없으니 청소 문제도 있고… 한번 운영해 보실래요? 저희가 최대한 도와 드릴께요."

"한번 해보시죠. 주차장이 잘 돌아가야 상가도 살아요"

주차장 30%를 보유한 구분소유자는 편리한 주차공간을 제공하여 상가 임대료와 매매가를 높여야 했고, 주차장의 70%를 보유한 시행사는 주차장 임대료를 받은 후 매각을 위해 주차장 정상화가 반드시 필요하였다. 모든 소유주에게 주차장 임대 운영 동의를 받으러 돌아다니기에는 무리가 있어, 1층 공인중개사무소 마당발 여사님께 부탁을 했다.

"주차장 운영에 대한 구분소유자들 동의서를 받아 주시면 사례하겠습니다."

내 고객이 아닌 사람들로 인해 주차장이 꽉 차 있는 것이 싫었던 구분소유자들은 1달 만에 필자에게 주차장 운영에 관한 위임장을 주었고,

나머지 지분을 가진 시행사와 최초 1년간 렌트 프리, 이후 연 단위로 임대료를 올려주는 것으로 계약을 하였다. 나의 1호 주차장이 생긴 것이다. 현재도 한번씩 찾아 뵙고 있지만 시행사 회장님도 참 멋있었다.

"저도 김 대표 나이에 아무것도 없이 시작했어요. 일단 한번 해봐요, 1년은 임대료 안 받을 테니까. 어차피 김 대표 아니었으면 계속 분쟁이었을 텐데요."

위 주차장은 딱 한번 요금을 인상했다. 입점사 기준 1시간당 100원 인상. 더 욕심을 부릴 수도 있었지만, 구분소유자나 시행사 모두 신뢰를 가지고 나에게 운영을 맡겼기에 과도한 인상을 하지 않았다. 주차장을 운영하면서 별다른 민원도 없었다.

1호점을 계약하는 시점에 다니던 회사에 사표를 던졌다. 무인주차장에서 1주일에 하루 일하는 수익과 새벽같이 출근하여 주5일 근무했던 대기업의 수익이 비슷한 시기였다.

부딪치고 얻어내자

전체 180여 대의 주차가 가능한 주차장에 차량을 다 채우면 상당히 많은 매출이 발생한다. 그러나 평택시 특성상 모든 주차공간을 다 채울 수는 없었다. 중고차 판매상, 렌터카, 카쉐어링 등 다양한 업체와 접촉하여 영업하였지만 70%이상 차량을 채우기 어려웠다.

주차전용건축물에서 주차장의 관리비는 주요 분쟁사항이다. 전체 관리비에서 주차장 부담분이 높으면 상가의 관리비 부담이 줄어든다.

평택 주차전용 건축물의 면적 중 주차장의 면적은 약 70%로 상가 입장에서는 주차장 면적이 크니 관리비를 많이 내라는 주장을 할 수 있다. 하지만 주차장 전체 매출은 1개 호실 상가의 매출과 비슷하다. 면적 대비 그렇게 매출이 높지 않다는 뜻이다. 면적을 기준으로 관리비를 내고, 공용전기비를 내면 남는 것이 없다.

위 현장을 계약할 때 관리업체와 주차장 운영 협의하면서 관리비용을 제시하였고, 면적은 70%지만 관리비는 30%만 지급하기로 하였다. 주차장을 관리업체가 청소할 경우 넓은 면적 때문에 관리회사의 비용이 상승하므로 운영자인 내가 직접하기로(청소 용역계약체결) 하였다. 주차 전용 건축물의 관리비에 대해서는 정해진 사항은 없지만, 필자의 경험에 의하면 150대 규모의 주차장 관리비는 대략 200만원 내외다.

장비 문제 발생 시 신속히 해결한다

보통 주차관제장비 운영계약 기간은 5년이다. 계약한지 5년이 지나면서 주차관제장비에 문제가 생기기 했다. 평택 현장은 7년 임대계약을 했기 때문에 장비를 더 사용해야 했다. 장비가 낡아서 매출확인이 원격으로 이루어지지 않았고, 휴대폰으로 앱 할인도 불가하여 불편한 점이 많았다. 게다가 차번인식률도 현저히 떨어져 민원이 증가했다. 결정적으로 계약한 장비사의 콜센터가 제기능을 못했다. 1층 대형슈퍼가 리모델링을 마치고 주차 손님이 밀려들자 주차관제장비는 더욱 말썽을 일으키기 시작했다. 장비는 말썽을 부리는데 콜센터의 전화가 연결되지 않으니 고객들 불만은 극에 달했다. 특히 새로 단장한 1층 마트에서 주차로 인하여 엄청난 클레임을 걸어왔다. 도대체 무슨 문제일까? 3주 정도 현장에서 먹고자며 상황을 점검해보니 상황이 정말 심각했다. 장비에 문제가 있으면 콜센터에서 원격제어를 통하여 게이트를 열어줘야하는데, 콜센터 연결이 전혀 이루어지지 않았다. 계속 이 상태로 운영을 하다가는 민원 때문에 주차장 운영권을 잃을 수 있다고 판단하여 최대한 신속하게 장비와 콜센터 운영사를 교체해 버렸다. 당장은 관제장비 교체비용이 추가로 발생하지만 안정적 운영이 보다 값진 결과를 가져온다는 것을 나는 알고 있었다.

과거에는 주차전용건축물의 주차장부분이 가치가 없다고 생각하였다. (지금은 비싼 가격에 매매되지만) 그래서 대부분의 매출을 저층의 근린상가 분양으로 발생시킨다. 주차장이 돈이 안 된다고 생각하니 튼튼하게 지을 이유가 없다. 평택 현장의 경우 처음에는 배관문제로 폭우가 내릴 때 배수가 잘 안 되는 문제가 있었는데, 시간이 지나면서 누수까지 발생하기 시작했다. 처음에는 조금씩 물이 새다 나중에는 주차장 한 층 전체를 사용할 수 없는 지경까지 이르렀다. 나는 건물주가 아닌 임차인, 누수를 수리할 의무는 없었다. 그리고 누수로 인해 주차 수익이 감소했으니 오히려 임대료를 깎아야 하는 상황이었다. 결국 주차장 소유주들의 협의를 통하여 약 5천만원을 투자하여 누수 공사를 하였고, 현재는 물이 새지 않는 주차장으로 운영되고 있다.

전혀 예상하지 못한 코로나

평택 현장은 매년 임대료를 인상하는 조건으로 계약을 했는데, 코로나가 터졌다. 전혀 공실없이 운영되던 상가였지만 코로나로 2층 대형 갈비집이 폐업했고, 1층 대형마트도 손님이 줄었다. 상가 방문객이 줄면서 주차장 매출도 함께 급감했다. 코로나 확진자가 최고조일 때는 매출의 약 50%가 감소했고, 엄청난 손실이 발생했다. 당시 많은 임차인이 임대인에게 '착한 임대인'을 요구하며 임대료를 깎아 달라고 요청하였지만 필자는 어려운 상황에서도 그렇게 하지 않았다.

임차인이 수익을 더 얻는다고 임대인에게 더 많은 임대료를 주지 않는 것처럼, 임대인에게 임대료 인하를 요청하는 것은 아니라는 생각이 들었기 때문이다. 일부 주차장 운영사가 코로나를 핑계로 임대료 인하 공문을 보낸 적이 있는데 기업 이미지만 나빠졌을 뿐이다. 임대인이 대기업의 임차료를 인하할 리가 없다.

현재의 주차장 사업을 시작하게 해준 1호점 평택 주차타워. 7년 계약기간 중에서 6년을 운영하고 계약기간이 1년이 남은 시점에서 매각되었다. 매각으로 인하여 임차인으로서 지위는 포기하였으나 이 주차장으로 직장인에서 사업가로서 나아갈 수 있었다. 나에게는 너무나도 고마운 주차장이다.

개인으로 도전할 수 있는 조건: 2호점 미사타워

원래 시작이 어렵지 않은가? 직장생활을 할 때도 1호점을 계약하는 데 거의 1년 가까운 시간이 걸렸으니 말이다. 평택 주차타워 1호점을 만들고 나니 '일단 지르고 보자'는 오기와 자신감 생겼다.

한편으로는 회사가 뒤에 없으니 매월 임대료, 관리비, 운영비를 내 돈으로 지불해야 한다는 생각에 두렵기도 했다. 벌벌 떨며 1호점을 계약한 이후 순식간에 2호점 개발 문의가 왔다. 건물관리업체에서 블로그를 보고 2호점 개설 문의를 해 왔는데 문제는 관리단이 없다는 것이다. 주차전용 건축물은 주차장 부분만 통으로 매각 가능하고 1인이 소유인 상황도 많다. 하지만 호실이 많은 오피스, 상가의 경우 관리단, 즉 소유자의 모임이 결성되어 있지 않으면 계약이 쉽지 않고, 계약한다고 해도 관리단 형성 후 중도해지 되기 쉽다. 만약 내가 이 때 회사를 다니고 있었다면 당연히 2호점을 계약하지 못했을 것이다. 권리관계가 명확하지 않은 물건을 회사에서 계약하라고 승인할 리 없기 때문이다. 하지만 필자는 개인사업자이니 크게 문제될 사항이 없었다. 계약에 문제가 생길 것을 우려하여 해지조항을 꼼꼼하게 검토하였고, 완벽하지 않은 계약이었으므로 가능한 수준에서 수익은 최소화, 각 입점사에 대한 무료주차는 최대한 제공하였다. 상가 임차인이나 건물주 직영 사업장은 많은 무료주차를 제공하여 주차비에 대한 부담을 낮추면 별 민원이 없다.

다만, 2호점은 할인규정이 매우 까다로웠다. 예를 들면, 1시간 무료 주차권을 총 3장까지 사용할 수 있고, 2시간 주차권도 총 3장까지 사용

가능하다. 1시간 주차권과 2시간 주차권은 중복적용 가능하지만 총 3장까지로 제안한다. 3시간 주차권은 1장만 사용가능한데 1시간 주차권, 2시간 주차권과 중복사용 불가능하다. 조금 복잡하지만 최근 무인주차 시스템은 웬만하면 모든 조합이 가능하다. 하지만 당시에는 이러한 할인 조합을 적용할 수 없는 장비를 설치하였던 것으로 기억한다. 어쨌든 관리단(소유자 전부)과 계약하지 않았기에(계약 당사자의 문제) 무료주차를 펑펑 주며 주차장을 운영했다. 무료주차를 많이 주었으니 당연히 수익은 크지 않았고, 계약 해지를 감안하여 수익 일부를 운영자금으로 모아두고 있었다.

예상대로 운영을 시작한 지 몇 개월이 지나지 않아 소유주들의 모임인 관리단이 형성되었고, 관리단과 주차장 운영에 관하여 합의를 시작하였다. 무료주차도 많이 주고 수익도 별로 챙기지 않는 주차장 운영자. 관리단이 형성되었다고 굳이 내보내고 다른 주차장 운영사를 선정할 이유가 없지 않은가? 장비도 잘 돌아가고 있고, 민원도 없고, 운영도 잘 하는데. 문제가 없었다. 그러나 관리단 물건 경우 대다수가 찬성하더라도 한두 명이 시비를 걸고 그 사람이 강성이라면 다수의 의견이 무시되는 경우도 있다. 2호점 관리단 중 한명이 이런 사람이었는데, 관리소장 말씀에 따르면 지인이 A사에 다닌다면서 꼭 A사와 계약하고 싶다고 계속 우긴다는 것이다. 수익이 크게 남지도 않았고, 장비는 철거해서 다른 곳에서 사용하면 되므로, 굳이 무리하게 운영을 강행하지 않았다. 관리단과 합의 후 투자비용, 수익을 상계 처리하여 문서 작성 후 계약을 종료하였다. 주차장 계약부터 운영 종료까지 약 1년의 시간이 걸렸다.

윈-윈하는 사업 모델: 3호점 부천 상가 부설주차장

위의 2호점 미사타워 건물관리업체에서 소개 받은 물건이다. 계약 당시 관리단이 없었다는 점은 비슷하지만 3호점은 2호점처럼 중도해지 되지 않고 계속 잘 유지되고 있다. 부설 주차장, 특히 관리단이 없는 주차장으로 큰 수익을 내기는 어렵다. 관리단이 없다는 것은 건물관리 자체가 제대로 되지 않고 있고, 주차 매출이 크지 않다는 것을 의미한다. 소유주가 아닌 이상 수익을 많이 내려면 임대료는 낮추고, 무료주차를 최대한 적게 주면서 시간, 일 주차비는 많이 받아야 한다. 무료주차도 줄이고 주차요금을 인상하면 결국 건물주, 건물임차인은 불만이 쌓이게 된다. 장기간 주차장을 임차하여 운영을 할 수 없게 되는 것이다.

처음에 관리단이 없는 상태에서 계약하고, 관리단이 생긴 후에도 계약을 연장을 위해 정말 많은 혜택을 제공했다. 주차비를 인근 가격 대비 30%이상 저렴하게 설정하였고, 입점사 월 정기 주차이용은 관리단에서 재량껏 사용할 수 있도록 하였다. 사람의 심리가 이왕이면 문제없는 기존 주차장 운영업체와 계약을 유지하려고 하지 신규업체와 거래를 하려하지 않는다. 문제가 생기면 업체변경을 주장했던 이에게 화살이 가기 마련이다. 새로운 관리단이 형성된 후 기존 조건으로 운영 합의서를 작성하였고, 5년 계약이 종료된 후 필자가 근무중인 빅모빌리티와 연장계약하여 지금도 주차장을 운영 중이다.

단타로 치고 빠지는 현장: 4호점 동대문 나대지 주차장

동대문구에 견본주택을 주로 짓는 나대지가 있었다. 모델하우스를 건설하는 기업 담당자와 친분이 있었는데 어느 날 단기로 나대지 주차장 한번 운영해 보겠냐는 제의를 받게 되었다. 나대지 주차장은 계약도 단순하고, 운영도 쉬워 일단 계약을 하면 돈이 된다. '이게 웬 떡이냐'하고 계약을 했는데, 문제는 투자비, 계약기간, 인건비.

현장의 바닥상태가 좋지 않아 콘크리트 포장을 해야 했고, 토지의 보안(나대지의 경우 불법점유가 일어나면 굉장히 피곤하다. 그리고 토지의 가격이 어마어마했다)을 위해 근무자를 채용해야 했다. 무인주차관제 장비 역시 설치했다. 단기간 운영계약으로 계약서에는 '임대인이 계약종료를 요청하면 1달 이내로 장비를 철거한다'는 조항이 명시되었다.

약 50대 규모의 주차장이었는데 언제 해지될 지 모르는 상황이었으므로, 최대한 빨리 매출을 올려 투자비를 회수해야 했다. 그런데 단기 운영을 목적으로 너무 포장을 대충한 바람에 아스콘 분진이 많이 일어나 민원이 심각했다. 바닥이 워낙 울퉁불퉁해서 청소도 잘 되지 않고, 참 힘들었던 기억이 난다. 초반에는 일 주차요금을 5천 원 정도로 설정해서 매출을 급격히 올렸다. 1년 정도 운영을 하였을 때 건물주 측에서 철거를 요청하였고, 손익분기점의 정도의 매출이 발생하였다.

1년만 운영했기에 큰 손실도 이익도 없었지만 개인 입장에서 이런 주차장은 반드시 운영해야 한다. 당시 동대문구에 위치한 나대지의 가격은 300억원 이상. 저 엄청난 가격의 토지를 토지소유주는 개인사업자인 나에게 보증금도 없이 빌려주었다. 대부분의 나대지 주차장은 단기 계약이다. 하지만 설계, 타당성 검토가 예상보다 길어지고, 경기가 좋지 않으면 계속적으로 나대지 주차장을 운영할 수 있다. 곧 착공할 것처럼 해도 생각보다 인허가나 설계기간이 많이 걸리므로, 나대지 주차장은 적당한 가격에 나오면 적극적으로 검토해야 한다.

최초 손실을 경험한 주차장: 5호점 의왕 타워

토지를 중개한 대가로 주차장 소유권을 넘겨 받기로 했는데 피치못할 사정으로 매매계약이 중도 해지가 되어 임차인으로 주차장을 운영하였다. 개인적으로 주차전용건축물을 선호하는데 관리단 물건과 달리 권리관계가 깔끔하고 무료주차를 많이 지급할 필요가 없기 때문이다. 건물주와 계약을 하고 위의 4호점 동대문구 나대지 주차장에서 철거한 장비를 설치한 후 운영을 시작하였다. 주차장 건물 외관상태는 매우 좋다. 밖에서 보면 주차장이 아니라 오피스 건물처럼 보인다. 다만 입지가 좀 애매하였다. 전체적으로 개발 붐이 있는 지역이었지만 바로 옆으로 공원이 위치하고 있어 상권 연결성도 약했다. 굳이 임대하여 운영할 필요가 있을까 고민하던 차, 지인이 함께 하자고 제안하여 임대 운영을 시작하였다.

초기 매출이 많지 않을 것으로 예상하여 협상 끝에 6개월 렌트프리 혜택도 받았다. 렌트프리 기간 동안 주차요금을 인근의 50% 수준으로 설정하여 매출을 올렸고, 단기간에 손익분기점을 넘어섰다. 직장생활이나 개인적으로도 주차장을 운영하면서 손실을 본 적이 없었는데 의왕 주차장은 정말 신기한 일이 많이 일어났다. 매출이 줄곧 오르다 어느 날 부터 떨어지기 시작하더니 30% 이상 주차량이 줄었다. 확인해 보니 도보로 10분 거리에 저렴한 공영주차장이 두 곳이나 생긴 것이었다. 요금은 필자가 운영하는 주차장의 1/3정도라 매우 저렴하였지만, 필자의 주차장과는 거리가 제법 있었기에 도저히 이것으로는 매출 감소가 설명되지 않았다. 이후 지속적으로 매출은 떨어졌는데, 얼마 후 그 이유를 알 수 있었다.

2022년말 북의왕 삼막IC 방음터널 화재로 사망사건이 발생했고, 차량이 통제된 것이 바로 매출 감소의 가장 큰 이유였다. 5호점은 인근 대기업 직원들이 월 주차를 하여 매출이 발생하는 구조였다. 하지만 방음터널 보수 공사로 고속도로가 오랜 시간 통제되자 다른 길을 이용하여 회사로 출퇴근 하는데 시간이 너무 많이 걸렸고, 결국 자차이용을 포기하고 대중교통을 이용하는 바람에 주차장 매출이 하락한 것이다. 터널 화재 때문에 손실을 보다니 꿈에도 생각하지 못했다. 굳이 적자 현장을 계속 가지고 갈 필요가 없다고 생각했고 도로가 정상 복구되더라도 인근 공영주차장 요금이 너무 저렴했다. 주차장 운영기업에 의왕주차장 매출을 오픈한 후 임차권을 가져갈 기업을 물색했고 주차장 운영사에 운영권을 넘겼다. 최초의 손실을 경험하였지만 장기적으로는 잘한 선택이라 생각한다. 철거한 장비는 필자가 장비를 공급한 양재동 나대지 주차장에 설치되어 있다.

덕's
Parking
Story

4장

주차장 운영을 위한
기본기 다지기

1 주차장 기본 법령

주차장법은 필요한 것만 알면 된다.

부동산에 관심이 있다면 공인중개사 공부를 해 본 독자분도 있을 것이다. 민법, 공법 등 내용도 많고 지구단위계획, 도시관리계획 입안권자, 시·도지사가 승인 등 '내가 왜 이걸 알아야 하나?'라는 생각도 든다.

주차장법은 아주 간단하고 쉽다. 주차사업을 한다고 해서 무조건 외워야 하는 것도 아니고, 민간주차장에는 적용되지 않는 법률도 많다. 생소한 용어가 나온다고 겁먹지 말자. 필요한 것만 알면 된다.

주차장을 할 수 있는 토지

주차장을 운영할 때 지목이 반드시 주차장 용지일 필요는 없다. 보통 대지, 주차장용지, 잡종지 등에서 주차장을 운영 하는데, 당연히 대지인 주차장이 가장 많다. 목장용지가 있는 지역은 광활한 풀밭이 있는 지역이고, 염전은 바닷가 옆에서 소금을 만들어 내는 토지인데 그런 곳에 주차장을 운영 한다고 큰 매출이 발생할 수 있을까? 아마도 이런 지역은 동네 자체가 주차장일 것이다. 이런 곳은 길 아무 곳에 주차해도 누가 신고하지도 않고, 불법주차를 단속할 공무원도 없을 것이다.

> 지목: 토지등기부에 등기할 사항의 하나이다. 지목은 전 · 답 · 과수원 · 목장용지 · 임야 · 광천지 · 염전 · 대(垈) · 공장용지 · 학교용지 · 주차장 · 주유소용지 · 창고용지 · 도로 · 철도용지 · 제방(堤防) · 하천 · 구거(溝渠) · 유지(溜池) · 양어장 · 수도용지 · 공원 · 체육용지 · 유원지 · 종교용지 · 사적지 · 묘지 · 잡종지로 구분하여 정한다.(공간정보의 구축 및 관리 등에 관한 법률 제67조).
>
> 지역: 우리나라는 도시지역, 관리지역, 농림지역, 자연환경 보전지역 총 4개의 지역으로 분류하고 있으며, 도시지역과 관리지역은 그 용도에 따라 다시 세분화되어 있다.

			재1전용주거지역
도시지역	주거지역	전용주거지역	재2전용주거지역
		일반주거지역	재1일반주거지역
			재2일반주거지역
			재3일반주거지역
		준주거지역	
	상업지역	중심상업지역	
		일반상업지역	
		근린상업지역	
		유통상업지역	
	공업지역	전용공업지역	
		일반공업지역	
		준공업지역	
	녹지지역	자연녹지지역	
		생산녹지지역	
		보전녹지지역	
관리지역	계획관리지역		
	생산관리지역		
	보전관리지역		
농림지역			
자연환경보전지역			

먼저, 농림지역은 논과 밭, 과수원 느낌이 나지 않는가? 황금 들녘에 주차장이라면 캠핑카 전문 주차장으로 운영 가능할 수도 있다. 물론 농림지역의 농지가 도시개발사업으로 신도시가 된다면 또 다른 관점이 되겠지만 농림지역, 자연환경보전지역에서 승용차주차장 사업은 거의 불가능하다. 주차장 사업은 도시지역에서도 특히 상업지역에서 수익이

높으며, 그 상업지역 가운데서도 주차가 집중되는 중심상업지역의 매출이 가장 높다. 중심상업지역에 주차장 용지를 매입하여 주차전용건축물을 건축하는 사례가 많은데 주차장 매출도 좋고 주차장 매매가격도 높기 때문이다.

간혹 주차장 위치를 알려주지 않고 정보를 얻으려는 분이 있다. 지번이 없는데 어떻게 수익성을 알 수 있다는 말인가? 같은 강남구 양재동이라도 인근에 무엇이 위치해 있는가에 따라 매출은 몇 배의 차이가 난다. 지번을 알려주지 않을 경우 이러한 질문을 한다.

"혹시 대지입니까? 공업 지역입니까?"

대지에 상업지역이라면 일단 주차수요가 있기 때문에 주차장 사업 성공 가능성이 높다. 그런데 공업지역이라고 하면 일반적인 승용차 주차장으로는 매출을 크게 내기 어렵다. 정확한 위치가 있다면 가장 좋지만, 지역, 지구만 들어도 주차장 사업진행이 불가능한 지역과 어느 정도 가능할 지역의 판단이 가능하다.

2 주차장의 종류

구분	노상주차장	노외(路外)주차장	부설주차장
법적 정의	도로의 노면 또는 교통광장(교차점광장만 해당한다. 이하 같다)의 일정한 구역에 설치된 주차장으로서 일반(一般)의 이용에 제공되는 것	도로의 노면 및 교통광장 외의 장소에 설치된 주차장으로서 일반의 이용에 제공되는 것	건축물, 골프연습장, 그 밖에 주차수요를 유발하는 시설에 부대하여 설치된 주차장
소유	국가, 지자체	국가, 민간, 지차체	국가, 민간, 지차체
특징	• 주차장의 종류 가운데 주차장법의 영향을 많이 받는다. • 사고위험이 높고, 주차전용건축물이나 부설주차장 같이 제대로 된 주차장의 보급에 악영향을 끼친다.	• 주위에서 가장 쉽게 볼 수 있는 주차장으로는 민간 나대지 주차장이 있다. • 주차장 설치와 운영 사업은 허가사항이 아니기 때문에 설치시 시, 군, 구청장에게 통보하여야 하지만 유명무실하다. • 국가가 공급하지 못하는 도시기반시설인 주차장을 민간이 설치한다는데 과도하게 규제할 필요가 없기 때문에 사업자 등록만 한다면 운영하는데 문제가 없다.	• 가장 많은 공급이 이루어진다. • 아파트, 상가, 오피스를 건축하면서 건축법 규정에 따라 보급된다. • 민간이 공급하는 경우가 대부분이다. • 주차장 소유주가 다수인 경우가 많아 권리분석이 필요하다.

162

위에 표처럼 주차장법에 의하면 주차장에는 노상주차장, 노외주차장, 부설주차장 3가지가 있다.

노상주차장

도로상에 위치한 주차장으로 민간은 소유할 수 없다. 사실 주차구획만 없다면 불법주차와 별 차이가 없고, 주차공간 부족으로 인해 길에 줄을 그어 과금하는 주차장으로 앞  으로 점차 없어져야 하는 주차장이라고 생각한다.

노상주차장은 무인 주차시스템의 과금 한계, 무인주차장 조성으로 인한 일자리 감소 등 여러가지 요인으로 인하여 유인으로 운영할 수밖에 없는 구조였으나 최근 기술의 발달로 많은 노상주차장이 무인화 추세이다. 노상주차장을 이용보신 분은 알겠지만 과거에 주차요금 횡령으로 문제가 많았다.

"원래 만 원인데, 마칠 때 다 되었으니까 오천원만 줘요." 이런 식으로 말이다.

대부분의 노상주차장이 민간에 위탁관리되었으나, 불친절 민원, 횡령, 사업부진으로 인한 주차장 운영권 포기 등으로 지자체, 시설관리공단이 운영하는 사례가 늘어나고 있다. 유인 노상주차장의 경우 임대료보다는 인건비가 많이 소요되므로 임대료가 저렴하다고 무작정 입찰하면 안 된다. 도로상에 조성하는 노상주차장은 중심지에 주로 공급되며, 교통체증을 유발하기에 공급에 한계가 있다. 도로는 국가 소유이니 노상주차장은 모두 공영주차장으로 지자체의 조례에 따라 요금이 부과된다. 위탁 받은 운영자 마음대로 주차요금을 받을 수 없다.

노외주차장

일반적인 나대지 주차장을 생각하면 된다. 통상 나대지는 지상에 건축물 등이 없는 대지를 말한다. 나대지 노외주차장은 운영이 간편하고 수익분석이 쉬워 많은 개인 사업자가 노외주차장을 노리고 있다. 노상주차장처럼 길가에 주차장이 있어 위험한 것도 아니고, 부설주차장처럼 복잡한 할인체계가 적용될 이유도 없다. 서울 중심가에서는 아직도 나대지 주차장을 유인으로 운영하는 현장이 있는데 근무자가 통로까지 주차 차량을 꽉 채울 수 있어 주차수익을 극대화할 수 있다. 이러한 주차장은 아주 기본적인 장비인 게이트도 없는 경우가 많은데, 이것은 게이트를 설치하는 공간마저 아깝기 때문이다. 장비가 전혀 없는 서울의 나대지 주차장은 강남, 중구 등에 위치하며 발렛인력을 통해 주차관리를 하면서 수익을 내는 경우가 많다. 이러한 주차장은 주차 매출이 높은 대신 인건비가 많이 들기 때문에 수익과 인건비를 잘 계산하여 임대료를 지불해야 한다.

대부분의 나대지 주차장 역시 무인으로 운영된다. 24시간 운영을 할 때 인건비 대비 1/3이하 비용으로도 운영할 수 있기 때문이다. 나대지 주차장을 게이트형으로 운영하려면 200평 이상의 면적이 되는 것이 좋다. 주차관제시스템의 길이와 폭이 주차장의 많은 면적을 차지하기 때문이다. 나대지 주차장의 주차면은 10평당 1대로 계산하면 되는데 주차장 모양에 따라 다르지만 200평이면 약 20대의 주차면으로 운영된다. 토지 크기가 커질수록 8평당 1대 수준으로 주차면이 많아진다. 100평 미만의 주차장은 일본에서 많이 사용되는 플랩 장비를 사용하기도 하는데 앞서 언급한 바 가격이 비싸고, 차량 파손 및 이용의 어려움이 있다.

① 나대지 주차장의 특징

많은 토지소유주가 본인 나대지를 주차장으로 운영하고 있다. 나대지에서 주차장을 하는 것 보다는 건물을 건축하여 임대료를 받는 것이 수익측면에서 더 좋지만 공실과 추가 투자를 우려하여 안정적인 현금흐름이 발생하는 나대지 주차장을 운영하는 것이다. 이러한 토지를 가지고 있는 토지 소유자가 직접 주차장을 운영하는 경우는 많지 않다. 대부분 임대를 주거나 위탁 운영을 한다. 반면에 지방의 경우 과거에는 토지소유주가 직접 주차장을 운영하는 경우가 많았다. 수익이 높지 않으니 인건비가 부담되었기 때문이다.

입지가 좋은 곳의 나대지 주차장은 수익률 문제(많은 나대지 주차장이 부동산가치 상승시기 도시형생활주택으로 개발되었다)로 거의 사라졌지만 여전히 운영하는 곳은 특수한 이유가 있을 가능성이 높다. 예를 들면 과거에 토지를 취득하여 매각시 양도소득세가 매우 높거나, 토지 소유자 나이가 많아 무엇인가를 시작하기 어려운 경우 등이 있다. 이러한 특수한 상황을 활용하여 저렴하게 토지를 임대 운영하면 높은 수익을 기대할 수 있다.

② 나대지 주차장 확보

나대지 매입을 통한 주차장 운영은 추천하지 않는데 그 이유는 수익 대비 토지가격이 너무 높기 때문이다. 지방 물건은 상대적으로 가격이 저렴하고 임차나 매입이 쉬운 편이지만 수익이 크지 않다.

이제는 나대지 주차장도 큰 수익이 된다는 것을 토지 소유자가 알기 때문에 대부분은 경쟁을 붙인다. 경쟁으로 임대료가 오르다 보니 서울 중심에서 임대료를 내면서 주차장 수익을 내기가 쉽지 않아진 것은 사실이다. 하지만 수도권의 경우 임대료 대비 높은 수익이 발생하는 현장이 있어 개인의 경우 이곳에서 주차장 운영사업을 해보는 것이 좋다.

임대료가 정해져 있는 물건이라면 오히려 계약이 편하다. 대략적인 매출을 계산하고 임대료, 비용을 제외하면 순이익이 나오니 말이다. 그렇지만 현실은 임대료를 제안해야 하는 경우가 많다. 수주를 하기 위해 임대료만 높여서 제안하면 수익이 줄어들게 된다. 어떻게 임대료가 낮은 물건을 구할 수 있을까? 모두가 계약하기 싫어하고 뭔가 권리관계가 꼬여 있고, 중심지 위치하고 있지 않으며 경쟁이 약한 물건이 있다. 이런물건을 노려야 한다.

나대지 주차장 임대가 어려운 이유 가운데 하나는 바로 계약기간이다. 주차 장비의 감가상각은 보통 5년으로 보는데 나대지의 경우 5년간 주차장을 운영하기 어려운 경우가 많다. 지주 입장에서는 토지에서 장기간 사업을 하지 못하고 묶이는 것을 싫어하기 때문이다. 건축 경기가 좋은 경우 바로 건물을 지어 분양하는 것이 주차장을 운영하는 것보다 수익률 측면에서 좋다. 계약기간이 단기간이라도 예상보다 건축이 빨리 진행되지 않는 경우가 많은데, 임대료가 저렴하다면 계약기간에 대한 상황을 잘 파악해야 한다. 특수한 상황으로 임대료가 저렴한데 계약기간까지 길다면 높은 수익을 기대할 수 있다.

③ 나대지 주차장 공사 및 장비

나대지는 좋은 물건만 확보하면 일을 많이 하지 않아도 높은 수익을 낼 수 있다. 2024년 현재 부동산 경기가 좋지 않기 때문에 건물을 지었다가 미분양이 되면 엄청난 금융비용이 발생할 수 있다. 나대지 주차장의 장점은 주차장으로 운영하다가 경기가 좋아지면 바로 사업을 진행할 수 있다는 것이다. 나대지 주차장은 포장, 라인도색, 주차시스템만 설치하면 바로 운영이 가능하고, 지장물이 거의 없어 빠른 철거 후 건축도 빠르게 진행 가능하다.

*지장물: 공공사업 시행 지구에 속한 토지에 설치되거나 재배되고 있어 그해 공공사업 시행에 방해가 되는 물건. 시설물, 창고, 농작물, 수목 따위이다. 철거하거나 다른 장소로 이전. 이설. 이식해야 한다.

나대지 주차장 바닥공사 종류

종류	시공방법
흙	가장 기본적으로 나대지 주차장 바닥을 마감하는 방법이다. 비, 눈이 오면 차량이 빠지거나 오염되기 쉽다. 트럭 주차장의 경우 적용 가능하나, 바닥이 단단하지 않은 경우 잡석 시공이라도 하는 것이 좋다. 승용차, 캠핑카 주차장에 적용하였을 경우 고객 민원이 발생하거나 차량 손상 가능성이 있다.
잡석	흙바닥 보다 진화한 것이 바로 잡석을 시공하는 것이다. 잡석 역시 최근 가격이 많이 상승하였기 때문에 재생 잡석을 사용하는 경우도 있다. 질척거리는 흙바닥 보다는 낫지만 역시 돌이 튀어 차량에 손상이 가거나 바퀴가 빠지는 현상이 발생한다. 화물차 주차장의 경우는 잡석 정도만 시공해도 별 무리가 없다.
멍석	잡석 위에 야자매트 등 멍석을 까는 주차장도 있다. 주로 캠핑카 주차장이다.
아스콘	대부분의 나대지 주차장은 아스콘으로 포장한다. 적당한 시공비로 빠르게 포장 가능하고, 그 위에 하얀색 페인트를 칠하면 시인성도 좋다.
콘크리트	나대지 주차장의 바닥재로는 많이 사용하지 않는다. 가장 내구성이 좋지만 시공기간이 길고 비용도 높다.

나대지 주차장이라고 해서 부설주차장과 시스템 측면에서 다를 것은 크게 없다. 다만 수익성과 관리측면에 따라 장비의 투입과 셋팅이 달라진다.

나대지 주차 시스템

종류	시공방법
게이트	수익이 좋지 않은 나대지 주차장에 비싼 비용을 들여 풀세트의 무인주차관제장비(게이트 + 차번인식기 + 무인정산기 + CCTV)를 설치할 필요는 없다. 입출차가 많지 않고, 특정 고객만 주차장을 이용하는 경우는 게이트와 리모컨 조합 만으로도 주차장 운영이 가능하다. 게이트의 가격은 1개당 100만 원 수준이지만 전기인입비, 공사비를 추가하면 비용이 추가될 수 있다.

게이트, 차번인식기	게이트와 리모컨 조합은 부정 입출차가 가능하다. 누군가가 리모컨을 통하여 차량을 랜덤으로 입차시킬 수 있기 때문이다. 이러한 경우 게이트와 차번인식기를 함께 시공하기도 한다. 차번인식기에 차량번호를 입력하면 해당 차량만 입출차 할 수 있기 때문에 부정 이용의 우려가 줄어든다. 다만 무인정산기가 없다면 지정된 차량만 진입할 수 있다는 단점도 있다.
발권기 + 무인정산기 조합	소형 나대지 주차장인데 차번인식기를 설치하기 어려운 현장이 있다. 이러한 경우 RF와 발권기, 무인정산기 조합을 시공하는데. 최근에는 차번인식기의 발달로 발권기 조합은 찾아보기 어렵다.
풀 세트 (게이트 + 차번인식기 + 무인정산기 + CCTV)	수익성이 있는 나대지에는 완전 무인으로 운영가능한 시스템을 설치한다. 과거 1SET의 가격이 4천만 원 이상이었지만 최근에는 2천만 원 수준으로 설치 가능하다. 무료차량의 경우 미리 관리PC에 입력을 하여 상시 입출차 가능하며, 유료차량의 경우 무인 정산기를 통해 정산 가능하다. 그 외 나대지 주차장 제휴처가 있는 곳은 바코드, 웹, 앱 등을 통해 할인도 가능하다. 나대지 주차장 뿐 아니라 거의 대부분의 주차장에서 위와 같은 풀세트 무인주차관제시스템을 적용하여 주차관리를 하면서 수익도 발생시키고 있다.

④ 나대지 주차장 요금과 운영

주차장 운영 검토를 위하여 수익성 분석을 해보니 매출이 생각보다 높다고 가정해 보자. 임대료, 장비구매비, 보험료, 각종 부대 비용을 제외하고도 수익률이 좋다. 그런데 매출 조사 시기가 1월 혹은 8월이라면 어떨까?

나대지는 외부에 오픈된 주차장이라 기상 여건에 따라 매출의 변동 폭이 매우 크다. 푹푹 찌는 무더위와 매서운 칼바람이 부는 추위에는 나대지 주차장을 피하는 고객이 많기 때문에 매출이 줄어들 수 있다. 특히 12월부터 2월까지는 주차장 매출이 성수기의 50%에도 미치지 못하는 경우가 있다. 간혹 여름 장마철 1달 중 절반 이상 비가 오는 경우가 있는데 이 역시 매출에 악영향이다. 한두 달 날씨 좋을 때 매출만 보고 주차장 운영을 결정하기에는 리스크가 매우 크다. 이처럼 나대지 주자창은 비수기와 성수기가 극명히 있다. 꼭 명심하시길 바란다.

　나대지 주차장의 요금 책정은 아주 쉽다. 인근의 주차요금과 비슷하게 책정하면 된다. 동일 주행차선에 나란히 있는 주유소 리터 단가가 비슷하게 책정된 것과 같은 맥락이다. 서울 중심지의 경우 10분당 1천 원 이상의 주차비를 받아도 장사가 잘 되는 경우가 많으며, 아주 사업성이 좋은 지역의 경우 일 주차, 월 주차를 받지 않고도 시간제 주차만으로도 많은 수익이 발생하는 사례가 있다. 나대지 주차장은 노출이 되어 있어 고객의 유인이 쉽기 때문에 부설주차장보다 주차비가 비싼 경우가 많다. 나대지 주차장 중 '주차요금 1시간 만원' 이렇게 책정된 현장이 있는데 이러한 현장은 "주차공간이 없으니 주차하지 마라"는 경고이니 진입하지 않는 것이 좋다.

　전국에서 가장 매출이 좋은 주차장은 100평으로 월 약 3천만원을 벌어들인다고 한다. 필자가 주차장 운영사에 근무할 때 계약했던 주차장의 경우에는 170평으로 월 2,500만원 정도의 수익을 거두었다. 이러한 주차 수익은 보통 홍대, 이태원 등 건물 부설주차장이 거의 없고, 24시간 주차수요가 많은 지역에서 가능하다. 간혹 서울에 위치한 나대지 200평이면 당연히 월 수천만 원의 매출이 나올 것으로 과장하는 경우가 있는데, 서울이라도 200~300평으로 수천만 원의 매출을 낼 수 있는 주차장은 많지 않다.

　나대지 무인주차장의 90%이상이 출구 무인정산시스템으로 구성된다. 입구와 출구에 차번인식기, 게이트, 무인 정산기를 설치하고 출구에서 정산을 하는 방식이다. 가장 일반적인 방식으로 누구나 이용이 편리하다. 하지만 출구정산방식은 장비 설치와 공사, 회전반경 면적으로 인하여 주차면이 줄어들 수 있고, 회전반경에 정산기가 설치될 경우 출구 정산이 매우 불편할 수 있다. 중심지의 경우 면당(2.5m×5m) 월 매출이 백만원을 상회하므로 주차면 하나도 소중하다. 이러한 경우 한 면이라도 주차면을 늘리기 위해 사전정산 방식을 적용할 만하다. 사전정산기를 설치하면 아일랜드 패드(무인주차관제장비를 설치하는 콘크리트 구조물)의 길이가 짧아지게 되어 주차면이 증가할 수 있다.

반면에 나대지주차장의 운영상 큰 문제가 한 가지 있는데 주차장 내 쓰레기 문제이다. 어느 주차장이나 쓰레기 무단투기가 있기 마련이지만 나대지 주차장은 더 심하다. 외부에서 바람으로 굴러오는 쓰레기와 낙엽 등 심야시간 발생하는 불법 투기까지 감내해야 한다. 20~30대 정도의 소규모 나대지 주차장은 그나마 청소가 편하지만, 100대 이상은 청소용역 업체를 선정하여 청소를 하는 것이 좋다. 물론 주차장이 더럽다고 매출이 줄어드는 상관 관계가 있는 것은 아니다. 조금은 더러워도 중심지에 위치하여 있다면 어떻게 든 차량은 들어온다. 시간제 주차가 많은 나대지 주차장은 고객이 무작위로 들어오기 때문에 더 지저분한 경우가 많고, 수익이 낮은 월 정기 위주의 주차장은 쓰레기 무단투기가 적은 편이다. 주차장 운영사의 경우 예전에는 주차장 영업사원이 청소를 했지만 요즘은 청소용역 계약을 통하여 주차장 청소를 한다. 본인이 직접 청소한다면 수익면에서는 좋을 수 있다.

⑤ 전문 나대지 주차장

최근 캠핑인구의 증가로 교외지
역에 캠핑카 전용 주차장이 사업이
확대되고 있다. 코로나 시국으로 해
외 여행이 제한되자 많은 여행자들
이 캠핑카를 구매하였고, 캠핑카 주

차가 사회적인 문제가 되자 캠핑카 주차장을 전문으로 운영하는 업체
가 생겨나게 된 것이다. 캠핑카 주차의 주 수입은 월 정기 주차이다. 캠
핑카는 전고가 높고 회전반경이 커서 부설주차장에 입차 할 수 없다는
점에서 화물차와 비슷하다. 부대시설(화장실, 상수도, 전기 등)이 필요하
다는 점은 화물차 주차장과 차이점이다. 한번 장박을 나가면 주차장에
장기적으로 들어오지 않는 경우도 있고, 이 때 가격할인 요청이 많다고
한다. 코로나 여파로 캠핑카 주차장이 과잉 공급되어 코로나 이후 현재
캠핑카 주차장의 매출이 많이 떨어지고 있으니 캠핑카 주차장을 준비
하시는 분은 철저한 사업성 분석이 필요하다.

교외에 있는 나대지에 주차수요가 있으며 그 토지는 당분간 개발할
가능성도 낮고 현재 수익도 없는데다 세금만 내고 있는 상태라고 하자.
토지 소유자입장에서 임대를 해주지 않을 이유가 없고, 주차장 운영자
입장에서도 좀 더 구하기 쉬운 토지로 장기간 수익을 내면서 주차장을
운영할 수 있지 않을까? 나대지 주차장을 개발하면서 최근 고민하였던
문제를 화물차 주차장을 개발하면서 해결할 수 있었다. 캠핑카 주차장
을 운영하던 A사장님도 캠핑카보다는 화물주차장의 수익이 높다는 것

을 알고 캠핑카에서 화물차로 차량을 변경하여 매출을 늘리고 있다.

덕스파킹 검토사례

| 홍대 나대지 주차장 |

홍대 인근에 단독주택이 들어서 있는 약 200평 가량의 토지가 있었다. 어느 날 내가 근무하던 회사에 주차장 개발문의가 들어왔다. 단독주택을 임대 주고 월세만 받아도 꽤 괜찮은 수익이 될텐데, 토지 소유자는 굳이 건물을 부수고 주차장을 하겠다는 것이었다.

현장을 방문하고 '왜? 설마 이 좋은 땅을 나대지 주차장으로 하겠어? 땅 가진 분들이 얼마나 수익률을 따지는데…' 이유는 모르겠지만 토지 소유자는 건물을 밀어버리고 주차장 임대계약을 체결하였다. 간혹 이런 특이한 지주도 있다. 현재도 그 주차장은 무인으로 잘 운영되고 있으며 일최대 요금이 없기 때문에 24시간을 주차하면 144,000원의 주차비가 나온다.

| 강남역 나대지 주차장 |

GFC(강남 파이낸스센터) 맞은편 소규모 나대지 주차장. 예전부터 무인주차장으로 운영하고자 하는 대기업의 수많은 영업사원이 거쳐 갔으나 계약을 따내지 못한 전설의 주차장. 주차장 운영은 매우 잘 되지만 강남 한가운데 노른자 땅 값에 비하면 주차장 매출은 미비한 수준일 것이다. 이런 금싸라기 땅 주차장은 지인이 임대를 하여 운영을 할 가능성이 높다. 이 주차장을 저렴하게 임대해서 운영하고 있는 분은 아마 주차장으로 건물 한두 개는 사지 않았을까?

교외 나대지 매출

앞서 서울, 수도권의 나대지 주차장을 우선적으로 검토한다고 말했다. 그렇다면 충청도, 강원도 나대지의 주차장 매출은 얼마나 될까? 오랜 시간 방치된 채 세금만 내다보니 답답한 토지 소유주 문의를 주시는데 안타깝게도 사업성이 없는 경우가 대부분이다. 광역시의 경우에는 그나마 수익성이 있는 토지들이 있지만, 시, 군급에 위치한 나대지는 300평이든 500평이든 매출이 백만원에도 미치지 못하는 경우가 많다. 주차관제장비사의 경우에는 주차장 매출에 상관없이 장비만 팔면 수익을 얻을 수 있기 때문에 수익성에 대한 고민을 하지 않는다. (일단 주차관제장비 사서 한번 운영해보세요라고 말하는 영업사원의 말은 믿지 말자.) 필자의 경우 주차장 운영이 주 사업이기 때문에 토지 문의가 오면 위치를 확인 후 사업성 유무를 정확히 밝힌다. 그 지역에 거주하고 있는 토지 소유자가 현장을 더 잘 알고, 주차매출을 추정할 수는 있다. 그러나 경험상 지방에서의 나대지 주차장사업은 생각보다 잘 되지 않는다. 주차비의 아까움, 불법주차의 편리함이 너무나도 크다고 할까? 교외의 경우 일반 승용차 주차장으로 수익을 내기는 어렵다. 승용차 주차장이 불가한 나대지에서 화물차 주차장을 오픈해 보았는데 강원도, 충청도는 확실히 수요가 적었다.

덕스파킹 검토사례

| 강원도라고 무조건 주차장이 안된다? |

필자가 직장인 시절 강원도 원주시의 한 부설주차장을 운영한 적이 있다. 인근에 영화관이 위치한 구시가지 인근의 주차장이었는데 매출이 꽤 괜찮았다. 광역시를 제외한 시, 군 급에서는 구시가지 주차장의 매출이 오히려 좋다. 기업도시나 혁신도시 등 지방 신도시는 주차장이 너무 잘 조성되어 있고 나대지도 많아 주차사업의 매출이 매우 적다.

주차전용건축물

개인적으로 가장 좋아하는 주차장. 바로 주차전용건축물에 조성된 주차장이다. 주차전용건축물은 매입, 매각이 비교적 간편하고, 수익이 큰 현장도 많

다. 권리관계가 깔끔한 주차전용건축물을 매입하면 운영수익과 더불어

매각수익도 발생시킬 수 있다. 주차장법상 주차전용건축물은 건폐율 90%, 용적률 1,500%까지 건축 가능하지만(15층도 가능) 건축비나 실제 주차장 이용을 고려하였을 때 보통 10층 이하로 건축된다.

매각 가능한 주차장 중 나대지 주차장과 함께 가장 활발한 매매, 임대가 가장 활발한 주차장이다. 주차전용건축물은 보통 주차타워라고 불리기도 하는데 이는 잘못된 표현이다. 주차타워라는 명칭은 없으며, 기계식주차장, 주차전용건축물로 구분하는 것이 적절하다. 주차전용건축물은 대형마트의 주차장을 생각하면 되는데 1~2층은 상가, 그 윗부분은 주차장으로 구성되는 건축물이다. 대부분의 주차전용건축물은 주차장용지에 건축되는데, 이러한 주차장 용지는 신도시(예를 들면 군포, 일산, 광명, 하남 등)에 많다. 그래서 서울중심지, 광역시급 구도심에서는 주차전용건축물을 찾아보기 어렵다. 과거에는 상가를 분양하고 서비스 면적으로 지급하는 용도로 생각을 하였으나, 주차인식 변화, 주차장 매출증가 등으로 주차장만을 따로 운영하거나 분리해서 매각하는 사례가 늘어나고 있다. 신도시 주차장의 한 축을 담당하기도 하고, 입점사 입장에서는 주차장이용이 매우 편리하기 때문에 몇몇 업종의 경우 선호도가 높다. 현재 국내에서 매물로 나와있는 가장 높은 가격의 주차전용건축물은 주차장 부분만 150억원 수준이며, 보통 20~30억 규모의 매물이 수익률도 좋으며 시장에서 매매가 잘 된다.

① 주차전용건축물의 특징

주차전용건축물 매매, 임대 상담시 필자가 가장 먼저 물어보는 것은 위치가 아니다. 바로 크기이다. 아무리 위치가 좋아도 1WAY(입출구 폭이 4m 정도로 차량 교행이 안되는 일방통행 구조)주차장이라면 입출차가 불편해 운전자가 이용을 꺼린다. 당연히 매출도 형편없다. 주차전용건축물에서 건축면적이 300평이 채 되지 않는 경우 근린상가의 분양면적을 최대한으로 빼내기 위해 1WAY로 설계하는 경우가 많은데 위치가 좋아도 매출이 신통치 않으니, 매각작업도 잘 진행되지 않는다. 1WAY 주차장인데 주차면이 많다면 입출차 대수도 많을 것이고 입출구에서 정체, 불편도 더 심할 것이다. 그래서 1WAY 주차장은 50면 미만일 경우만 허가가 난다는 점도 알아두자.

주차전용건축물에 입점하면 좋은 점포는 헬스장, 스크린골프장, 대형마트, 건강검진센터, 스팀세차, 경정비 센터 등이 있다. 주차전용건축물은 보통 면적의 70%가 주차장이다. 주차장이 넓기 때문에 고객이 차량을 가지고 방문해야만 하는 업종이 입점하면 객단가를 높일 수 있다. 주차전용건축물을 살펴보면 실제로 이러한 업종이 입점한 경우가 많다. 스팀세차의 경우 많은 차량이 주차를 하면 당연히 고객수도 증가한다. 대형 마트의 한편에 보면 경정비센터와 스팀세차가 입점해 있는 것을 확인할 수 있다. 다만 스팀세차와 경정비센터의 경우 인허가가 필요한 경우가 많으니 미리 용도변경 등 사항을 확인해야 한다.

② 주차전용건축물의 용도변경과 증축

주차전용건축물은 주차장 면적이 넓다. 이 면적을 용도 변경하여 상가나 운동시설을 만들 수 있다면 수익을 더 낼 수 있지 않을까?

결론적으로 이러한 가능성은 거의 없다. 주차장법, 건축법 등에서 용도변경을 할 수 없도록 하였기 때문이다. 신도시를 건설하면서 주차장용지를 분양하면 주차장용지는 다른 상업용 대지보다 저렴하다. 이것은 주차장 수익이 상가수익 대비하여 한계가 있기 때문인데 이러한 주차장용지를 대지처럼 오피스나 상가로 적용할 수 있도록 변경하여 준다면, 우리나라 주차전용건축물에서 주차장 부분은 하나도 남아있지 않을 것이다.

많은 주차전용건축물이 불법적으로 용도를 변경하여 사무실, 창고 등으로 사용 중인데 최근에는 불법건축물 단속이 강화되어 이행강제금을 내고 원상복구 된 사례가 많다. 불법건축물이 있을 경우 임대나 매매에 주의하여야 한다. 일반적으로 주차전용건축물의 용도변경은 거의 불가능하지만 일부 경우에 한하여 주차전용건축물인데도 증축을 해서 주거용으로 변경하는 사례가 있다. 어떻게 이런 일이 가능할까? 이러한 사례는 주차전용건축물의 건축주(시행자)가 법적인 한도까지 용적률을 사용하지 않고 일부 남겨두었기 때문에 가능하다. 예를 들면 500평의 토지에 건폐율 90%, 용적률 630%의 지구단위계획구역의 주차장용지가 있다고 가정하자. 용적률/건폐율 = 층수이므로 7층까지 건축 가능하다. 총 면적에서 보통 70~80%는 주차장이 차지하고 나머지는 주로 근린생활시설(상가)이 들어선다. 이러한 설계라면 일반적으로 1~2층은 상가, 3~7층이 주차장이다. 이 건물의 건축주가 상가를 1층만 짓고, 총 5층까지만 건물을 지었다면, 추가로 증축을 할 수 있는 것이다. 5층 위에 6층 주차장을 증축하고 7층에 주거를 넣을 수도 있다. 실제 이렇게 건축한 사례가 경기도 양주에 있었는데 분쟁이 심각했다. 다 지어진 건물에서 상가가 영업을 하고 있는데, 준공 후 몇 년 뒤 다시 공사를 하니 장사를 해야 하는 상가 입장에서는 소송을 제기할 수 밖에 없다. 또한 주차장 부분은 상가, 주거에 비하여 건물 강성이 약해서 추가로 보강공사를 해야 하는 문제도 있었다.

③ 주차전용건축물의 문제점

주차장이라고 너무 쉽게 보고 지으면 안 된다. 만약 내가 구매한 아파트가 물이 새거나 상가의 배수구가 막혀 물이 역류한다면 견딜 수 없을 것이다. 시행사나 시공사는 소유주에게 손해배상을 해야 할 수도 있다. 슬프게도 주차전용건축물의 현실은 배수가 제대로 되지 않거나 누수가 발행하는 사례가 많다. '주차장은 비가 새도 된다.' '이 정도만 지어 놓으면 괜찮겠지. 어차피 돈도 안되는데…' 하는 생각을 하는 개발사업자가 있기 때문이다. 주차전용건축물은 주차장을 많이 사용하는 업체가 임대를 하기 때문에 매출 여부를 떠나 건물자체의 가치를 유지하는데 중요한 역할을 한다. 주차장은 면적이 넓기 때문에 시공을 꼼꼼하게 하지 않으면 넓은 면적을 통해 문제가 확산된다. 특히 주차장 옥상의 경우는 누수 방지를 철저하게 해야 하고, 배수의 경우 쓰레기로 인하여 배관이 막혀 물이 역류하는 경우도 잦기 때문에 배관을 크게 시공해야 한다. 건축적 문제 이외에 큰 면적에서 다량의 쓰레기가 나오므로 폐기물 관리도 철저히 해야 한다. 200~300대 규모의 주차전용건축물을 제때 청소하지 않으면 머지않아 주차장은 쓰레기장이 되어 버릴 테니까 말이다.

④ 주차전용건축물과 세금

20억짜리 상가를 구매했다고 가정해보자. 1년 보유세는 기껏해야 백만원 정도이다. 약 100면의 주차전용건축물의 주차장 부분을 20억원에 구매했다고 가정해 보자. 1년 보유세는? 수천만 원이다. 주차전용건축물을 잘 모르고 매입한 당사자는 세금부분에서 큰 수익률 손실을 보게 된다. 실제 필자에게 주차전용건축물 매입을 검토하면서 컨설팅을 받은 사례가 있는데 결국은 세금 때문에 매입하지 않았다.

덕스파킹 컨설팅

부동산을 구입할 때 절세는 필수이다. 세금에 따라 수익률이 달라지기 때문이다. 주차장을 매입할 때 보유세를 검토하지 않아 낭패를 보는 분들이 많다. 보유세가 많은 주차전용건축물의 경우 세금때문에 수익률이 2~3%이상 떨어지는 경우도 있다. 매입시 세금관계를 철저히 조사해야 한다. 그리고 주차전용건축물 보유세의 경우 환급제도도 있으니 낸 세금을 돌려받을 수도 있다. 절세를 하게되면 수익률이 높아지므로 매각시 더 높은 가격을 받을 수도 있다.

부설주차장

아파트주차장, 상가주차장, 문화센터주차장, 교회주차장, 공장주차장 등 민간이 보유하고 있는 대부분의 주차장이 부설주차장이다. 오로지 주차장을 조성하기 위해 나대지에 노외주차장을 조성하는 것은 투입비용 대비 수익 낮아 사업성 측면에서 옳지 않다. 하지만 건물을 지을 때는 건축법에 따라 반드시 일정규모 이상의 주차장을 조성해야 한다. 주차수요를 유발하는 시설이 공급되기 때문에 주차장을 만들지 않을 수 없다. 국내에 공급되는 대부분의 주차장은 부설 주차장이며, 부설주차장이 많아져야 주차난이 줄어들 것이다. 민간에서 많이 공급하기 때문에 운영주체도 민간이 대부분이다. 오피스 부설주차장의 매출이 가장 큰 데 보통 회사에서 주차비를 지급하는 경우가 많아 주차비에 대한 반발이 낮다. 대부분 무료로 운영되는 아파트의 경우 매출이 거의 없다고 보아도 무방하다.

우리나라에서 공급되는 대부분의 주차장은 부설주차장이다. 건축법에 의거하여 건물을 건축할 때는 반드시 일정규모의 주차장을 확보해야 한다. 여러분이 거주하는 아파트, 빌라, 오피스텔에도 일정규모의 주차장이 있을 것이다. 부설주차장 중에서도 임대가 가능한 주차장이 있고, 사업화가 가능한 주차장이 있다.

① 오피스 부설주차장

부설주차장 중 가장 매출이 큰 것이 바로 오피스 부설주차장이다. 강남이나 명동의 오피스는 임대료가 비싸다. 그만큼 많은 수익을 창출하는 공간이라는 뜻이
다. 오피스에 출퇴근하는 임원들은 차량을 제공받으며 주차비 역시 제공받는다. 회사에서 주차비를 부담하기 때문에 주차비에 관대하다. 오피스는 주로 교통이 좋은 중심지에 위치하고 있으며, 대형 오피스 부설 주차장은 1,000면 이상의 규모를 자랑한다. 서울 중심가의 오피스 주차비는 2024년 기준으로 10분당 1천 원, 일 5만 원, 월 주차요금은 25만 원 수준이다. 주차장은 크고 주차비는 비싸며, 리테일 주차장처럼 많은 무료 주차를 제공하지 않기 때문에 매출이 크다. 오피스 부설주차장을 적당한 수준의 임대료로 계약하면 높은 수익을 올릴 수 있는데, 문제는 대형 오피스의 경우 대부분 여러 조건을 붙여 주차장 전문운영사에 위탁이나 임대를 준다는 것이다. 주차장을 수주하기 전에 리모델링 공사를 해주는 조건이 붙기도 하므로 개인이 오피스 주차장을 운영하기는 쉽지 않다. 매출이 큰 만큼 임대료도 높으며, 큰 수익을 얻을 수도 있지만 임대료 경쟁을 하게 되면 엄청난 적자를 낼 수도 있다.

과거에는 오피스 무료주차에 대한 명확한 기준이 없었다. 하지만 주차비가 오르고 분쟁이 늘어나면서 오피스 임대 시 주차장에 대한 무료 규정을 명확히 하는 것이 요즈음의 추세이다. 오피스를 임차할 때는 반드시 주차장이용에 대한 부분도 계약서에 첨부하길 바란다.

주차장 계약 조항을 예로 들면 '100평 임대시 무료주차 1대, 추가 1대시 50% 할인, 추가 2대부터는 일반 월 정기권 요금징수, 방문객 100시간 무료, 이후부터 50% 할인 1시간 주차권 판매'라고 할 수 있겠다. 주차공간이 넓고 임대료가 높은 고급 오피스의 경우 주차공간에 여유가 있어 요금을 내더라도 주차할 수 있지만, 주차장이 협소하거나 기계식 주차장인 경우는 부설주차장에 주차가 불가능한 경우가 있다.

② 상가부설주차장

상가는 여러 업종이 모여 있
는 공간이고, 업종에 따라 주차장
이용 패턴이 다르기 때문에 주차
장 이용에 대한 분쟁이 많다. 스
크린골프, 헬스장, 건강검진센터
같은 경우는 이용객들의 주차시간이 길고 이용빈도가 높지만 약국, 편
의점이 입점해 있을 경우 차량을 가지고 오는 경우가 거의 없다. 이러한
상가에서 각 입점사별 주차할인시간, 규정이 다를 경우 입점사별로 불
만이 생기고 주차장 운영으로 인한 소송까지 발생하여 건물 운영에 치
명타가 될 수 있다. 관리단에서는 주차비, 방문객 무료주차시간, 입점사
무료주차대수를 명확히 해야 한다.

부설주차장은 차량이 오래 있을수록 객단가가 높아지는 경향이 있
다. 주차요금이 너무 높으면 무료주차를 제공받는다고 해도 방문객이
줄어드는 경향이 있으므로 인근 주차요금과 비슷한 수준으로 주차비를
징수하는 것이 좋다. 만일 주차장의 면적이 작고 방문객이 많은 현장이
라면 주차요금을 높이고 무료주차를 줄여 주차회전율을 높여야 한다.
임대면적에 따라 무료주차를 제공하고, 방문객 할인은 정해진 시간(예
를 들면 10평당 100시간)을 지급한 후 방문객이 많을 경우 유료로 사용하
게 해야 한다. 그렇지 않으면 일부 임차인이 주차장의 대부분을 사용하
는 경우가 발생하고 입점사끼리 다툼이 발생할 수 있다.

③ 주상복합 부설주차장

입주자와 방문객 사이에 분쟁이 많은 주차장 중 하나이다. 특히 주거와 상가의 입출구가 구분되어 있지 않을 경우 서로의 주차공간 침해 문제 때문에 다툼이 자주 발생한다.

대부분의 분쟁은 상가의 방문차량이 많을 경우 거주민의 주차공간에 주차를 하거나 거주민의 월 정기 차량이 많아 상가주차장에 주차를 하는 경우이다. 분쟁이 발생할 경우 추가로 주차관제장비를 설치하여 주차장 내부에서 무료차량과 유료차량을 분리하여 관리할 수 있다. 준공당시 주차장 입출구가 상가, 주거와 완전히 분리되어 있다면 분쟁의 소지가 적다. 고급 주상복합건물의 경우 상가와 주거의 입출구가 분리되어 있는 현장이 많으며 상가방문객의 주차요금은 10분에 천 원 수준으로 꽤 높은 편이다.

④ 교외 복합단지 부설주차장

교외에 위치한 이케아, 스타필드 같은 주차장을 이용한 경험이 있을 것이다. 엄청난 규모를 자랑하고 주말 성수기에는 끝도 없이 늘어선 주차행렬에 하염없이 기다렸던 기억도 있을 것이다. 이러한 주차장은 대부분 주차요금을 받지 않는다.

교외 대형 복합단지에 많은 방문객이 찾는 것은 주차가 편리하다는 이유가 크다. 아무래도 대중교통이 좋지 않기 때문에 자

차를 가지고 방문하는 경우가 많은데, 입출차량이 많으니, 출구에서 정산기를 가동하지 않는 경우가 대부분이다. 무인주차시스템이 발전한 것은 사실이지만 끊임없이 게이트가 작동하고, 과금하면 당연히 에러가 발생하게 된다. 이때 빠른 대응이 진행되지 않으면 차량이 길게 밀리게 되고 민원이 발생한다. 외곽의 대형쇼핑몰은 객단가가 수십만 원 이상에 달하는 경우가 있는데, 주차요금 몇천 원을 받으려다 장비 에러로 문제가 생기면 충성 고객을 잃을 수도 있다. "주차가 불편하다, 장비가 에러가 나서 출구에서 오랜 시간 기다렸다"라는 민원이 발생하면 방문객이 줄고 매출 역시 줄지 않겠는가? 대부분의 복합단지의 주차시스템이 최고 수준임에 비하여 과금을 하지 않는 이유가 바로 이 때문이다. 외곽의 복합단지 부설주차장 인근에는 주차수요를 발생시키는 시설이 거의 없어 관리를 하지 않아도 무단주차가 많지 않아 과금을 하지 않는 이유도 있다.

⑤ 시내 복합단지 부설주차장

서울에 위치한 대형 백화점, 복합단지 주차비는 굉장히 비싸다. 같은 복합단지라도 교외에 위치한 복합단지와 다르게 대중교통을 이용하여 접근할 수 있어 주차비를 비싸게 책정하는 것이다. 서울 여의도 더 현대 주차장의 주차비는 10분 당 2천원, 일 5만원이며, 서울숲 갤러리아포레의 하루 주차비

역시 5만원이다. 중심지의 복합단지는 외곽의 복합단지에 비하여 지가가 매우 높기 때문에 외곽에 있는 복합단지처럼 초대형주차장을 건설하기 어렵다. 어느 정도 크기를 보유하면서도 회전율을 높여야 하기 때문에 주차비를 비싸게 받을 수밖에 없는 것이다.

무단주차도 상당하기 때문에 출차시 오류 등 민원이 있더라도 관리를 하지 않을 수 없다. 무인 주차 관제장비와 인력을 동원하여 철저하게 주차관리를 하고 과금한다. 이런 복합단지 주차장의 월 매출은 수억 원을 넘기도 하는데, 주차사업 현장으로는 매우 높은 매출에 속한다. 물론 쇼핑몰 매출에 비해서는 아주 적은 금액이다.

⑥ 기계식 부설 주차장

건물 규모가 작은 곳에서는 기계식 부설 주차장이 많이 보급되어 있지만, 이용 불편과 주차시간 지체 등 문제로 대부분의 드라이버는 기계식주차장에 입차 하는 것을 좋아하지 않는다. 이러한 이유로 매출이 적고, 돈이 없으니 시간이 지날수록 유지보수가 잘 되지 않는다. 불편하고 돈이 안 되니 많은 기계식 주차장이 방치되고 있는 것이 현실이다.

주차장법에는 20면 이상 기계식 주차장에는 교육을 받은 근무원이 배치되어야 하는데, 합법적으로 운영하면 주차장 매출보다 인건비가 훨씬 많이 발생하게 된다. 그래서 소규모 기계식 주차장은 아예 폐쇄하거나, 암묵적으로 근무자 없이 입주자가 직접 기계식 주차장을 조작하기도 한다.

기계식 주차장의 매출은 일반 주차장에 비하여 현저히 적다. 기계식 주차장이 늘어나는 이유는 건축법상 확보해야 하는 법정주차 대수 때문이다. 차량 크기가 점점 커지면서 기계식 주차장에 입차 불가능한 차량이 늘어나게 되고, 결국은 기계식 주차장을 폐쇄할 수밖에 없다. 앞으로는 노후화된 기계식 주차장을 어떻게 활용해야 할 것인가를 고민해야 할 것으로 예상된다.

⑦ 아파트 부설주차장

아파트는 주거지역에 위치하며 입주자들은 보통 주차비를 지불하지 않거나 2대 이상일 경우에 한하여 추가 주차비를 지불한다. 시간제 주차비를 징수하지 않는 경우가 대부분이라 주차 매출은 거의 없다고 봐도 무방하다. 입주자대표회의가 의사결정기구로 의사표현이 다양하고 의사결정에 시간이 많이 걸린다. 주차 수익보다는 입주자의 주차편의가 우선하기 때문에 주차장을 임대하는 사례는 많지 않다.

최근 아파트 단지 내의 무단 주차가 논란이 되어 차단기, 차번인식기 설치가 활발하며 주차관제시스템 판매량이 폭증하고 있다. 아파트 주차장을 시간제로 유료화 운영시 사업자 등록이 필요하며 매출 및 세

금관련 업무가 증가한다. 입지가 좋은 곳의 아파트 주차장을 유료화 하면 추가수익을 낼 수는 있으나 기존 아파트 입주자의 주차가 불편할 수 있어, 공유를 잘하지 않는 추세이다.

보통 아파트 주차장은 세대당 1~2대 정도의 주차공간으로 구성되며, 일반적인 주차장의 회전율을 고려하였을 때 주차공간이 부족하지 않아야 하는 것이 정상이다. 하지만 이제는 가구별로 2~3대의 차량을 보유하므로 주차공간의 부족이 일어나고 주차공간 부족 민원이 많은 것이 현실이다.

나대지 부설 주차장

나대지 주차장이라고 하면 대부분 아무 건물이 없는 나대지 주차장만을 생각하기 쉬운데 건물 부설 주차장에도 나대지 주차장이 있다. 서울 중심가의 경우는 토지의 가격이 너무나도 비싸기 때문에 대부분 지하에 부설주차장을 조성한다. 하지만 서울에도 나대지 부설주차장이 꽤 많이 존재하고 있으며, 지방의 경우 지하주차장 건설 토목비보다 부설 나대지 주차장 건설이 저렴하므로 지방에 더 많은 나대지 부설주차장이 존재하고 있다.

① 종교시설 나대지 주차장

종교시설 중 나대지 부설주차장을 보유하고 있는 경우가 있는데, 종교시설은 보통 주말에 방문차량이 많고 평일에는 비어 있는 경우가 다수이다. 이러한 경우 인근의 주차장과 평일, 주말을 교환하여 사용하는 사례도 있다. 예를 들면 오피스상권 인근에 위치한 종교시설 부설주차장은 평일에는 오피스 방문차량이 교회주차장을 사용하고, 주말에는 교회에서 오피스 주차장을 사용하는 사례도 있다.

종교시설은 주차장으로 수익사업을 하기 어려운 경우가 많다. 필자의 경우 여러 종교시설에 임대제안을 하였으나 운영권을 따내지 못 하였다. 보통 수익보다는 종교시설 방문객의 무료주차가 우선순위이므로 평일에는 아예 운영을 하지 않고 주차비를 받지 않는 경우도 있다.

② 골프연습장 나대지 주차장

도심에서 약간 떨어진 곳에서 일명 '닭장'이라는 그물 쳐진 골프연습장을 본 적있을 것이다. 골프연습장을 방문하는 대부분이 본인의 골프채를 가지고 오기 때문에 주차장은 필수이다. 도시에 인접한 골프연

습장이 많기 때문에 이런 주차장을 유료로 운영하면 고객이 없을 때는 유료주차 고객을 받아 수익을 올릴 수 있다. 스크린골프 연습장의 경우에도 많은 주차공간이 필요한데 주차공간이 부족하면 객단가가 떨어질 수 있으므로 대형주차장 확보가 가능한 주차전용건축물에 입점하는 경우가 많다.

③ 주유소 부설 나대지 주차장

근무하던 기업의 모회사가 정유 기업이라 주유소에 주차장을 추가하여 수익을 창출하자는 아이디어가 나왔고 플랩으로 무인주차관제장비를 설치하여 운영한 적이 있다. 당시 강남, 이태원의 주유소 가장자리에 위치한 몇 면의 무인주차장으로 많은 수익을 거두고 있었는데, 소방법상 주유소에는 주차시설을 설치할 수 없다는 결론이 나왔다. 결국 주유소에 있던 무인주차관제장비(플랩)을 모두 철거해야만 했다. 그러나 이후 규제가 대폭 완화되어 주유소에서 주차장 운영과 전기차충전도 할 수 있게 되었다.

현재 전국적으로 매년 100~200여 곳 주유소가 폐업할 정도로 상황이 어렵다. 교외 주유소의 자투리 공간에 주차장을 조성하여 추가 수익을 창출하는 주유소도 있으니 이러한 공간을 빌려 주차사업을 하는 것도 가능하다.

④ 마트 부설 나대지 주차장

입출차가 많기 때문에 대부분의 현장이 차번인식으로 운영되고 있다. 웹과 앱 할인, 바코드 할인 등 다양한 할인방식이 개발되어 과거에 비해 주차장 운영이 쉽다. 과거에는 리테일 부설주차장 운영이 어려웠던 것이 사실이지만, 리테일 주차장을 전문적으로 운영 관리하는 기업이 많지 않아 수익률은 높았다. 마트는 주차수익 보다는 주차장의 회전율을 중시한다. 주차장에 빈 공간이 있어야 고객이 편리하게 주차하고 더 많은 물건을 구매하기 때문이다.

대형 리테일의 경우 출구에서의 혼잡을 줄이기 위해 사전정산기를 대부분 설치한다. 주차공간 확인을 위해 초음파센서도 설치하는 현장이 많다. 매출은 높지 않은데 입출차 대수가 많아 민원이 많고, 투자비 또한 높다. 현재는 다수 기업의 경쟁과 고객 인식 변화로 수익율이 낮다.

주차요금

공영주차장의 경우는 지자체 조례로 주차요금을 정하게 된다. 국가의 토지에서 국가의 승인을 받아서 하는 주차사업인데 조례에 정해진 사항을 어기면서 주차비를 받으면 사업권을 박탈당할 수도 있다. 당연히 서울 중심지는 주차요금과 임대료가 높으며 지방의 경우 5분당 100원의 저렴한 가격을 받는 주차장도 있다. 심지어 무료주차장도 많다.

반면, 민간주차장은 정해진 요금이 없지만, 대략적으로 아래와 같다.

구분	기본요금		일	월
서울 중심지	10분		약 5만	약 25만
서울 외곽	15분	약 1,000	약 3만	약 15만
경기도권	20분		약 2만	약 10만

지역별 추정 주차요금

예를 들어 같은 경기도 지역이라도 상권이 발달한 곳과 그렇지 않은 곳의 주차비 차이는 크다.

운영시간

대부분의 민간주차장은 24시간 운영된다. 민간의 주차장은 개인 재산이기 때문에 24시간 운영을 하던 주차장을 막아버리던 아무 문제가 없다. 현재는 무인주차장의 보급으로 인건비 문제가 사라지면서 심야에 문을 닫는 민간주차장은 거의 없다. 한 푼이라도 더 벌면 좋으나 대형 오피스 건물 주차장(대기업 사옥 등)은 보안문제로 새벽 시간에는 폐쇄하는 현장이 많다. 취객 소란, 인분, 기물 파손 문제가 발생할 수 있기 때문이다. 공영주차장은 조례로 주차장 운영시간을 결정한다. 공영주차장은 심야시간 주차장을 무료개방하는 곳이 많은데 사업하는 나로서는 그 이유를 잘 모르겠다. 내 돈이 아니여서 굳이 요금을 받을 필요가 없다고 생각하거나 국가, 지자체의 대국민 서비스 차원이라고 판단된다.

구획과 대수

주차구획은 「주차장법 시행규칙」에서 규정하고 있다. 주차면 폭이 너무 좁으면 차량 손상의 위험이 있고 운전자가 편하게 내리지 못할 수도 있다. 특히 부설주차장의 경우 주차면의 위치가 좋지 않거나 규정보다 작을 경우 주차가 불편하므로 고객이 감소한다. 요즘 고급 승용차는 폭이 2미터, 길이가 5미터에 근접한다. 주차면 크기도 법률 개정으로 폭 2.5미터로 변경되었다. 대부분의 운전자가 원하던 사항이었고, 당연히 변경되어야 할 규정이었다. 그러나 소급 규정을 적용할 수 없으므로 아직도 폭 2.3미터의 주차장이 대부분이다. 주차를 하면 바로 느낄 수 있다. 2.3미터와 2.5미터의 단 20센티미터가 어마어마한 차이인 것을 말이다. 주차면의 크기가 작다며 측정하는 방법을 알려 달라는 분이 있는데, 주차라인의 폭은 약 20센티미터고 주차라인 폭 중간에서 중간까지의 수치를 측정하면 된다. 대부분의 주차구역 크기는 2.3미터 일 것이며, 그 이하라면 사실상 주차를 한 후 문을 열고 나오는 것이 어려울 수 있다. 노상주차장은 평행식 주차장이 많은데 규정을 변경하여 조금 더 넓어져야 하지 않나 싶다. 뒤에 차량이 따라오는데 노상주차장에 주차를 하는 것은 심리적으로도 쫓기게 되고 사고위험도 높다.

주차장법 시행규칙
제3조(주차장의 주차구획) ① 법 제6조제1항에 따른 주차장의 주차단위구획은 다음 각 호와 같다. 〈개정 2012. 7. 2., 2018. 3. 21.〉

1. 평행주차형식의 경우

구분	너비	길이
경형	1.7미터 이상	4.5미터 이상
일반형	2.0미터 이상	6.0미터 이상
보도와 차도의 구분이 없는 주거지역의 도로	2.0미터 이상	5.0미터 이상
이륜자동차전용	1.0미터 이상	2.3미터 이상

2. 평행주차형식 외의 경우

구분	너비	길이
경형	2.07미터 이상	3.6미터 이상
일반형	2.5미터 이상	5.0미터 이상
확정형	2.6미터 이상	5.2미터 이상
장애인전용	3.3미터 이상	5.0미터 이상
이륜자동차전용	1.0미터 이상	2.3미터 이상

② 제1항에 따른 주차단위구획은 흰색 실선(경형자동차 전용주차구획의 주차단위구획은 파란색 실선)으로 표시하여야 한다.
③ 둘 이상의 연속된 주차단위구획의 총 너비 또는 총 길이는 제1항에 따른 주차단위구획의 너비 또는 길이에 주차단위구획의 개수를 곱한 것 이상이 되어야 한다. 〈신설 2015. 3. 23.〉 주차장 시행규칙 개정으로 2.3미터에서 2.5미터로 폭이 증가하였다.

장애인주차구역(장애인, 노인, 임산부 등의 편의증진 보장에 관한 법률)

주차장법에서 가장 강력한 단속이 이루어지는 것이 바로 장애인 주차구역이다. 장애인주차구역은 일반인이 주차만 하면 바로 신고 당한다고 보면 되는데, 아무리 급하더라도 장애인주차구역에는 주차하지 말자. 장애인전용주차구역의 설치와 불법주차 단속은 주차장법에 규정되어 있지 않다. 「장애인·노인·임산부 등의 편의증진 보장에 관한 법률」에 의한다.

시설주등(건축주)은 주차장 관계 법령과 「장애인 · 노인 · 임산부 등의 편의증진 보장에 관한 법률」 제8조에 따른 편의시설의 설치기준에 따라 해당 대상시설에 장애인전용주차구역을 설치해야 한다.(「장애인 · 노인 · 임산부 등의 편의증진 보장에 관한 법률」 제17조 제1항).

주차장 유형에 따른 장애인전용주차구역의 설치 면수는 아래와 같다.

주차장의 유형		전용주차구역 설치 면수
노외 주차장	도로의 노면 및 교통광장 외의 장소에 설치된 주차장으로써 일반의 이용에 제공되는 것(「주차장법」 제2조제1호나목)	주차대수 규모가 50대 이상인 경우에는 주차대수의 2~4% 까지의 범위에서 장애인의 주차수요를 고려하여 지방자치단체의 조례로 정하는 비율 이상(「주차장법 시행규칙」 제5조제8호)
부설 주차장	건축물, 골프연습장이나 그 밖에 주차수요를 유발하는 시설에 부대하여 설치된 주차장으로서 해당 건축물시설의 이용자 또는 일반의 이용에 제공되는 것(「주차장법」 제2조제1호다목)	주차대수의 2~4% 범위 안에서 장애인의 주차수요를 감안하여 지방자치단체의 조례로 정하는 비율 이상 다만, 주차대수가 10대 미만인 경우는 제외(「주차장법 시행령」 제6조제1항 및 별표 1 비고란 제10호)

장애인자동차 이외의 차량에 대한 주차금지

보행상 장애가 있는 사람에게 발급되는 '주차가능' 장애인 자동차 표지를 부착하지 않은 자동차 및 이러한 표지를 부착하였더라도 보행상 장애가 있는 사람이 탑승하지 않은 자동차를 장애인전용주차구역에 주차해서는 안 된다. 「장애인 · 노인 · 임산부 등의 편의증진 보장에 관한 법률」 제17조제4항

이를 위반하면 10만원의 과태료가 부과된다. (「장애인 · 노인 · 임산부 등의 편의증진 보장에 관한 법률 시행령」 제13조 및 별표 3제2호바목 및 사목)

주차 방해행위의 금지

누구든지 장애인전용주차구역에 물건을 쌓거나 그 통행로를 가로막는 등 주차를 방해하는 행위를 해서는 안 된다. 「장애인 · 노인 · 임산부 등의 편의증진 보장에 관한 법률」 제17조제5항

이를 위반하면 50만원의 과태료가 부과된다. (「장애인 · 노인 · 임산부 등의 편의증진 보장에 관한 법률 시행령」 제13조 및 별표 3제2호아목)

| 장애인 주차 관련 상담 일지 |

Q : 빌라 주차장 주차대수가 9대이면 장애인주차구역을 설치하지 않아도 되나요?

A : 네, 빌라 주차장은 부설주차장이고, 10면 미만이므로 설치하지 않아도 됩니다.

Q : 빌라 주차장이 10대인데 1대가 장애인주차구역입니다. 우리 빌라에는 장애인도 없고, 장애인스티커를 부착한 차량도 없어요. 장애인 주차구역에 주차를 하면 신고를 당한다고 해서 주차도 못 합니다. 비효율적이에요.

　1. 지차체에 신고하고 장애인주차구역을 삭제할 수 있나요?

　2. 입주자의 동의를 얻으면 가능한가요?

　3. 그냥 지워버리면 안되나요?

A : 장애인주차구역은 건축법, 주차장법, 장애인법과 밀접한 연관이 있습니다. 주차장에 적법한 장애인주차구역을 조성하지 않는다면 준공이 나지 않아 건물을 사용할 수 없습니다. 준공 이후에도 장애인 주차구역을 함부로 훼손하면 원상복구 명령이 떨어집니다.

　1. 지차체에 신고한다고 장애인주차구역을 없앨 수 있는 것은 아닙니다.

　2. 집 주인 100%의 동의가 있다고 해도 안 됩니다.

　3. 임의로 지우면 벌금과 원상복구 명령이 떨어집니다.

4 주차장 임대 운영

주차장의 고객은 누구인가?

주차장을 이용하는 운전자는 주차장 고객은 자신이라고 생각할 것이다. 그러나 주차장을 계약하고 사업을 추진하는 사업자 입장에서 고객은 토지소유주나 건물주도 포함된다. 토지소유주, 건물주가 주차장 계약을 해주지 않으면 주차장 고객인 운전자를 받을 수 없다. 회의시간에 한 임원은 이런 말을 자주했었다.

"고객인 운전자에게 주차 편의를 제공해야 좋은 주차장이다. 우리도 토지소유주에게 임대료를 주는 고객이다. 토지소유주에게 끌려 다닐 필요가 없다."

틀린 말은 아니지만 필자는 여전히 1순위 고객은 주차장 소유주라고 생각한다. 주차장을 계약하지 못하면 매출을 발생시킬 수 없다. 우선 토지소유주와 관계를 만드는 것이 첫 번째이다.

주차장 임대 계약 운영

보통 '나대지 보다는 건물이 있으면 가치가 있는 것 아닌가?' 라고 생각할 수 있지만 주차장을 전문으로 하는 나는 그렇게 생각하지 않는다. 나대지는 아무 것도 없는 상태이므로 다양한 사업 그림을 그릴 수 있는 하얀 스케치북처럼 가치가 높다고 생각한다. 10년이 넘는 기간 주차장 영업활동을 통하여 많은 네트워크를 구축하였다. 이 네트워크 중에는 특수한 부동산 물건을 가진 개인이나 기업이 있다. 계약기간이 보장되지 않거나, 보험을 추가로 가입해야 하거나 근무자를 투입을 해야 하는 문제 등이 있는 현장. 문제 있는 토지를 장기간의 믿음을 통하여 부족한 부분을 긁어주면 저렴하게 주차장 임대가 가능하다. 다른 영업도 그렇겠지만 주차장 운영 영업도 토지소유주와 운영자사이에 장기간 신뢰가 바탕이 되어야 한다.

주차요금 한번 제대로 내보지 않은 분들이 짧은 시간에 무엇인가를 만들고 싶어하는 경우가 있는데 주차사업을 글로만 배우면 어려움을 당하게 된다. 끈기 있게 조사하고 분석하여 정말 좋은 주차장 하나만 임대해도 한 가족이 먹고 사는 데는 전혀 문제가 없다.

상가의 경우 임대를 하게 되면 일반적으로 임차인이 일정금액의 보증금을 지불하게 된다. 주차장 역시 상가와 비슷하지만, 최근의 트랜드는 보증금을 지불하지 않는 것이다. 그 이유는 대기업이 다수의 현장을 운영하면서 수천 곳의 현장에 보증금을 지불하기 어려워졌기 때문이다. 대부분 이행보증보험증권으로 보증금을 대체하고 있는 추세이다.

개인의 경우에는 대기업보다 신용이 떨어지기 때문에 보증금을 요구하는 지주도 있다. 보증금은 일반적으로 월세의 10배 수준이다.

대부분의 주차장 계약에서는 권리금을 인정하지 않는다. 특히 나대지의 경우 「상가임대차보호법」이 적용되지 않으므로 권리금을 주장할 수 없다. 간혹 권리금이 있는 나대지 주차장을 계약하였다가 토지소유주의 계약종료를 통보 받고 문의하는 경우가 있는데 나대지주차장 계약에서 가장 주의해야 할 것이 바로 권리금이다. 나 역시 권리금 있는 나대지를 계약해 본 경험이 없다. 일이백만원 월 수익을 보려고 하다가 순식간에 수천만 원의 권리금을 날릴 수도 있다.

건축법에 대해 몰라도 될까

주차장 건축의 경우 설계사와 시공사는 주차장에 대한 지식을 가지고 있어야 하며, 건축주도 안다고 해서 손해볼 것이 전혀 없다. 주차장의 경우 돈이 안 되는 서비스 면적이라는 개념 때문에 법적인 규정만 맞추어 여유가 없이 조성하는 경우가 많은데 추후 주차면이 부족 하거나 동선이 불편하면 건물의 가치에 심각한 타격을 받게 된다.

가령, 여성이 많이 찾는 신도시 건물은 약간의 손실을 감수하고 램프(진입 구간)와 주차면을 넓게 만들면 진입이 편리하고 주차가 안전하다. 주차가 편하다고 입소문이 나면 다른 건물보다 방문객이 늘어나게 된다. 일부 아파트의 경우 입주민이 보통 3대 이상의 차량을 소유하고 있는데, 법정 주차대수보다 훨씬 많은 주차공간을 확보하면 높은 분양가를 받을 수 있고 고급화 전략이 될 수 있다.

법적인 구획, 면수만 충족하면 건축허가에 문제는 없지만 추후 주차

불편으로 인한 민원 문제가 생길 수 있으니 설계 단계에서 부터 꼼꼼하게 고민하여 진행해야 한다.

주차장의 전체면적은 중요한가?

주차장은 면적이 크다고 매출이 큰 것도 아니고, 면적이 작다고 매출이 작은 것도 아니다. 결론적으로 지역의 특성에 따라 면적은 적당한 것이 좋다. 예를 들면 강원도 횡성군에 위치한 주차장이 있다고 가정해 보자. 주차장 100대면 어떻고 10대면 어떠한가? 도로 옆에 주차하면 그것이 주차장이고 밭에 주차하면 그것이 주차장인 것을…

필자가 아무리 불법주차를 싫어하고 주차장을 잘 이용한다고는 하지만 강원도 횡성군 청일면 유동리에서 굳이 근처 주차장을 찾아서 주차를 하지는 않는다(필자 아버지의 고향이다). 여기에 주차장을 운영하면 망한다. 이런 지역은 화물차주차장의 수요도 없다. 땅이 있다고 다 주차장을 만들면 안 된다.

규모는 작아도 회전율이 높아 큰 수익을 얻을 수 있는 현장이 있는 반면 규모가 커도 대부분이 무료 주차라면 업무만 많고 수익은 적은 현장이 있다. 반복되는 말이지만 결국 입지와 함께 주차장 전체면적에 대한 검토를 해야 한다.

주차장 청소와 조명

지하주차장이나 건축물 부설주차장의 경우 보통 관리실에서 청소를 하는데 이용객의 계속적인 무단투기 등으로 주차장이 지저분한 경우가 많다. 무단 투기가 없더라도 주차하는 차량이 여름에는 비, 겨울에는 눈을 가지고 들어오기 때문에 바닥청소가 중요하지만 비용 증가로 청결상태를 유지하기가 어렵다. 이러한 경우 물걸레 청소는 비용이 과다하게 투입되므로 주차장 청소용 장비를 구매 혹은 리스하여 기계식 청소로 하는 것이 좋다. 주차장 청소 주체는 주차장 종류에 따라 다르다. 일반적으로 아파트, 상가, 오피스 부설주차장은 관리단이 결정한 시설관리(Facility Management)업체가 실시한다. 하지만 나대지주차장, 주차전용건축물은 운영자가 별도로 청소용역을 주어 시행하는 경우가 많다.

조도(조명 밝기) 같은 경우 법규에 규정되어 있지만, 공무원이 모든 주차장을 돌아다니며 관리감독하기가 거의 불가능하다. 장사가 잘 되고 고객이 많은 주차장은 지하라도 아주 밝고 깨끗한 반면, 장사가 안되는 주차장은 전기세 절감을 위해 어두침침하다. 지하 주차장을 임대하려고 할 때 일단 주차장 밝기를 보면 어느 정도 매출의 감이 온다.

내용	주체	
	수탁자	위탁자
주차관제시스템 설비투자	○	
기타 주차장 싸인물 및 간판	○	
주차관제시설 일체 유지보수 및 관리 수선	○	
CCTV, 모니터, DVR 관리	○	
주차장 영업배상 책임보험 가입	○	
사고처리 및 민원	○	
주차장 매출관리 및 주차관련 행정업무 일체	○	
미화 및 제설		○
주차장 운영 관련 전기세 납부		○

날씨를 고려하라

부산에서 거주할 당시, 지역특성상 2~3년에 한번 정도 눈이 쌓였던 것으로 기억한다. 남쪽 사람들은 알겠지만 눈이 쌓이면 개든 사람이든 눈에서 구르고 막 난리다. 군대에서 제설작업을 한 경험도 없었기에(구청 청소과 공익) 사실 눈이 내리고 쌓이면 너무나도 좋았다. 그런데 서울에 취업을 하고, 그리고 주차장 일을 하면서 알았다. 겨울 하늘에서 쓰레기가 내린다는 것을…

처음에는 '와! 눈이다. 주차장에 눈이 쌓였네? 치우면 되지'라고 생각했는데, 한 해 두 해 갈수록 몸이 너무 힘들었다. 겨울철 눈이 온다고 하면 미리 장화와 빗자루, 삽을 준비해 놓고 새벽같이 일어나 장비를 들고 지하철을 탔다. 차를 가지고 가면 눈으로 인해 이동시간이 늘어나니 현장에서 만나 직원들과 눈을 치우고 한 차로 이동했다.

지금도 허리가 좋지 않은 것이 겨울철 열심히 눈을 치워서 그런 것이 아닌가 싶다. 10년 전에 계약한 인사동 나대지 주차장이 약 600평 정도였는데 폭설이 내리면 2~3명이 정오를 넘겨 제설작업을 해야 어느 정도 주차가 가능할 정도가 되었다. 제설을 하지 않은 상태에서 날씨마저 춥다면 차량이 미끄러져 사고가 나거나 바닥이 얼어붙어 며칠동안 주차를 할 수가 없다. 매출은 당연히 빠지게 된다. 지금도 한겨울 눈이 오면 주차장 운영사 직원들은 삽을 들고 나간다. 개인이 하는 주차장이라면 당연히 더 열심히 제설을 해야 한다. 하얗고 아름다운 눈으로 내 돈이 날아가니 말이다.

나대지 주차장 아닌 부설주차장이라고 방심하면 안 된다. 지하부설주차장이나 주차전용건축물은 직접적으로 눈, 비가 들이치지는 않지만, 차량이 타이어에 눈을 묻히고 들어오기 때문에 에폭시로 된 바닥이 매우 미끄럽다. 이 상황에서 사고가 나면 주차장 운영자의 과실이 발생할 수 있기 때문에 겨울의 경우 주차장 입구에 염화칼슘을 충분히 뿌리거나 차량이 눈을 털고 들어갈 수 있는 시설을 하는 것이 좋다. 하지만 염화칼슘을 많이 뿌리게 되면 건물의 손상이 커지기 때문에 무인주차장이라고 하더라도 기상 상황에 따라 근무자를 배치해야 할 수도 있다.

최근 건축된 부설주차장의 경우 램프에 열선이 설치되어 있는 경우가 있다. 제설에는 효과적이지만 전기세가 많이 나온다는 것과 열선이 끊어질 경우 수리가 거의 불가능 하다는 단점이 있다. 바닥을 다 철거한 후 열선을 다시 설치해야 하는데 비용이 너무 많이 든다. 그래서 준공 초기에만 열선이 운영되다 이후 열선이 작동하지 않는 현장이 많다. 필자는 열선시공 보다는 캐노피를 설치하는 것을 추천한다.

캐노피에는 천막형식과 렉산(일종의 플라스틱)형식이 있다. 입출구가 오픈되어 있는 건물의 경우 눈, 비를 막기위해 렉산 캐노피를 주로 설치한다. 다만, 준공이후 불법적으로 캐노피를 설치하면 이행강제금과 철거명령이 떨어지므로 주의가 필요하다. 천막형식의 경우 전동형, 수동형이 있으며, 천막을 펼쳤다. 접었다 할 수 있어 대형차량이 들어올 경우 접어서 입출차를 편리하게 할 수 있다. 편리하다는 장점이 있지만 렉산보다 내구성이 떨어진다. 결국은 천이기 때문에 빛과 열에 취약한 것이다.

캐노피(렉산)

수동식 천막형

강풍이 몰아칠 때 천막 캐노피는 접으면 되지만, 철골조 캐노피는 그 바람을 그대로 맞는다. 강화

플라스틱과 철골구조라 유연하지 않은데 간혹 캐노피가 부러지거나 태풍에 넘어가는 사고가 발생한다. 캐노피 공사를 할 때는 가격 보다는 강성에 신경을 써야 한다.

전기차 충전기 설치

'주차장은 미래의 주유소가 될 것이다. 지금 기름을 파는 기업은 모두 대기업 아닌가. 주차장을 하다 보면 다른 사업들이 보일거야.' 처음 주차장영업을 시작할 때 미래에 대해 이렇게 꿈꾸었다.

이러한 과거의 생각은 일부는 맞고 일부는 틀리다. 현재 전기차는 전체 보급률 1%를 넘어섰다. 제주도는 전기차 보급률이 약 10%를 넘었으며(2024년 기준) 내륙지역도 빠르게 전기차 비율이 늘어나고 있다. 전기차가 늘어나면 당연히 충전시설이 확충되어야 하고, 주차장에서 충전을 하면서 주차장 매출도 증대될 거라 예상했다. 문제는 아직까지 전기차충전사업(주차장 운영사업과 같은 전기충전소 운영사업)의 사업성이 거의 없다는 것이다.

'아니, 전기차충전사업의 사업성이 없다니! 이렇게 전기차가 늘어나고 있는데?'라고 반문할 수 있지만 전기충전가격은 휘발유 가격의 1/3 이하 수준이다. 매출도 적고 남는 것도 없다. 전기차충전장비를 만들어 파는 기업, 공사기업은 장비공급과 공사마다 이윤을 남길 수 있지만, 운영사업으로 수익을 내기는 쉽지 않다. 아직은 사업성이 없지만, 대기업들은 미래의 정유사가 되기 위해 엄청난 비용을 들여 전기차충전사업에 투자를 하고 있다. 과연 주차장 내에서 전기차충전사업은 어떤 위치를 차지하게 될까? 전기차충전관련법인 「환경친화적 자동차의 개발 및 보급 촉진에 관한법률」에 따르면, 전기차 충전 구역 및 충전시설 의무 설치 대상은 다음과 같다.

① 공공건물, 공중이용시설, 공영주차장: 50면 이상 / 아파트: 100세대 이상

- 기축 시설(22.01.28이전 건축 허가를 받은 시설) : 총 주차면수의 2%
- 신축 시설 : 총 주차면수의 5%
- 국가, 지자체, 공공기관 등 5% (전용 주차구역)
- 2022년 1월 28일 기준 공공건물 1년, 아파트 3년, 그 외 시설은 2년 이내에 총 주차면수의 2%를 전기차 충전소로 설치, 강행 사항으로 기간 내 미 이행시 이행강제금 부담

방해 행위 유형	금액
• 전기차 충전 구역 내 일반 차량을 주차하는 행위 • 충전시설 주변에 물건을 쌓거나 주차하는 행위 • 충전 후에도 계속 주차하는 행위 • 충전 구역 내 물건 적치 및 앞뒤 양측면에 물건을 쌓거나 주차하는 행위 • 충전 구역 표시선 및 문자를 훼손하는 행위	과태료 10만원
충전시설을 고의로 훼손하는 행위	과태료 20만원

② 전기차 충전기 종류

	급속충전기	완속 충전기	과금형 콘센트
설치 장소	유동고객이 많으며 빠른 충전이 필요한 현장에 설치(대형 쇼핑몰, 고속도로 휴게소 등)	장시간 주차 가능한 현장에 설치 (아파트, 일반상가)	장시간 주차 가능한 현장에 설치 (빌라, 단독주택)
단점	높은 전기용량으로 추가 전기공사가 필요, 고가의 장비	급속 충전기 대비 느린 충전 속도	충전기 중 충전 속도가 가장 느림
장점	완속 충전기 대비 빠른 충전 속도	급속 충전기 대비 저렴한 장비비와 공사비	가장 저렴한 장비비와 공사비
장비 사진			

※전기차 충전기 설치 절차 및 기간 : 업체별로 상이

③ 전기차 충전기 설치 절차 및 기간

설치 절차 : 신청 – 현장실사 – 설치 여부 결정 – 장소 제공 계약 – 현장 2차 실사 – 공사 견적 – 승인 – 공사 – 한전 전기 신청 – 안전점검 – 승인 – 전기차 충전소 운영

설치 기간 : 계약 후 7kw 기준 5기 미만 3일 이내 (최근 충전기 공급 문제로 늦어질 수 있음)

	직영 운영	전문 운영사 운영
방식	전기차 충전기를 일시불, 할부로 구매하여 비용을 지불하고, 충전 수익은 주차장 소유주가 취득	주차장 위탁운영과 같은 방식으로 전기차 충전소 운영사가 전액 투자하고, 운영 수익금으로 투자비 회수
장점	추후 전기차 충전사업이 확대시 주차장 관련 추가 수익창출 가능	충전기 에러, 민원을 운영사에서 전문적으로 관리 및 초기 비용 투자 없음
단점	2024년 시점에서 수익이 되지 않음	추후 전기차 충전소 매출이 증대하더라도 주차장 소유주가 수익을 얻을 수 없음

④ 전기차 충전기와 국가보조금

전기차 충전기를 구매하거나 전기차를 구매하면 상황에 따라 국가에서 보조금을 지급한다. 2024년 현재 전기차 관련 사업은 국가정책에 의해 진행되고 있는 사업이 많다. 국가 예산이 소진되어 보조금이 지급되지 않으면 민간의 자금력만으로는 전기차 충전사업이 어려워질 것으로 예상한다. 현재 친환경 자동차 법은 국가보조금을 수령하였을 때 주차장의 운영과 충전소의 운영에 많은 제한사항을 두고 있어 추후 전기차 충전기 설치로 인한 분쟁 발생 가능성이 있으며, 보조금 수령 후 설치업체에서 유지관리를 제대로 하지 않아 문제가 발생하고 있는 상황이다. 현재 전기차 충전소 문제를 해결하고, 어려운 상황을 넘길 수 있는 자금력 있는 기업이 이 싸움의 승자가 될 것이라고 생각한다.

| 전기차 충전기 설치 |

전기차 충전기는 기간 내 설치하지 않으면 이행강제금이 부과되는데, 어차피 설치할 수밖에 없는 상황이다. 2024년 이후에는 친환경자동차법에 의하여 전기차 충전소를 설치하지 않으면 이행강제금을 내게 되며, 한번만 내고 끝나는 과태료가 아니라 이행완료까지 기간마다 계속적으로 벌금이 발생한다. 충전소를 설치하기 위한 수요가 몰릴 것으로 예상되며 지금도 이미 충전기 물량과 공사업체가 부족한 상황이다. 조금 여유롭게 설치하는 것이 좋다.

• 충전기 운영으로 인한 수익

필자가 운영하는 주차장에도 전기차 충전기 2대를 설치하였다. 주차면 40대를 운영하여 월 천만 원의 매출이 나오는 경기도의 주차장인데, 전기차 충전으로 인한 매출은 월 2만 원이 채 되지 않는다. 그리고 주차장에 주차하는 차량 중 전기차도 거의 없다. 현재 시점에서 충전수익은 크게 기대하지 않는 것이 좋다.

• 수익이 나지 않는데 왜 설치해야 하나?

가뜩이나 부족한 주차면에 전기차 충전 전용구역을 만들면 주차난이 심해진다. 앞으로 전기차가 늘어날 것은 자명한 사실이므로, 주차를 하면서 동시에 충전을 하면 주차면 부족 문제는 점차 해소될 것으로 예상된다. 앞으로도 수년간 수익이 나지 않을 것 예상되니 직접 투자하여 전기차 충전 수익을 취하는 방법보다는 전문업체가 공사와 운영을 전담하고, 일부 수익을 조금 가져가게 하는 편이 좋다.

• 업체는 왜 수익이 나지 않는데도 무료로 공사를 해주고 운영을 해줄까?

업체가 전기차충전기를 보급하는 비용은 크게 두 가지이다. 국가 보조금, 자기자본.
국가보조금이 소진되면 손해를 보고서라도 자기자본으로 투자하는 기업도 있는데 이는 시장을 선점하고 싶은 이유다. 아마도 앞으로 몇 년간은 전기차 충전소로 수익을 내는 현장이 많지 않을 것이니 모빌리티 기업들은 새로운 수익구조를 찾아야 한다. 주차장 운영만으로는 매출과 이익이 부족하다.

• 업체 선정은?

무인주차관제장비 시장에서도 메이저 업체들의 시장점유율이 매우 높다. 아쉽게도 중소기업은 기업 신용, 자금, 유지 보수에서 문제를 드러내며 도산하거나 인수합병 사례도 많다. 장비 업체가 도산하면 유지 보수를 받이 어렵다. 심각한 경우 구매한지 얼마 안 된 장비를 폐기해야 하는 경우도 발생한다. 전기차 충전기 제조, 운영업체도 이왕이면 메이저 업체를 추천한다. 그리고 주차관제장비, 보안, 전기차충전, 건물관리 전부를 한 곳의 업체에 맡기는 편이 효율성과 비율 측면에서 좋다.

주차비는 세상에서 가장 아까운 돈

많은 사람들이 여전히 주차비를 무척 아까워한다. 주차비는 아까운 비용인 만큼 주차 요금의 책정이 사업의 성패를 좌우하기도 한다. 유명한 맛집은 고객들이 웨이팅을 감수하더라도 줄을 서지만, 주차장은 줄을 서면서 대기하지 않는다. 차량을 이용하여 빠른 시간 내에 이동해서 여가를 즐기려고 하는데 주차장 진입을 위해 대기하는 시간은 너무 아깝지 않은가?

물론 줄을 서면서도 시간을 써가면서도 대기하는 주차장도 있다. 예를 들면 서울숲 공영주차장이다. 봄, 가을 성수기 서울숲 주차장은 주차를 위해 긴 줄이 생긴다. 근처에 주차장이 없지 않다. 바로 인근에 디타

워 주차장과 갤러리아포레 주차장이 있다. 하
지만 공영주차장 주차요금 대비 3~4배의 주
차비를 지불해야 하기 때문에 서울숲 주차장
에서 줄을 서는 것이다. 서울숲 주차장이 저
렴한 이유는 앞서 말한 지자체 조례에서 책정
된 요금때문이다. '10분 당 1,000원? 까짓것
내야지' 생각하는 분들도 많지만, 인근에 저
렴한 공영주차장이 있다면 이야기는 다르다.

주차비는 세상에서 가장 아까운 돈. 대부분의 사람들은 조금의 수고를
하더라도 공영주차장을 이용하여 주차비를 최대한 아낀다. 그만큼 주
차사업으로 돈을 버는 것이 어렵다. 주차장은 유명 맛집이 아니다. 어지
간해서는 줄을 서지 않는다.

주차장은 만들 수 있는 곳이 아닌
만들고 싶은 곳에 만들어라!

주차장 운영사에 근무할 때, 일본인 대표님이 하셨던 말씀이다. 처
음에는 이해하지 못했는데 시간이 지날수록 기가 막힌 명언이라는 것
을 알게 되었다. 특히, 공영주차장 부지를 선정하고 조성하는 공무원이
깊이 새겨야 할 말이다. 규모가 작은 주차장을 만들더라도 주차장이 정
말 꼭 필요한 곳에 만들어야 한다. "공영주차장을 ○개, 총 주차면 ◇◇
개를 추가로 확보하였습니다."라고 홍보하는 지자체가 있다. 주차장을
많이 조성한다는 것은 칭찬 받아야 마땅하지만, 문제는 입지의 선정이

다. 주차수요가 있고, 주차문제가 있는 지역에 주차장을 만들어야 하는데, 예산, 민원 등으로 말도 안 되는 곳에 주차장을 만드는 사례가 있다. 그저 보여주기 식으로 총량만 늘리는 것이다. 민간의 경우 이렇게 주차장을 조성하면 바로 망한다. 공급할 수 있는 곳이 아니라 공급하고 싶은 곳, 공급해야 하는 곳에 주차장을 보급해야 한다.

주차장은 특수하다

주차장은 특수한 물건이다. 공인중개사 사무실에 가면, 아파트, 상가의 매물이 많다. 다들 가격표를 붙여 놓고, 주인을 기다리고 있다. 혹시 주차장 매매나 임대 건을 중개사무소에서 본적이 있는가? 만약 보았다면 당신은 예전부터 주차장 사업에 관심이 있었다는 것이다. 주차장은 일단 매물이 매우 귀하다. 꾸준한 수익이 나오기 때문에 수익이 좋은 주차장은 특별한 경우가 아니면 매물로 거의 나오지도 않는다. 만약 주차장 매물을 찾았다고 하자. 그런데 임대료를 들어보니 이게 낮은 임대료인지 높은 임대료인지 도무지 알 수가 없다. 비교할 정보가 거의 없다.

아파트와 상가는 휴대폰 앱만 켜도 인근의 임대정보가 쏟아지지만, 주차장은 얼마나 버는지, 세금은 얼마나 되는지 정보가 한정적이다. 얼마나 벌 수 있을지 예측할 수 있어야 시작을 하는데 정보가 없으니, 시작이 쉽지가 않다. 그래서 주차장 사업을 하기 위해 필자 같은 사람도 필요하다.

주차장 공유

관련기술의 발달로 운영이 수월해지고 있다. 주차공간의 공유로 수익을 얻을 수 있는 앱도 다수 출시되었다. 문제는 공유주차장을 무료로 착각하는 고객들도 많다는 것이다. 앱으로 미리 예약하고 주차를 해야 함에도 불구하고, 거주우선주차구역에 막무가내로 주차하는 사람도 보인다. 주차장 공유와 무료는 다르다. 현재 우리나라는 주차공유가 활발하게 이루어지고 있을까? 결론적으로 매우 그렇다. 우리나라 대부분의 민간, 공영주차장은 유료로 개방된다. 일정금액을 받고 주차장을 이용하게 해주는 것이다. 일부 '내가 고객이고 주차장을 마음대로 이용한다'라는 개념을 가지고 갑질을 하는 사람들이 있는데, 이러한 문제로 주차장을 개방하지 않거나 비싼 주차비를 책정하는 주차장도 늘어나고 있다.

어느 부자의 주차장에 관한 생각

2023년 종합 베스트셀러 1위 도서, 엄청난 두께와 저렴한 가격을 자랑하는 「세이노의 가르침」. 이 책에 언급되지는 않았지만 세이노 역시 주차장의 중요성을 알고 있었다. 역시 천억 대의 자산가는 그냥 돈을 번 것이 아니다. 아래 글은 「세이노의 가르침」 카페에서 가져온 주차장에 관한 글이다.

언론에서는 종종 선진 외국인들은 대중교통을 이용하고 작은 차를 더 좋아하는데 한국인들은 체면 때문인지 큰 차를 더 좋아한다고 말한다. 과연 그럴까? 내가 실제로 일본, 프랑스, 이탈리아 등의 현지인에게 물어보면 하나 같이 부자가 되면 차부터 큰 것으로 바꾸고 싶다고 말한다.

차를 작은 것을 타는 이유는 경제적 여유가 안 되기 때문이고 도심의 비싼 주차요금을 피해 골목길 같은 곳에 주차하려면 차가 작아야 된다는 것이었다.

게다가 일본이나 유럽은 이면도로의 폭 자체가 매우 좁지 않은가. 특히 유럽의 도시들은 대부분 구시가지와 신시가지로 나뉘는데 구시가지는 역사가 오래되어 마차가 다니던 시대의 길을 도로로 사용하는 경우가 많아 큰 차가 불리하다는 구조적 원인도 있다. 유럽에 오토메틱 차량이 적은 이유는 기름 값을 한 푼이라도 절약하려는 이유 때문이지 수동 변환이 좋아서가 아니다. (독일에서는 남자가 오토메틱 차량을 운전하면 여자 같은 남자로 보는 경향이 있는 것 같다)

어쨌든 경제적 여유만 되면 얼마든지 큰 차를 타고 도심의 비싼 주차료를 내겠다는 사람들을 본래부터 작은 차 타기를 좋아하는 합리적인 국민으로 생각한다는 것은 내가 볼 때는 웃기는 일이다. 게다가 선진국 국민이라고 해서 불법주차를 안 하는 준법정신이 철저한 사람들도 아니다.

(중략)

선진국 사람들이 대중교통을 이용하는 이유는 대중교통 수단이 잘 발달되어 있기도 하지만 이미 말하였듯이 도심의 주차요금이 대단히 비싸기 때문이다. 예를 들어 1962년에 이미 차고지증명제도를 제정하였던 일본에서 도쿄의 월 주차장 요금은 최고 15만 엔(150만 원)까지 한다. 뉴욕 역시 만만한 곳이 아니다. 1시간 주차요금은 약 25달러(약 3만 원), 한 달 주차료는 5백 달러(약 65만 원)가 최저선이다.

서울과 비교할 때 인구와 자동차 등록 대수가 5분의 1정도에 해당하는 샌프란시스코는 오래 주차할수록 주차비가 비싸지며 별도의 20%의 세금까지 붙는다. 유럽지역은 대부분의 도심에서는 아예 주차시설에 대한 접근 자체가 어렵도록 하고 있다. 즉 대부분의 선진국들은 주차장 면적을 확대시키는 정책이 아니라 "돈 없으면 차를 가져오지 말라"는 식이다.

서울은 어떤가 자가용 승용차를 기준으로 할 때 서울시의 지난 4월 말 현재 등록대수는 1,745만 대인데 반해 주택가 주차면은 90만 3천 면에(900만대의 오타인 듯. 이 내용은 2004년 세이노가 쓴 것이다.) 불과하다. 주택가에 거주하는 자동차 보유자 2명 중 1명은 불법주차를 할 수밖에 없다는 얘기다. 그러나 10월부터는 1만 7천 명의 단속반원이 불법주차를 단속한다고 한다.

"주차장이 없는데 어디에 주차하라는 말이냐"고 혹시나 생각하신다면 거의 모든 선진국에서 "개인이 가재도구를 잔뜩 구입한 뒤 국가가 보관할 장소를 주지 않는다고 떼를 쓰는 것과 다를 바 없다"고 간주된다는 것도 알아두길. 서론이 너무 길었다.

내가 말하려는 것은 주차장법이다. 주차전쟁이 일어난다는 것은 곧 주차와 관련된 법이 지금도 중요하기는 하지만 더더욱 중요해진다는 예고나 다름없다. 투자자의 입장에서 볼 때 주차면적의 확보는 건물의 호용성과 가치를 증대시키지만 투자금액의 증대를 의미한다. 그러나 일반적으로 개인 투자자들은 가능한 건물 면적을 많이 늘리고 주차공간을 적게 만들려고 하는 경향이 있다. 주차는 세입자들이 처리하여야 할 문제라고 생각하는 건물주도 있다. 1층에 차고를 만들어 놓고서도 나중에 가게로 임대를 주거나 다른 용도로 사용하는 경우도 많지 않은가.

투자자 입장에서는 샌프란시스코처럼 아예 도심에서는 대지 면적의 7% 미만만 주차장을 만들도록 하고 주차비를 비싸게 하면 웬만한 사람들은 차를 가져오지 않을 것이므로 얼마나 좋겠는가. 하지만 우리나라는 갈수록 주차면적의 확보가 더 많이 법적으로 요구되고 있다. 그러므로 주차면적에 대한 법적 요구조건을 얼마나 잘 지킬 수 있는가는 부동산 투자에서 반드시 고려해야 할 핵심 사항들 중의 하나이며 리노베이션에서도 염두에 둘 사항이다.

세이노는 엄청난 자산가로 세계를 돌아다니며 많은 주차장을 본 사람이다. 해외의 주차비가 비싼 것도 알고 있고, 주차장이 중요하다는 것 역시 알고 있다. 제대로 된 사업을 하려면 대형 주차장이 필수다. 주차장이 작거나 없는 스크린골프장, 운동시설, 쇼핑시설을 생각할 수 있는가? 대형 쇼핑몰은 대부분 주차장 확보가 용이한 주차전용건축물에 입점한다. 주차장이 넓어야 고객 접근성이 높고 많은 쇼핑을 하며, 객단가가 올라간다. 대중교통을 이용하는 것을 추천하지만 사업하는 입장에서 주차장을 만들지 않을 수 없는 것이 현실이다. 모빌리티를 전문으로 하는 사업가는 아니지만 이미 주차장에 대해 관심을 가졌다는 것이 대단하다. 그래서 엄청난 부를 축적하지 않았을까?

덕's
Parking
Story

5장

주차장 운영 실전

주차장의 소유자는 크게 국가와 민간, 두 가지로 구분할 수 있다. 이 장에서는 소유주가 국가인 공영주차장의 입찰과 운영에 대해서 알아보자. 국가가 보유하고 있는 주차장은 보통 온비드 경쟁입찰 형식으로 임대 운영 가능하다. 공영주차장에는 노상, 노외, 부설주차장이 있다. 노상주차장은 국가 소유인 도로에 만든 주차장으로 민간이 소유할 수 없고, 입찰을 통해서만 위탁, 임대 운영 가능하며 최고가로 써낸 개인이나 법인이 낙찰자가 된다. 간혹 검토와 분석을 하지 않고 터무니없이 높은 가격으로 낙찰을 받기도 한다. 모든 입찰이 그렇지는 않지만 누군가는 높은 가격으로 지른다는 말이다. 이러한 현상으로 낙찰자가 수익을 얻지 못하는 경우도 있기에 개인적으로는 공영주차장 운영에 큰 관심을 두지 않는다. 하지만 주차사업을 처음 시작하는 경우 일반 주차장 매물을 찾기 어려워 공영주차장을 눈여겨 볼 수밖에 없다. 공영주차장으로 먼저 주차장 운영을 시도해 보는 것도 괜찮은 방법이다.

1 공영주차장은 어떤 특징을 갖는가

공영주차장 입찰

온비드는 국가에서 운영하는 경매 사이트로 대부분의 공영주차장은 이 사이트를 통하여 운영자를 찾는다. 미리 유의사항을 친절하게 안내해주고 계약서도 정리되어 있어 검토하기 어렵지 않다. 무엇보다 국가가 계약 내용을 보장하므로 사기를 당할 가능성이 낮다. 주차장 소유주가 국가이므로 장단점이 있다.

장점으로는 일반 경매와 달리 법원에 직접 입실하지 않지 않고 온라인으로 투찰 가능하다는 점과 민간주차장과는 달리 입찰에 특별한 제약사항이 없다는 것이다. 계약도 공무원과 진행하므로 민간 주차장 주인보다 까칠하지도 않다. 단점으로는 정보가 오픈 되어 있어 경쟁자가 많아 수익이 낮아지고 있다는 것이다. 최고가 낙찰방식으로 낙찰가액이 과도하게 높아질 우려가 있으며, 낙찰만 받는다고 돈을 버는 것이 아니므로 최대한 원가를 줄이고 매출을 올릴 수 있는 본인만의 무기가 있어야 한다.

입찰 참가와 입찰서의 제출은 손쉽다. 온비드 사이트에 가입하고, 공인인증서를 등록한 후 각종 유의사항을 확인하고 현장을 상세 검토 후 투찰하면 된다. 핵심은 투찰 금액을 계산하는 현장 분석이며, 추가로 제안서나 프리젠테이션은 필요하지 않다. 단독입찰의 경우 무효로 재입찰이 진행될 수 있으며, 같은 입찰금액이 나오면 랜덤으로 낙찰자를 결정한다.

인터넷에 공영주차장 입찰에 대해서 조회하면 다양한 정보들이 검색된다. "3천만원 투자해서 월 300만원 벌기", "주차장 입찰을 통해 미친 수익률 200% 달성" 이런 말은 믿지 말자. 그런 홍보를 하는 사람들은 입찰대행을 통해 본인만 수익을 얻으려는 것이지, 운영자인 당신의 수익을 보장해 주지는 않는다.

임대료의 비확정성

주차장 사업에서 수익에 결정적 요소는 바로 임대료이다. 주차장은 부동산을 바탕으로 하는 사업이라, 아무리 매출이 많이 나와도 임대료가 높으면 수익이 떨어지고 적자가 날 수 있다.

공영주차장도 공시지가 인상으로 공매 예정 가격이 많이 높아졌다. 입찰 초기 가격도 높은데, 경쟁 때문에 보통 200~300% 수준에서 낙찰되고, 높으면 최저 낙찰액의 1,000%에서 낙찰되는 경우도 있다. 수익이 된다고 소문이 나면, 앞뒤 가리지 않고 높은 투찰가를 써내는 것이 바로 공영주차장 입찰이다.

부동산 경매와 주차장 임대 입찰은 다르다. 부동산 경매 몇 번 해봤다고 주차장을 아는 것은 아니다. 그러니 무리하게 입찰하지 말자! 공영주차장 운영사업자 선정공고에 빠지지 않고 등장하는 문구가 있다.

'입찰에 참가하는 자는 입찰공고문, 민간위탁 공영주차장 운영 사업자 모집 설명서, 위수탁 계약서 및 주차장 세부사항에 대해서 반드시 현장 확인하고 사전에 완전히 숙지한 후 입찰에 참여하여 주시기 바랍니다.'

왜 이런 문구가 삽입되는 것일까? 그만큼 아무 생각없이 '이 입찰 금액이면 이것저것 빼면 남겠지…'라고 대충 입찰에 참여하는 사람이 많다는 뜻이다. '내 돈이 들어가는데 설마 저렇게 하겠어?'라고 생각하지만 묻지마 투자가 많다. 서울 중심지의 모 주차장, 낙찰자가 사채까지 끌어들여 낙찰 받았다가 적자 운영으로 극단적 선택을 한 사건이 있었는데 이후 거의 모든 공영주차장 입찰에는 위 문구가 삽입되었다. 모든 상황을 면밀하게 계산하고, 주변의 말이나 인터넷 정보에 휩쓸리면 안 된다. 모든 판단과 결정은 자신이 하는 것이다.

공영주차장의 수익 검토

공영 노외주차장은 도로 옆에 있는 나대지주차장이 많다. 사례로 △△공원 부설주차장, □□체육관 부설주차장, 일반 나대지 주차장이 있다. 과거에는 대부분 민간기업이나 개인이 낙찰 받아 운영하였으나, 낙찰자의 일방적인 운영 포기, 운영 중 법규 위반, 관리소홀 등으로 문제가 발생하여 현재는 시설관리공단이 직영하는 곳이 많다. 국가가 직영함으로 주차장 사업자의 주차장 운영현장이 줄어들고 있는 것이 사실이다. 대형 현장의 경우 월 임대료가 수억 원 규모로 개인이 감당하기에는 어려운 경우가 많고, 수익성 분석을 하지 않는 높은 투찰로 인해 적자 나는 현장 역시 많다.

대형 공영 노외주차장 같은 경우는 사실상 매출분석이 불가능하다. 몇 개의 입출구에서 정산이 이루어지므로 입출 차량을 분석하기 어렵고, 매출자료는 전문 운영업체에서 보유하고 있다. 개인이 연구한다고 예상매출을 뽑아 내기는 어렵기에 매출분석을 추천하지도 않는다. 하지만 유인으로 운영되는 소형 노외주차장 현장의 매출분석은 매우 쉽다.

① 커피나 음료수를 한 박스 산다.
② 현장 근무자에게 수고하신다고 웃으며 건넨다.
③ 대부분의 현장근무자는 주차장 낙찰자가 아닌 직원이다.
④ "어차피 다른 사람이 낙찰 받아 갈 건데 매출 좀 알려주세요. 제가 낙찰 받으면 계속 근무할 수 있게 해드릴게요."라고 말한다.
⑤ 시간제 매출, 일 매출, 월 매출, 할인권 매출, 유의사항을 잘 듣고 입찰에 참여한다.

무인 현장의 경우 매출이 PC나 클라우드 서버에 저장되기 때문에 주차장 운영기업의 직원이 아닌 경우 매출을 파악하기 어렵다. 이러한 이유로 많은 현장에서 계속적으로 무인주차장 운영사가 운영을 독식하게 되는 것이다. 이러한 현장의 매출을 측정하는 방법은 2~3일 현장에서 저녁에 움직이지 않는 차량은 월 정기차량으로 계산하여 시간제, 일주차에 포함시키지 않고, 새벽 이른 시간부터 입출차 차량번호를 체크하여 주차매출을 계산하면 된다. 과거에 수행했던 아주 원시적인 주차장 매출 측정 방법이다. 주차장 초심자의 경우 수익을 내기 위해서는 새벽부터 밤까지 현장에서 차량번호를 체크하는 수고를 감수해야 한다.

높은 수익률 나오는 현장 찾기

장기간 주차장으로 운영되었고, 매출이 많이 나오는 현장은 이미 소문이 나있다. 여러분이 거주하는 지역에 공영주차장이 들어서고 몇 년간 차량이 꽉꽉 들어찬다고 가정해보자. 누구나 이 주차장은 돈이 된다고 생각한다. 한두 번 입찰이 진행되면 매출, 투입비용 등 현장 정보가 쌓인다. 이런 현장에서 수익을 내기는 여간 쉽지 않다. 매출이 높은 것은 당연하겠지만 무엇보다 임대료도 높을 것이기 때문이다. 조금 위험하지만 높은 수익률이 나오는 대부분의 현장은 정보가 없는 신규현장이다. 계속 무료로 운영하다 유료주차장으로 전환하여 입찰하는 경우 주차장 운영사나 인근 거주자도 입찰을 꺼린다. 무료로 운영했다는 것은 수익이 낮아 무료로 운영했다는 의미일 수도 있기 때문이다. 수익을 얻으려면 최초로 임대 운영되는 현장을 노리자. 경험상 이런 주차장의 수익률이 가장 높고 입찰자 수도 현저히 적다.

대형 공영주차장은 월 임대료만 수억 원에 달하는 경우도 있다. 대부분 유명 주차장 운영기업, 건물 및 인력관리기업(FM)이 수주한다. 이러한 현장에 개인이나 중소기업이 도전하는 것은 추천하지 않는다. 대형 공영주차장을 입찰하여 운영하는 이유는 물론 수익적 목적도 있겠지만, 기업 입장에서는 매출을 유지하고 확대하려는 이유도 있다. 대기업 입장에서 임대료가 월 수백만 원 발생하는 주차장 100곳을 수주하는 것이 좋을까? 월 수억 원인 주차장 1곳을 수주하는 것이 좋을까? 당연히 후자이다. 하지만 개인에게는 정반대이다. 대형 공영주차장을 운영하면서 수익을 얻는 경우도 있지만, 수익성 분석을 잘못하면 큰 손실을 입는 경우도 발생한다. 월 수억 원 임대료를 내는데 코로나 같은 전염병이 유행한다거나 여름 두 달 동안 비가 내린다면 그 어떤 마케팅도 소용없다. 크나큰 손실 뿐이다. 개인은 소형주차장을 다수 운영하는 것이 위험을 분산하는 효과가 있다.

<3장 사례로 보는 주차장 운영>을 보면 필자가 운영하였던 주차장은 대부분 방치되어 있거나, 유인으로 운영하던 현장이었다. 쉽고 편하게 주차장을 수주하고 수익 내기는 어렵다. 어려운 현장의 문제를 해결하여 수익을 증대할 수 있는 노하우가 없다면, 작은 수익을 얻기위해서라도 발품 팔아가며 현장을 조사할 필요가 있다.

2 공영주차장 운영 실전

입찰조건과 분석

온비드(www.onbid.co.kr)에 접속한다. 회원가입 후 통합검색에서 주차장을 검색하면 다수의 입찰공고가 나타난다. 이중에서 입찰할 수 있는 주차장은 많지 않다. 입찰참가에 대한 여러가지 자격들이 있기 때문이다. 자격에 적합할 경우 어떤 부분을 검토해야 하는지 살펴보자.

| 입찰정보 |

(1) 입찰구분 : 인터넷

(2) 입찰방식 / 경쟁방식 : 제한경쟁(최고가)

(3) 총액/단가 : 총액

(4) 입찰가 공개여부 : 공개

(5) 입찰회차 : 1회

(6) 입찰보증금율 : 10%

(7) 입찰기간 : 2023-08-01 17:00~2023-08-08 17:00

(8) 개찰일시 : 2023-08-09 09:00

(9) 전자보증서

(10) 공동입찰 : 온비드 입찰에서 대부분은 공동입찰을 허용하지 않는다.

(11) 대리입찰 : 온비드 입찰에서 대부분은 대리입찰을 허용하지 않는다

(12) 동일물건입찰 : 1명이 2개의 투찰을 할 경우 무효처리된다.

(13) 2인미만 유찰여부

(14) 차순위 매수신청

입찰정보는 대부분 비슷하다. 중요한 것은 입찰기간과 입찰 회차이다. 입찰기간 안에 투찰을 하지 않으면 낙찰 받을 기회가 사라진다. 매출이 큰 현장의 경우 주차장 운영사 직원들은 놓치지 않고 입찰 날짜를 기다리고 있다. 입찰 회차가 많다는 것은 유찰이 되었기 때문인데 유찰이 될수록 최저 임대료는 떨어진다. 유찰이 계속되면 임대료가 떨어진다는 장점도 있지만 그만큼 물건의 매력이 없다는 것을 의미하기도 한다. 초대형 물건이 아니고서는 보통의 입찰에서 공동입찰, 대리입찰은 허용되지 않는다.

- 입찰참가자격: 입찰 주차장의 주차요금, 최저 입찰액을 알아보기 전 가장 먼저 해야 하는 일이 '입찰참가자격이 되는가'이다. 입찰참가자격이 되지 않으면 수익비용 분석을 시작할 필요가 없다.
- 거주지: 보통 입찰 물건이 있는 지역에 거주하는 주민이나 법인이 입찰에 참여할 수 있다. 법인의 경우 해당 물건지에 지사가 위치해 있는 경우도 참가 가능한 경우도 있다.
- 세금문제: 국가의 주차장을 임대하여 운영하는 사업이다. 세금체납이 있다면 당연히 공영주차장을 운영할 수 없다.
- 주차요금: 공영주차장의 주차요금은 시, 군, 구의 조례에 의하여 결정되며 인터넷에서 검색하여 찾을 수 있다. 공영주차장은 민간 주차요금과 달리 운영자 마음대로 결정할 수 없다. 정해진 요금 외 추가로 주차요금을 징수하면 낙찰을 받은 이후라도 계약이 해지될 수 있다.

공영주차장 주차요금표

(제5조제1항 관련)

(단위 : 원, 1구획당)

구분	노 상 주 차 장				노 외 주 차 장		
	1회주차시 5분당	1일주차권 (야간에 한함)	월 정 기 권		1회 주차시 5분당	월 정 기 권	
			주 간	야 간		주 간	야 간
1급지	500	5,000	250,000	-	400	250,000	100,000
2급지	250	4,000	180,000	-	250	180,000	60,000
3급지	150	3,000	100,000	-	150	100,000	40,000
4급지	100	2,000	50,000	-	100	환승목적주차시 40,000 기타 50,000	30,000
5급지	50	1,000	30,000	30,000	50	30,000	30,000

종로구 주차장 조례

우리나라에서 가장 주차비가 비싼 곳 중 하나인 종로구 주차장 요금 조례이다. 1급지의 경우 5분당 500원. 즉 10분당 천원이다. 1일 주차권의 경우 5천 원으로 아주 저렴한 것을 볼 수 있는데, 이것은 차량이 없는 야간(주차장 운영시간이 끝난 이후)한정이다. 종로구는 1일 최대 주차요금이 없다. 월 주차요금은 1급지의 경우 만 원으로 민간 주차장과 비슷하거나 오히려 높은 수준이다. 이런 곳에서 공영주차장을 운영하려면 엄청난 임대료를 내야 하는 것이다.

(단위 : 원)

급지별	1회 주차요금 (1구획당)			1일주차권	월정기주차권
	최초30분	30분초과 10분마다	2시간초과 10분마다		
1급지	무 료	200	300	10,000	80,000
2급지	무 료	100	200	8,000	60,000
환 승	무 료	100	200	5,000	40,000

거주자 우선 주차장	거주자 전용주차장은 월 정기권으로만 운영하며 월 정기권 이용료 및 운영시간은 다음과 같이 한다.			
	구분	주 간	야 간	전 일
	운영시간	09:00~ 18:00	18:00~ 익일 09:00	24시간
	이용료	20,000	20,000	30,000

천안시 공영주차장 요금표

충청도에서 큰 도시에 속하는 천안시의 주차장 요금 조례이다. 시원하게 30분 정도는 무료이며, 종로와 달리 3급지, 4급지, 5급지가 없다. 스타벅스는 어디를 가도 4천원선이지만 주차요금은 지역에 따라 몇 배 이상 차이가 난다. 천안의 경우 주차비가 매우 저렴하기 때문에 당연히 매출이 낮을 것이지만 임대료 역시 종로와 비할 바 없이 낮을 것이다. 개인사업은 매출보다 이익이 중요하다. 천안에서 공영주차장을 운영하면 종로에서 주차장을 운영하는 것보다 리스크가 적고 같은 임대료로도 몇 개의 주차장을 운영할 수 있다.

공영주차장의 계약기간은 보통 1년인데 주차장에 따라 1년 + 1년도 있고 2년 + 2년도 있다. 때로는 5년 이상 장기계약도 있는데, 계약이 짧은 주차장보다는 장기주차장 계약을 추천한다. 운영기간이 짧으면 투자비회수가 어려울 수도 있고, 입찰을 할 때 마다 임대료가 상승하는 것이 일반적이라 장기간 이익을 내기 어렵다.

차량 입출차가 많은 현장일수록 사고확률이 증가한다. 대물사고가 발생하여 가해자와 피해자가 쉽게 특정된다면 공영주차장 운영자가 보험을 들 이유도 없고, 보험을 이용하여 보상해줄 필요도 없다. 하지만 뺑소니 사고, 대형화재 혹은 인명사고가 발생하였는데 가해자가 모호한 경우를 대비하여 대부분의 공영주차장은 책임보험 가입과 보험증서 제출을 의무화하고 있다. 주차장 책임배상보험 이외 주차장 건물에 대한 보험, 화재보험, 도난보험도 추가로 가입할 수 있는데, 공영주차장의 경우 통상 사고에 대한 책임배상보험 가입만을 의무로 한다.

노상주차장의 매출분석

유인 노상주차장 매출 분석은 노외주차장 매출분석보다 더 쉽다. 왜냐하면 더 많은 근무자가 도로에서 주차요금을 징수하고 있어서 한 명이라도 매출을 알려줄 가능성이 높기 때문이다. 유인 노상현장의 매출

분석은 노외주차장의 그것과 매우 유사하다.

노상공영주차장의 가장 큰 문제는 역시 인력관리이다. 최저임금 수준의 급여를 받으며 외부 환경을 버텨낼 근무자는 많지 않다. 실제로 유인 노상주차장을 운영하는 기업 중에는 인력관리업체(FM)가 많은데 그만큼 인력관리에 자신이 있기 때문에 손실을 최소화할 수 있는 것이다. 유인 노상주차장을 낙찰 받아 운영하였던 개인사업자와 미팅을 하였는데, 근무자를 뽑아도 잘 오지도 않을뿐더러 출근 당일 펑크를 내는 일이 잦아 대표가 직접 수금을 하러 다닌 적도 있다고 한다. 공영 노상주차장 중 최초 입찰가가 거의 0원인 주차장도 있는데 이것은 그만큼 인건비 부담이 크다는 것을 뜻한다.

예를 들어 일렬로 50대 주차를 하는 공영주차장이 있다고 하면, 그 길이는 거의 3백 미터에 달하며 주간 근무자만 대여섯 명, 야간까지 포함하면 열 명 이상의 인원이 필요할 수도 있다. 월 인건비만 수천만 원에 달하는 것이다. 긴 노상주차장의 경우 걸어 다니면서 수금하기가 힘들어 근무자가 자전거를 이용하는 경우도 자주 볼 수 있다.

최근에는 공영주차장 무인화로 이러한 문구가 자주 등장한다.

'콜센터 및 장비유지보수가 가능한 개인이나 법인일 것'

주차장 운영 전문기업에게 유리한 구조로 입찰이 나오고 있는 상황으로 주차장 무인화가 시대적 대세이니, 이를 수용하지 않을 수가 없다. 과거에는 대부분의 공영주차장이 유인으로 운영되어 인건비 계산이 입

찰의 중요 사항이었으나, 최근 무인주차장이 확산되면서 무인 주차시
스템을 설치, 운영이 주차장 낙찰의 주요사항이 되고 있다.

보통 무인 주차 시스템의 감가상각은 5년으로 1~2년만 사용하게 되
면 감가비용이 상승하게 되므로 단기운영현장에는 중고장비를 설치하
거나 신규장비를 설치한다고 하더라도 철거 후 다른 현장에 사용할 수
있도록 준비하여야 한다. 무인주차장으로 운영을 위해서는 콜센터가
필수이므로 공통조건에 포함되어 있는 경우가 많다. 개인의 경우도 콜
센터를 운영(직접운영 or 위탁)하거나 유지보수(위탁)를 할수가 있지만 전
문기업에 비하여 비용이 증가하는 것은 사실이다.

공영주차장 계약 진행

입찰 예정가격은 최저 입찰가격으로 낙찰자의 투찰 금액에 따라 계
약금액이 변경된다. 중요한 점은 보통의 계약과 달리 주차요금에는 부
가세가 포함되어 있으며, 임대료 역시 부가세 포함가격으로 제출해야
한다는 것이다. 계약금은 이행보증보험증권이나 현금으로 납부 가능하
며, 일반적인 부동산 거래와 마찬가지로 계약을 포기할 경우 계약금을
몰수당하게 된다.

모든 국가 소유의 공영주차장 운영권 입찰은 대부분 온비드를 통해
이루어지며, 공개 및 제한 경쟁입찰로 이루어진다. 간혹 주차장 운영권
입찰 중에는 지역거주민에 한정하여 낙찰자를 선정하는 경우도 있으므
로 헛일을 하지 않으려면 반드시 운영 대상자로 선정 가능한지 확인 한

후 수익성 분석을 시작해야 한다.

국가와 계약을 하는데 세금체납 등 문제가 없어야 함은 기본이다. 주차장운영을 하면서 관련 세금을 내야 하기 때문에 사업자 등록은 필수이며, 인수 조건에 주차장을 운영하고 있어야 한다는 단서, 무인운영 기술을 갖추어야 한다는 조건이 있을 경우 확인이 필요하다. 만약 주차장을 처음 운영하는 개인 혹은, 주차장을 여러 곳 운영하고 있지만 완전 유인으로 운영하는 법인의 경우 무인주차장을 낙찰 받더라도 무효처리 되고 보증금을 회수할 수 없는 상황이 발생할 수도 있다.

공영주차장 추정 매출 계산 오류 사례

'나도 유튜버나 해볼까?' 라는 생각에 유튜브에서 주차사업을 검색한 적이 있는데 제목부터 기가 막혔다. 엄청난 낚시 고수들 "누구나 쉽게 버는 주차장 공매", "대형병원 주차장 운영권 공매, 절대로 망하지 않는 주차사업"

'저 사람 주차장 한 곳도 운영을 안 해봤을 건데 어떻게 저렇게 쉽게 돈을 벌 수 있다고 하는 거지?'

임대료가 월 3백만 원인데, 수익이 월 3백만 원인 기적의 주차장, 우선 현실에 맞지 않고 과장이 심하다. 무엇보다 제대로 된 분석이 없다.

유튜버의 말도 안되는 계산법

공영주차장 입찰 공고문에 나온 운영시간을 근거로 100% 운영시,

- 평일(평일 22일): 시간 당 1,800원 / 45면 / 하루 10시간 운영 = 1,782만원

- 토요일(월 4일): 시간 당 1,800원 / 45면 / 하루 4시간 운영 = 129만원

- 연 수익 : 1,911만원 x 12 = 2억 2,932만원

위와 같이 분석한 유튜버가 있는데, 이 매출은 나오기 불가능한 수준이다. 거의 모든 주차장은 일 주차와 월 주차라는 것이 있다. 일정 시간 이상 주차하면 더 이상 주차비가 올라가지 않는 것이다. 공영주차장에는 일 주차가 명시되어 있다. 공영주차장은 조례에 따라 주차요금이 정해져 있어 정확히 지켜야 한다. 지키지 않으면 사업권을 빼앗길 수도 있다. 시간 당 2천원짜리 주차장이면 보통 일 주차비는 1만원, 월 주차비는 10만 원 수준. 위의 계산 방법은 일 주차, 월 주차 없이 모든 차량이 1시간씩 요금을 내고 주차한다는 모순이 있다. 주차장 수익 분석의 기본을 무시하고 수익성 분석을 한 것이다.

실제 내가 주차장 고객이라고 가정해 보면 한 달 24일 주차를 하는데 하루에 시간당 1,800원씩 하루 10시간 한 달 25일 주차를 한다고 가정하면 45만 원을 낼까, 월 주차요금 10만 원을 낼까? 당연히 월 주차비 10만 원을 낼 것이다.

주차비는 자동차 관련 비용 중 제일 아까운 돈. 굉장히 보수적으로 매출 분석을 해야 한다. 항상 이용하는 곳이면 정기 주차비를 지불하지 시간제 요금을 지불하지 않는다. 일단 여기서부터 주차장 매출이 5배는 부풀려 있다.

공영주차장 회전율

앞선 사례의 주차 매출추정과 함께 쉽게 범하는 오류가 회전율이다. 개인이 아닌 기업에서는 다수의 주차장을 운영하면서 많은 데이터를 축적하고 있다. 1회전에 따라 주차장 매출이 엄청나게 차이가 나는 것을 알기 때문에 회전율 숫자 하나에 깊은 분석과 고민을 한다.

예를 들어 1시간 6천원인 50면 규모의 주차장이 있다고 가정하자. 시간당 회전율을 1회전만 올려도 6천원×50면×25일(일요일 제외) = 750만 원의 매출 차이가 난다. 주차요금 오류로 매출이 이미 과도하게 부풀려졌다면 사실 회전율은 별 의미가 없다. 위 사례를 바탕으로 실 가동률 100%일 때 매출, 최저 50%일 때 매출 이렇게 해서 위의 총 매출에 나누기하면 아래와 같다.

- 연 수익: 1,911만원 × 12 = 22,900만원 × 100% 가동률 = 22,900만원
- 연 수익: 1,911만원 × 12 = 22,900만원 × 50% 가동률 = 11,450만원

참 계산 쉽다. 저렇게 주차장 사업해서 쉽게 돈 벌었으면 다 재벌이 되었을 것이다. 회전율은 저렇게 예상하고 대충 때려 넣는다고 되는 것이 아니다. 매출 계산을 하는데 100%면 2천만원이고, 50%면 1천만 원, 이렇게 단순 계산으로 쉽게 검토하면 안 된다. 몇 회전인지 가동률 비율이 실제 얼마인지 현장에 답을 얻고, 타 현장의 데이터와 비교 분석하여 최대한 근사값으로 만들어 가야한다.

3 민간 주차장 운영과 프로세스

주차장 운영을 위한 업무 프로세스

(1) 주차장 계약과 매입

(2) 주차장 수익성 검토

(3) 주차장 사업성 분석

(4) 계약 검토 및 체결

(5) 주차장 공사와 장비

(6) 주차요금 검토 및 산정

(7) 주차장 운영 영업과 마케팅

(8) 주차장 관리 및 사고 처리

민간주차장은 정보획득의 어려움이 가장 크다. 정보획득이 어렵다는 말은 아는 사람만 안다는 것이고 수익률이 높다는 것을 뜻한다. 이러한 이유로 개인적으로 민간주차장, 그리고 수의계약을 선호한다. 결국 정보의 결핍이 경쟁자가 없는 조건을 만들고 돈을 만든다. 민간주차장도 공영주차장처럼 공개 경쟁을 하면 수익이 떨어지는 것은 당연하지 않을까?

주차장 계약과 매입

주차장 운영을 하기 위해서 가장 먼저 해야 할 것은 주차장을 구하는 것이다. 우선 나의 상황, 성향과 맞는 주차장 형태, 원하는 지역 등을 검토한다.

여유 자금이 있다면 주차장을 매입(주차타워의 경우 특히 추천, 나대지 매입은 수익률 상 추천하지 않는다) 하는 것이 가장 쉽게 주차장 사업을 할 수 있는 방법이다. 주차장은 상가처럼 리모델링, 공실 우려가 거의 없다. 직영 운영을 해도 되고, 주차장 전문 운영자에게 임차를 주어도 된다. 직영 운영 주차장의 경우 일정 수준의 상권만 보장되어 있으면 꾸준히 수익이 발생한다. 소액이라도 꾸준함의 힘은 가히 대단하다.

직영 운영이 어렵거나 귀찮으면 주차장 운영사에 임대하고 임대료를 받아도 된다. 주차장을 전문으로 운영하는 기업은 마케팅 수단을 동원하여 매출을 올리는 경우가 많고 때로는 현재 매출보다 더 높은 임대료를 지불하는 사례도 있다.

주차장은 특수 물건이다. 상가나 아파트에 비해서 매물은 극히 한정적이다. 하지만 현재('24년 4월)기준 금리상승과 부동산 경기 악화로 과거에 비해 좋은 매물들이 나오고 있다.

① 주차전용건축물

보통 주차타워라고 하기도 하는데, 쉽게 사례를 들면 대형마트 부설 주차장을 생각하면 된다. 보통 아래에 상가가 위치하고(1~2층) 그 위로 (3~6층 정도) 주차장이 조성되어 있다. 상가와 별도로 주차장만 매매 가능한 경우가 많다. 경험상 100면에 20억 수준의 매물이 가격과 수익률 면에서 좋다. 주차장이 너무 크면 세금이 많이 나오고 모든 주차면을 채우기 어렵다. 상가와 주차장을 공유하는 경우도 있는데 이러한 경우 계약 전 상가와 주차 및 무료주차대수에 대해 협의하는 것이 필요하다. 특히 이전 주차장 소유주가 상가 관리단과 협의한 내용을 잘 살펴보아야 한다.

지하주차장의 경우 지하 1층부터, 지상주차장의 경우 지상 1층 부터 주차면이 채워지기 시작한다. 매출도 당연히 1층과 가까운 부분에서 가장 높다. 지하로 내려 갈수록, 지상으로 올라 갈수록 주차장 면당 매출은 낮아진다. 주차전용건축물은 지하주차장이 없는 경우가 많으니 지상을 위주로 사례를 설명해 보겠다.

어떤 구매자가 A사와 C사의 주차장 1~3층, 6, 7층을 먼저 구매했다고 하자. 이후 4, 5층을 구매할 수 있을까? 사실상 불가능하거나 아주 비싼 비용을 치러야 한다. 4, 5층 소유자 입장에서는 자신의 주차장 없이는 주차장이 제대로 운영될 수 없음을 알기 때문이다. 4, 5층을 매입할 수 없다면 다른 층을 매입하기 전 장기 임대차 계약이라도 체결하여야 온전히 전체 주차장 수익을 가져올 수 있다.

② 나대지

간혹 나대지를 매입하여 주차장을 운영하겠다고 하시는 분들이 있다. 예를 들어 서울 중심지의 평당 매매가는 최소 2억원 이상이다. 100평이면 약 200억.

일반적으로 100평으로 주차장을 운영하기에 다소 작다. 땅 모양에 따라 다르겠지만 200평은 되어야 무인주차관제 장비를 설치하고 20대 정도의 주차면이 나온다. 그렇다면 땅값만 400억인 것이다. 2023년 말 예금 금리는 최소 3%대. 400억을 은행에 넣어 놓고 있으면 연 12억의 이자가 발생한다. 400억짜리 나대지를 주차장으로 운영하면 얼마의 매출이 발생할까? 큰 돈이 묶이는 만큼 은행이자 이상의 매출은 발생해야 하지 않을까?

결론은 은행 이자의 절반도 매출로 나오지 않는다는 것이다. 중심지에서 나대지 주차장은 이제 찾아보기가 어렵다. 나대지에 오피스나 오피스텔을 지어서 분양하는 것이 수익성 측면에서 훨씬 낫기 때문이다. 하지만 최근 부동산 경기 악화로 나대지에서의 개발사업이 어려워지면서 단기로 임대하는 나대지가 늘어나고 있다. 이러한 토지에서 단기간의 나대지 주차장 운영은 토지 관리 측면이나 수익측면에서 좋다. 이러한 상황이기에 나대지 주차장 운영은 매입하기 보다는 저렴한 토지를 임대하여 수익을 내는 것을 추천한다.

③ 아파트, 상가, 오피스의 주차장

정말 간혹 아파트나 상가, 오피스의 주차장 부분만 사겠다는 분들이 있다. 이런 주차장은 매매할 수 있을까? 결론은 우리나라 법령상으로는 불가능하다. 아파트, 상가, 오피스의 주차장은 공유지분 중에서도 서비스 면적이다. 공용부분인 주차장은 불특정 다수가 이용하며, 권리상 매각도 쉽지 않다. 그래서 분쟁이 많고, 그 주차장 면이 누구의 것인지 구분하기 어렵다. 지정주차구역이라는 주차면이 있기는 하지만 이 면적이 누구 개인의 소유라고 말하기 어렵다. 주차장은 상가와 다르게 명확하게 호수가 있거나 칸으로 구획되어 있는 곳이 아니기 때문이다. 이러한 이유로 아파트, 상가, 오피스 주차장은 매입이 아닌 임대 형식으로 주차장 사업을 진행하는 것이 합리적이다.

오피스의 경우 규모가 크기 때문에 소유자가 사모펀드나 법인인 경우가 많다. 개인의 경우 대형 오피스보다는 보증금, 임대료 리스크가 작은 중소형 오피스를 노려볼만하다. 상가는 보통 구분 소유자로 구성된 관리단이 주차장을 임대한다. 구분 상가 주차장을 임대하려면 한 명의 소유자가 아닌 관리단과 계약을 해야 한다는 뜻이다. 아파트는 무료주차가 대부분이라 사업성이 매우 낮기 때문에 입대위에서 직영 운영하며 주차비를 받지 않는 경우도 일반적이다.

이 책을 읽는 독자분들은 수주 확률이 낮으며 위험한 주차장에 도전을 해서는 안 된다. 대형현장이 그러하다. 예를 들면 제안 자격이 자본금 100억 이상, 직원 수 50명 이상, 콜센터, 유지보수팀 완비, 1,000면 이상 주차장 운영 실적 5곳, 매출 500억 이상 등, 개인의 경우 이런 조건에 제안 자체가 불가능하다. 개인이나 소규모 법인은 중소형 현장을 노리는 것이 적절하다. 이왕이면 건물관리사나 소유자와 특수 관계가 되어

수의계약을 하는 것도 수익률을 높이는 방법이다.

주차장 수익성 검토

주차장 물건이 있다면 가장 먼저 할 일은 주차장 수익분석과 임대료 결정이다. 신규로 나대지 주차장 개발을 검토할 때, 주차면수를 알아야 제대로된 수익성 분석이 나오는데 CAD를 할 줄 안다면 프로그램을 이용하면 조금 더 정확한 주차면을 그릴 수 있다. 직사각형 토지의 경우 보통 10평 당 1대의 주차가 가능하고, 100평의 경우 10대, 200평의 경우 22대, 300평의 경우 34대 정도로 토지의 크기가 클수록 주차면이 늘어나는 것은 당연하다. 토지 모양이 좋지 않으면 주차 면수가 줄어 매출 증대에 좋지 않다. 주차면 계획은 매출과 직결되는 부분으로(특히 중심지 나대지의 경우) 정확하게 산정하도록 한다. 수익 계산에 있어서는 정확한 공식 없이 기업별로 계산 방식이 상이한데 필자가 근무했던 기업에서는 회전율 개념으로 시간제 주차비를 계산하였다. 하나의 주차면에 1시간을 주차하는 것을 1회전이라고 가정한다. 즉 시간당 주차비가 10분 당 1천 원 일 때, 1시간 주차요금은 6천원, 이 주차장의 면수가 20면이고 3회전 한다면 6천×20×3=36만원, 하루 36만원의 매출이 발생하는 것이고, 한 달이면 36×30 = 1,080만원의 매출이 발생할 것이다. 20면으로 1천만 원의 매출이 발생한다는 것은 면당 월 50만 원 정도의 매출이 발생한다는 것인데 이정도 수준이면 나쁘지 않은 매출이다.

기존에 운영 중인 나대지 주차장은 수익 추정이 더 쉬운데 나대지 주차장은 무료주차가 없는 경우가 많기 때문에 주차요금, 시간제 및 월 정기 주차 차량 수를 계산하면 주차장의 매출을 어렵지 않게 알 수 있다.

공영주차장과 달리 정보가 폐쇄적인 민간주차장은 근무자가 눈을 시퍼렇게 뜨고 있어 조사를 하기 어려웠다. 보통 나는 주차장 출입문 인근의 커피숍에 앉아 입출차 차량의 번호를 적고, 주차된 차량중 일찍 입차하고 늦게 출차하는 차량은 월 정기 차량으로 시간제 주차수익에서 제외하였다. 이렇게 아침부터 단순노동을 저녁까지 적은 차량의 번호와 시간을 계산한다. (월 정기권 차량 수 × 금액) + (시간제 차량 수 × 금액)이 곧 매출이다.

주차요금이 높을수록 매출은 당연히 높다. 시간당 주차비가 천원도 되지 않는 지역은 주차사업을 하기 어렵다고 보면 된다. 2023년 말 기준으로 시간제 주차요금을 가장 높게 받는 곳은 여의도 더현대 서울 현대백화점이다. 시간당 2천원, 일 주차 5만원. 주차공간이 부족하니 시간제 주차요금을 매우 높게 받는데도 불구하고 주차공간이 없다. 입지가 좋은 주차장은 주차요금이 높아도 차량을 가지고 오는 경우가 많은데 그만큼 구매력이 높다는 것을 뜻한다.

비용분석에서 공사, 장비, 운영 비용은 어느 정도 정해져 있으며 최근의 주차장은 대부분 무인으로 운영되기에 가장 큰 비용은 임대료이다. 그만큼 임대료가 가장 중요하다. 임대료가 높다면 아무리 매출이 높다고 하더라도 적자가 불 보듯 뻔하다. 이미 임대료가 제시되어 있는 현장이라면 매출과 비용 추정을 통하여 임대료가 적정한지 판단하고, 임대료를 제시해야 하는 현장이라면 매출과 비용추정을 통하여 임대료를 협의해야 한다.

보증금 파악도 필수이다. 임차인이 임대료를 내지 않을 가능성 때문에 보증금을 받는 것인데 주차장의 경우 보증금이 없는 경우가 많아지고 있다. 주차장을 운영하는 대기업은 수백에서 수천 곳의 주차장을 운영하는데 보증금을 다 지급하면 보증금 규모만 어마어마한 금액으로 보증보험증권으로 대체하는 사례가 늘어나고 있는 것이다. 나 역시 주차장에 초기투자를 한 후 보증금을 지불하지 않고 주차장을 임대 운영하였다. 임대료의 경우 정액 임대료로 지불하거나 총 매출에서 수익 배분하는 숫자를 확정하여 기입한다.

주차장 사업성 분석

① 기본 정보

1. 위치	서울특별시 송파구 마천로OO길 OO		
2. 면적	2172㎡	658.2	평
3. 면수 (추정)	옥외 : 36면		
4. 용도 및 층수	주차장		
5. 소유주	송**운㈜		
6. 계약자	송**운㈜		
7. 현 입점업체	주차장(자사 사용)		
8. 계약 형태	임대차계약		
9. 계약기간 및 운영시간	5년 / 24시간		
10. 추정 금액	매매대금		백만원
	임차료	10.0	백만원/월
	보증금	0.0	백만원
	기 타		
11. 주차장 현황	1) 운영시간		
	2) 운영인력		
	3) 주차시스템		
	4) 주차요금		
	5) 무료 월 주차		
	6) 방문객 무료 주차		
12. 필요 투자	1) 장비(정산기등)	33,000,000	백만원
	2) 건설공사/간판등	18,300,000	백만원
13. 타 주차장 운영 현황과 강점 및 약점	1) 주변에 유료주차장 없음		
	2) 마천시장 상권이용을 위한 시간제 주차 많음		
	3) 주말 / 저녁시간 대 높은 회전율		
	4) 도로사정상 추가적인 불법주차 불가능		
	5) 주차장 바닥면이 지저분함		
	6) 진입로 양쪽 옆에 상점으로 가시성이 떨어짐		

위 예시를 보면서 수익성 분석을 해보자. 여러 기업들이 사용하는 서식을 편집한 것으로, 숫자만 정확하게 나온다면 어떤 서식을 써도 좋다고 본다.

대부분의 주차장에는 주차장명이 있다. 건물 이름으로 '미스터 빌딩 부설 주차장' 이거나 위치명으로 '동성로 나대지 주차장'이라고 할 수도 있을 것이다. 주차장 이름이 없다면 운영자께서 멋지게 만들어 내면 된다. 주차장 임대사업, 위탁사업은 중요하지는 않다.

1. 위치(주소): 주차장사업분석에서 가장 중요한 것은 위치이다. 위치를 특성하고 수익성 분석을 시작한다.

2. 면적: 보험가입시 면적을 기반으로 비용이 발생하므로 등기부 발급을 통한 정확한 면적확인은 필수이다.

3. 주차면수: 일반적으로 주차면수가 클수록 매출이 증가한다. 특히 중심지(종로, 명동)의 경우 주차면 1~2면이 수익성을 좌지우지하기도 한다. 소형 나대지 주차장은 면적과 주차면수를 세밀하게 레이아웃을 구성하고 수익성 분석을 해야 한다.

4. 용도, 층수: 실제 현황대로 표기하면 된다.

5-6. 소유주 및 계약자(주요임차인): 임차인에 따라 주차수익과 비용은 크게 달라진다. 건물내 병의원이 입점하여 있다면 매출이 높아질 것이고, 헬스장이 있다면 과도한 무료주차 문제가 발생할 수도 있다.

7. 현황 및 입주업체: 주차장

8. 계약 형태: 임대차 계약 또는 매매 여부

9. 계약기간 및 운영시간: 임대차 계약기간

10. 추정금액: 매수 대금 또는 임대차 운영시 보증금과 임대료

11. 주차장 현황

운영시간: 무인주차장이 활성화되어 대부분의 주차장은 24시간 운영된다. 하지만 대형 오피스 등 보안이슈가 있는 건물은 야간 영업을 하기 어려운 경우도 있으므로 운영시간도 확인해야 한다.

운영인력: 최근 대부분의 주차장은 무인으로 운영된다. 그러므로 운영인력이 없어 인건비 투입이 없는 현장도 많다. 하지만 입출차가 많은 현장의 경우 인력을 채용하거나 아르바이트가 필요 할 수 있

주차시스템: 주차관제장비의 감가상각은 보통 60개월로 설정한다. 인수하고자 하는 주차장의 주차관제장비가 10년 이상 사용되었다면 주차 장비교체를 고려해야 한다.

주차요금: 해당 수익성 분석은 서울 중구의 가상의 주차타워를 모델로 하였다. 서울 중심가의 경우 최근 시간주차의 경우 10분당 1,000원, 월 정기 주차의 경우 30만 원의 비용을 받는다. 중심지는 주차수익이 높으므로 1일주차나 할인권 판매를 통하여 매출을 올릴 필요가 없다. 참고로 우리나라 주차요금은 대부분 VAT포함 요금이다.

무료 월 주차: 해외에 사례에서 건물에 입점한다고 하여 월 정기 무료주차를 무조건 제공하지는 않는다. 하지만 우리나라의 경우 임차인이 당연히 무료주차를 요구한다. 관례적으로 중심가의 경우 1실당 1대 혹은 100평당 1대의 무료주차를 제공한다. 무료주차가 많으면 매출이 절반 이하로 떨어질 수 있으므로 계약 전 무료주차규정을 반드시 확인해야 한다

방문객 무료주차: 입점업체는 무료 월 정기 주차와 비슷하게 방문객 무료주차 제공도 요구한다. 과거에는 명문화되지 않아 분쟁이 많았지만, 최근에는 건물 관리자가 무료주차제공시간을 명확히 제시하므로 수익성 분석시 방문객 무료주차도 고려해야 한다.

12.   필요 투자: 추가 장비 필요와 건설 공사 등 산정

13.   타 주차장 운영 현황과 강점 및 약점: 주변 입지를 파악하고 경쟁사 동향과 해당 주차장의 강약점을 파악하기 위한 자료이다. 인근 주차장의 주차면수, 주차요금, 만차 상황을 조사하여 해당 주차장의 주간, 야간 영업계획을 수립하며, 시간제 정기권 주차와 할인권, 그 외 수익(카셰어링)을 수립하는 자료이다. 해당 주차장의 강점은 활용하고 약점을 보완한다.

② 매출 및 비용 추정

I. 매출 추정							(백만원)
1. 기본 가정		옥내 : 70면중 무상등록차량 40면 옥외 : 35면 → 시간차 운영으로 가정 정기권 : 35대 x 200,000원					
2. 주차장 요율		1차년도	2차년도	3차년도	4차년도	5차년도	
	1면당 1일평균회전율	3.5	3.5	3.5	3.5	3.5	
	1대당 평균주차시간	1.0	1.0	1.0	1.0	1.0	
	1면당 평균주차시간	3.5	3.5	3.5	3.5	3.5	
3. 시간제 (기본 2,000원 / 30분)		1차년도	2차년도	3차년도	4차년도	5차년도	
	주차가능대수	35	35	35	35	35	
	이용율	100%	100%	100%	100%	100%	월 22일, 일년 264일 기준
	이용요금(1시간)(원)	5,000	5,000	5,000	5,000	5,000	추가 10분 1,000원
	1일 이용시간	3.5	3.5	3.5	3.5	3.5	
	연간매출(백만원)	138.6	138.6	138.6	138.6	138.6	
4. 정기권		1차년도	2차년도	3차년도	4차년도	5차년도	
	주차가능대수	20	20	20	20	20	
	월 주차요금(원)	200,000	200,000	200,000	200,000	200,000	
	연간매출(백만원)	84	84	84	84	84	
5. 기타매출		1차년도	2차년도	3차년도	4차년도	5차년도	현재 매출 기준
- 할인권	금액	2,000	2,000	2,000	2,000	2,000	월 200만원
	판매량(월)	1,000	1,000	1,000	1,000	1,000	
- 일주차	금액	18,000	18,000	18,000	18,000	18,000	월 115대
	판매량(월)	110	110	110	110	110	
	연간매출(백만원)	47.8	47.8	47.8	47.8	47.8	
6. 연간매출 총계		1차년도	2차년도	3차년도	4차년도	5차년도	
	연간매출(VAT포함)	270.4	270.4	270.4	270.4	270.4	
	연간매출(VAT제외)	245.8	245.8	245.8	245.8	245.8	

II. 비용 추정 (백만원)

1. 변동비(년4% 증가 가정)		1차년도	2차년도	3차년도	4차년도	5차년도	
	1) 소모품(주차권등)	1.2	1.2	1.2	1.2	1.2	
	2) 수도광열비	1.2	1.2	1.2	1.2	1.2	지하층 수도광열비 X
	3) 통신료	0.6	0.6	0.6	0.7	0.7	월 5만원 가정
	4) 신용카드 수수료	1.0	1.0	1.0	1.0	1.0	이용금액의 3.6%
	합계	4.0	4.0	4.0	4.0	4.0	
2. 운용비용 (년4% 증가 가정)		1차년도	2차년도	3차년도	4차년도	5차년도	
	1) 임차료	120.0	120.0	120.0	120.0	120.0	계약금액
	2) 현장인원 인건비	0.0	0.0	0.0	0.0	0.0	
	3) 보험(영업배상책임)	1.1	1.1	1.1	1.1	1.1	1,500평*770원
	4) 출동 관제료	3.8	4.0	4.2	4.3	4.5	월 32만원
	5) 광고비	0.0	0.0	0.0	0.0	0.0	
	6) 세금과공과	0.0	0.0	0.0	0.0	0.0	
	7) 관리비	0.0	0.0	0.0	0.0	0.0	
	8) 기타	1.2	1.2	1.2	1.2	1.2	예비비 월 10만원
	합계	126.2	126.3	126.5	126.6	126.8	
3. 감가상각비	1) 장비	6,600,000	6,600,000	6,600,000	6,600,000	6,600,000	5년 상각
	2) 건설 및 사이니지	6,100,000	6,100,000	6,100,000	0.0	0.0	3년 상각
	합계	12,700,000	12,700,000	12,700,000	6,600,000	6,600,000	
4. 총 비용		1차년도	2차년도	3차년도	4차년도	5차년도	
		12,700,130	12,700,130	12,700,130	6,600,130	6,600,130	

IV. 손익 (추정)

	1차년도	2차년도	3차년도	4차년도	5차년도	5년평균 연간매출액 대비
영업이익	(12,699,844)	(12,699,917)	(12,699,844)	(6,599,844)	(6,599,844)	20.6% 수익률

I. 매출 추정

1. 기본 가정

주차장수익분석에서 가장 중요한 것이 '시간제 주차면의 회전율'이다. 만약 어떤 주차장의 회전율이 10회전이라고 한다면 해당 주차장의 주차비와 매출은 아주 높을 것이다.

시간제 주차기준 3회전 이상의 회전율이 나온다면 매출이 높은 것으로 사례의 주차장은 3.5회전을 적용하였다. 3.5회전이라는 것은 1대 평균 주차시간 1시간, 기준 24시간 중 주차면이 3.5시간 만차 상태로 채워져 있다는 것을 의미한다.

주차장 분석 초심자 중에는 회전율을 기본 5회전 정도로 잡기도 하는데 이는 매우 잘못된 분석 방식이다. 지역에 따라 다르겠지만 중심지를 제외하고는 시간제 주차가 1~2회전을 넘기는 곳이 많지 않다. 대부분의 외곽 주차장은 시간제 주차수익이 거의 없어 월 정기 주차로 운영되는 곳도 많아 시간제 회전율이 '0'회전을 찍는 곳도 있다. 이 회전율을 정확하게 파악하는 것이 주차사업의 핵심이라고 하겠다. 이 회전율을 측정하는 것은 인근 주차장의 매출분석 등을 통하여 가능하다.

2. 주차장 요율

- 1대당 평균주차시간: 1대당 평균주차시간을 계산하여 수익성을 분석하는 것은 매우 어려운 일이다. 보통 1시간 주차를 기준으로 회전율을 조절하여 평균주차시간과 매출을 측정한다.
- 1면당 평균주차시간: 회전율×1대당 평균주차시간으로 측정한다.

1대당 평균주차시간을 1시간으로 측정했으니 회전율의 변경에 따라 1면당 평균주차시간이 결정된다.

3. 시간제

- 주차가능 대수: 총 주차가능대수에서 월 정기주차, 일 주차, 할인권 주차수량을 뺀 량이다. 총 70면중 30대는 입점업체 무료주차제공 후 40면을 운영하는 것으로 계획하였다. 그 중 35면을 시간제 주차에 배당한다.
- 매출: 주차가능대수×1시간 요금×이용시간이다. 시간제 매출이 클수록 사업성이 좋은 주차장이라는 것을 의미한다. 사업성 검토상 본 주차장은 연 2억 정도의 매출이 발생하는 것으로 계산하였는데 매출이 꽤 큰 편에 속하는 주차장이다.

4. 정기권

월 정기권 가격×대수로 계산하면 된다. 시간제 주차매출에서의 회전율이 빠져 있기 때문에 계산이 쉽다. 본 주차장은 서울시에 위치한 것으로 가정하였으므로 수익이 높아 월 정기 주차대수를 10대로 한정하였다. 실제 대부분의 서울 중심지 주차장은 월정기주차를 많이 받지 않는다. 시간제 주차매출이 훨씬 크기 때문이다.

5. 기타매출

기타매출로는 할인권, 일주차, 차고지증명 그 외 부가사업 매출 등이 있다. 본 사업성 검토서에는 할인권과 일 주차 매출만 계산하였다. 시간제 주차면+정기권 주차면이 총 45면으로 가용가능한 주차면 40면을 넘었으므로 할인권, 일 주차 매출은 소액으로 계산하면 연 매출은 약 2억 3천만원으로 추정된다.

II. 비용 추정

1. 변동비

1) 소모품: 과거에는 주차권 발행비용, 할인권 발행비용(장당 약 100원)이 많이 발생하였으나 최근 차번인식기 도입, 웹 및 앱 할인 등으로 소모품 비용은 많이 절감되어 연 120만원의 소액으로 추정하였다.

2) 수도광열비: 일반적으로 부설주차장은 수도광열비를 건물주 측에서 부담한다. 비용을 높게 잡아 놓으면 추후 이익이 증가한다.

3) 통신료: 인터넷 비용이다. 비용에서 큰 부분을 차지하지 않는다.

4) 신용카드 수수료: 신용카드 수수료는 기업에 따라 2.5~3.5%가 청구된다. 큰 금액이 아니게 보일 수 있지만 월 매출이 수천만원인 경우 수백만 원의 수수료가 발생하기도 한다. 대형 현장의 경우 수수료 부분을 놓치면 영업이익이 많이 내려갈 수 있다.

2. 운용비용

1) 임차료: 비용에서 가장 중요한 부분이다. 매출만 아무리 높으면 뭐하나? 임대료로 다 내어 주고나서 적자가 나면 의미가 없다.

최근 대부분의 주차장은 최고가 낙찰제도를 도입하고 있다. 매출분석이 정확해야 임대료 추정이 가능하고, 임대료가 정확해야 수익을 거둘 수 있다.

2) 현장인원 인건비: 예시의 현장은 70대 규모의 소규모 주차장이다. 이정도 규모면 무인주차장으로 아무 문제없이 운영이 가능하다. 그래도 매출이 작지 않으니 주차장 혼란을 우려하여 월 50만 원의 아르바이트 비용을 첨가하였다. 높은 매출추정은 문제가 되지만 일부 비용추가는 보수적 분석 관점에서 좋다고 본다.

3) 보험: 주차장 배상책임보험료는 연 평당 천 원 수준이다. 100대 규모의 주차장을 운영하면 거의 연 100만원의 보험료가 발생한다. 70대 규모라 넉넉하게 연 백만원으로 계산하였다. 주차장 배상책임보험은 널리 쓰이지 않아 보험료가 비싼 편이고 보험사에 따라 가격도 천차만별이다. 많은 주차장을 가지고 있다면 평당 단가가 낮지만, 개인이 한두 가지 보험을 가입하면 이것도 부담스러운 금액이 된다. 보험료의 경우 주차관제장비사에 일괄수주(턴키:Turn key)계약으로 비용을 절감할 수도 있다.

4) 출동 관제료: 무인주차장에 문제가 발생하여 도무지 해결이 되지 않는 경우 최악의 수단으로 보안회사 직원이 출동하게 된다. 보통 월 10만원 수준에서 용역계약을 하는데, 실제로 출동 서비스를 요청하면 문제 발생 후 30분이 지나서 현장에 도착하는 경우도 있다. 최근에는 인터넷과 관제기술의 발달로 잘 쓰이지 않는다.

5) 광고비: 주차장 매출을 올리기 위해 전단지를 살포하거나 언론, 인터넷을 이용하는데 필요한 비용이다. 주차매출이 높은 현장의 경우 따로 광고를 하지 않아도 장사가 잘 되기 때문에 높은 비용을 들여 홍보할 필요는 없다.

6) 세금과 공과: 대부분의 주차장은 임대로 운영된다. 계약서에 따라 다르겠지만 주차장의 경우 세금과 그 외 비용을 건물주나 토지소유주가 부담하는 것이 일반적이다.

7) 관리비: 주차장 운영으로 발생하는 청소비 등 비용이다. 상가나 주거의 경우 관리비를 임차인이 부담하는 경우가 많은데 주차장의 경우 관리비도 건물주가 부담하는 경우가 많다. 본 예시에서는 관리비를 월 100만원으로 추정하였는데, 사례의 주차장을 주차전용건축물로 설정하여 그렇다. 주차전용건축물의 경우 관리비를 임차인이 내는 경우가 많다. 물론, 이 또한 계약상 협의 사항이다.

8) 기타: 간혹 사고나서 면책금을 내기도 하고, 장비에 문제가 생겨 수리를 하기도 한다. 만일을 위한 예비비이다. 역시 높게 잡아 놓으면 추후 이익의 증대를 가져올 수 있다.

3. 감가상각비

1) 장비

주차관제장비의 투자비이다. 보통 5년 감가상각이 발생하는데, 본 현장의 경우 비용을 조금 넉넉하게 잡았다.(일반적인 무인주차관제장비

1SET의 비용은 2천만원 수준) 5년 경과 후 연장계약을 하고, 장비에 문제가 없다면 이익이 크게 증가 할 수 있다. 단, 임대료가 증가하지 않는다는 가정이다.

2) 건설 및 사이니지(signage)

건설비와 상업용 디스플레이 비용이다. 최근 대중적으로 사용하여 비용이 크게 감소하여 입출구 1세트 기준 5백만원이면 충분하다. 과거에는 공사품질을 중시하였지만 이제는 효율과 비용이 더 중요시되는 추세이다. 사이니지는 가시성 좋은 장소에 깨끗하고 크게 붙이는 것이 좋다. 필자의 경우 A4용지를 코팅해서 여기저기 붙이는 것을 가장 싫어한다. 건물주 역시 싫어한다.

③ 손익(영업 이익)

위 현장은 수익과 비용을 계산해 보았을 때 연평균 9.5%의 수익률이 예상된다. 앞에서 언급하였듯 비용을 높게 잡아놓았기 때문에 이익은 더 증가할 수 있다. 주차장 현장에서 연 2천만원이 넘는 수익은 작은 돈이 아니다. 주차장 몇 개만 운영해도 개인으로는 먹고 사는데 문제가 없는 수익구조를 만들 수 있다. 필자의 경우 한 현장에서 수백만원의 이익을 만들었고 수익률도 30%이상 나는 주차장을 선호한다. 이것은 많은 정보가 있기에 가능한 일이다. 잘만 계약하면 무인으로 운영되고, 매달 이익이 남는 주차장 사업, 나쁘지 아니하다.

계약 검토 및 체결

비용과 수익분석 결과 주차수익으로 비용을 내고 남겠다는 확신이 있으면 계약을 진행한다. 기본적인 주차장 임대계약서 서식으로는 부동산 임대차 계약서 표준계약서를 참고하면 된다. 공영주차장은 입찰 시작부터 계약서가 확정되어 있는 경우가 많으나 민간주차장은 상황에 따라 여러가지 특약사항을 첨부하는데 계약서에서 중요하게 검토해야 할 사항은 아래와 같다.

① 주차장 소유자와 임차인

주차장 소유자를 파악하는 것은 무엇보다 중요하다. 간혹 본인이 토지소유주라고 계약하자고 해놓고 등기부를 발급받아 보면 토지나 건물이 신탁사에 신탁등기가 설정되어 있는 경우가 있다. 이러한 경우 신탁사의 동의서도 반드시 수령해야 한다.

② 주차장 소재지와 목적물

소재지는 일반적으로 주소를 말하며 목적물은 지하주차장이나 나대지 주차장이다. 목적물인 주차장을 특정할 때는 등기부를 참고하여 면적이나 면수까지 포함하여 기재하는 것이 추후 분쟁을 막을 수 있다.

③ 주차장의 관리 및 운영 범위

과거에는 주차장 청소, 제설, 형광등 교체, 차량사고로 인한 주차장

휘손 등에 관하여 아주 세밀하게 계약서를 작성하지 않았었다. 하지만 주차장사업의 규모가 커지고 분쟁이 일어나면서 이러한 부분까지도 상세하게 첨부하여 계약서를 작성하고 있다. 예를 들어 주차장 내 제설은 관리단에서, 입출구 제설은 주차장 운영사에서 한다던지, 주차장내 사고 처리는 주차장 운영사에서 담당하지만 면책금은 관리단에서 지급한다던지 이런 것들이 있다.

주차장의 입출차가 많은 현장이라면 제설, 사고로 인한 분쟁이 많이 발생하므로 계약서에 운영범위를 첨부하면 좋다.

④ 주차장 운영 계약기간

상가나 주거는 보통 2년 계약을 기본으로 하고, 추가로 연장계약이 가능한 구조다. 하지만 민간 주차장 임대 계약은 보통 5년을 계약기간으로 한다. 지금은 주차관제장비나 공사비가 많이 저렴하지만 과거에는 무인주차장 감가상각 비용이 커서 1~2년으로는 주차장 운영업체들이 이익을 내기 어려웠기 때문이다. 운영계약 기간 전 공사기간, 안정화 기간을 부여하기도 한다. 일종의 단기 렌트프리이다.

⑤ 양도 및 전대 금지

건물주, 지주 입장에서 영업권을 양도하거나 전대 할 수 있다는 조항을 좋아할 리 없다. 싸게 빌려서 중간에 마진만 챙기고 비싸게 넘기는 것을 누가 쉽게 인정하겠는가? 대부분의 부동산 계약에는 양도와 전대 금지 조항이 있기 때문에 임차인이 추가 수익을 보지 못하는 경우도 있다. 그런데 여기서 잠깐. 카쉐어링과 월 정기차는 일종의 전대 아닐까? 주차장 일부 공간을 빌려주는 계약이 과거 분쟁이 되었던 사례가 있다. 그래서 특약사항에 카쉐어링, 주차장의 매우 작은 공간을 빌려주는 것은 전대가 아니라 마케팅 활동이라는 문구를 추가하기도 한다.

그러면 아파트나 빌라의 내 주차공간을 돈을 받고 빌려주는 것 또한 문제가 없는 것 아닌가? 아니다. 이것은 문제가 된다. 상가의 주차장 전체를 상가의 소유주인 관리단의 승인을 받아 계약을 하는 것은 법적인 문제가 없다. 하지만 주거시설의 경우 본인의 주차면이 정해져 있지 않기 때문에, 본인의 자리만 매매하면 부당이득 문제가 발생한다. 아파트의 경우에도 일부 주차면을 공유하면 주차수익을 통하여 관리비 절감 등 효용성이 있지만 앞서 말했듯이 공용부로 개인이 취할 수 없다.

아파트에 전세로 거주하는 경우도 주차장을 거래하다 일부 전대로 계약이 해지될 수도 있으니 조심해야 한다.

아파트 주차권 판매 기사

| "아파트 주차권 팔아요" 입주민 분노케한 꼼수거래의 최후 |

최근 중고거래사이트에 자주 볼 수 있는 주차권 판매 글이다. 자기가 사는 아파트나 오피스텔의 주차장 이용권을 파는 것이다. 특히 마포구, 강남구 등 주택 인근에 회사가 밀집된 지역일수록 거래가 활발하다. 직장인 입장에서는 회사 근처의 주차 공간이 부족한 경우 사설 주차창보다 저렴하게 주차 공간을 확보하는 '묘수'이기 때문이다. 당근마켓에 나온 주차권들은 주로 하루나 월 단위로 거래된다. 지역에 따라 8만원부터 20만원까지 값이 매겨진다. 자가용 차량이 없는 주민이 사용하지 않는 본인의 주차 자리를 판매하고 있다.

이들은 "주차권이 따로 있는 게 아니고 차량 등록만 하면 통과할 수 있는 주차시스템이라 간편하다"며 본인 오피스텔 주차창을 홍보하기도 했다. 주차 전쟁이 벌어지는 서울 강남권일수록 가격은 치솟았고 거래도 잘 됐다. 마포구의 오피스텔에서 거주하는 강모(29)씨는 "관리비를 10만원 정도 내는데, 주차장을 사용하지 않아 손해 보는 기분이 들었다. 관리비나 벌어보자는 생각으로 월 8만원 정도에 주차권을 판매한 적이 있다"고 말했다.

주차권 거래 열풍에 아파트·오피스텔 관리소와 주민들이 나섰다. 중고거래사이트에 꼼수 거래를 노리는 판매 글이 올라오면 이를 입주민들이 신고하고, 아파트 측은 공문을 붙이는 식으로 경고하기도 한다. 마포구 주민 김모(32)씨는 "주기적으로 당근마켓 들어가서 우리 아파트 주차권을 판매하는 글이 있는지 확인한다. 본인 땅도 아니면서 그렇게 이익을 취하는 건 옳지 않다고 생각해서 발견할 때마다 관리사무소에 알려 준다"고 했다.

아파트나 오피스텔의 관리도 꼼꼼해지는 추세다. 서울 선릉역 인근의 오피스텔에 거주하는 직장인 이모(28)씨는 "20만원 정도에 주차권이 거래된다고 해서 '나도 해볼까'라는 생각에 혹했지만, 이제 오피스텔 측에서 이런 꼼수 판매를 알고서는 관리를 철저히 하기 시작했다"고 말했다. 그러면서 "본인 명의로 된 차량 등록증을 제출하고 차량을 바꿀 때도 왜 바뀌게 됐는지 관련 서류를 많이 내야 한다. 꼼수가 통하기 어려워서 용돈벌이 하는 사람이 확 줄었다"고 했다.

주차권 사고팔았다가 고발당할 수도

이 같은 행위는 서울시의 공동주택관리규약에 따르면 고발 대상이 될 수 있다. 공동주택 주차장은 입주자 대표회의 의결을 거친 뒤 입주자 과반의 동의를 얻어야만 외부인에게 임대가 가능하다. 만약 다른 입주자들의 동의 없이 개인이 주차권을 팔아 이익을 얻었다면 처벌될 수 있다. 부동산업계의 한 관계자는 "공동주택 주차장이 법으로 지정한 공용시설이기 때문에 주차권을 개인이 무단으로 팔아 영리를 취하는 행동은 공동주택관리법 위반이며 민법상 부당이득죄에 해당하고 손해배상 책임을 질 수 있다"고 말했다.

["아파트 주차권 팔아요"··· 입주민 분노케한 꼼수 거래의 최후, 중앙일보, 21.11.04]

⑥ 세금

운영에 있어 투입된 원가, 매출 보다 더 중요한 것이 있다. 바로 세금관계. 사업하는 사람들이 제일 싫어하고 무서워하는 것이 바로 세금일 것이다. 세금이 무섭지 않다는 사람은 사업을 제대로 해보지 않은 사람이다. 적자가 발생한다고 하더라도 나라에서 불쌍하다고 돈을 주지는 않는다. 하지만 주차장 사업을 하다가 돈을 좀 많이 벌었을 경우에는 연 수천만 원 이상의 돈이 세금으로 날아간다. 사업자등록을 하고 세금계산서를 발행하고 열심히 비용처리 해야 세금을 줄일 수 있다.

과거에는 주차장사업자 등록을 한다고 하면 별 문제없이 사업자를 발행해 주었다.

"어차피 세금 내기 위해 장사하니 깐깐하지 않게 할게." 이런 식이었지만, 사업자등록 후 대출을 받거나 카드수수료를 깡하는 등의 문제가 발생하자 절차가 복잡해졌다.

주차장운영업 사업자를 내려면 주차장을 소유하고 있다는 증명서(본인 소유이면 건물 등기부등본) 혹은, 주차장 임대 계약서가 있어야 한다. 처음에는 세금이 작은 간이과세로 시작할 수도 있지만, 결국 세금계산서가 발행되지 않으면 이런저런 문제들이 발생한다. 세금처리가 안되니 비용처리가 필요한 고객의 경우 이용을 꺼리게 된다. 어느 정도 매출이 발생하면 어차피 일반과세로 변경이 된다. 필자의 경우 처음부터 매출이 커서 일반사업자로 시작했는데 되도록 법인으로 시작하는 것도 좋다. 법인의 경우 출금절차, 증빙, 회계가 까다롭지만 일단 세율이 저렴하다.

간혹 법인설립부터 세금까지 필자에게 문의하는 분이 있다. 참 답답한 부분인데 본인 사업인데 아무런 공부도 하지 않고, 전화만 걸어 법인 설립과정을 물어본다. 주차장에 대한 부분이라면 짧게라도 컨설팅이 가능하지만 법무, 세무는 본인이 직접 하던지 법무사, 세무사를 통하여 진행해야 하는 업무이다. 업무 대행을 진행하더라도 본인이 직접 챙기고 알아야 성공하는 것이다.

덕스파킹 컨설팅

| 세금은 내 뒤를 쫓아오는 화살과 같다 |

질문자 경기도 ○○ 주차전용건축물을 구매하려고 합니다. 예전부터 관심이 있었던 물건이고 오랜 시간 지켜보며 조사했습니다. 주차수요도 늘 일정하고 대략 보니 수익률이 5%이상 나올 것 같더군요. 주의해야 할 사항이 있을까요?

덕스파킹 5%의 수익률이라는 것의 근거는 무엇일까요? 임대료 기준 수익률 입니까?

질문자 아뇨. 주차장 가격이 10억이고 매출이 약 700만원입니다. 현재 운영자에게 실제로 확인한 매출이구요, 관리비가 월 150만원, 주차장 운영비가 약 100만원이라고 합니다. 연 매출 약 8천 5백만원 에 비용 3천만원이면 이익 5천 5백만원이니 나쁘지 않은 수익률 아닌가요?

덕스파킹 매출, 비용을 정확히 아시니 그 지역을 모르는 저보다 더 정확하시겠네요. 그런데 세금은요?

질문자 10억짜리 주차타워 해봐야 세금 1년에 1~2백만원 나오지 않을까요?

덕스파킹 혹시 세금 부분은 중개사나 건물주에게 물어보셨나요?

질문자 아뇨.

덕스파킹 지금 4월이잖아요.

질문자 네

덕스파킹 6월 기준으로 보유세가 나오잖아요.

질문자 네

덕스파킹 세금이 1천 5백만원 정도 나올 것 같은데요?

질문자 네??

덕스파킹 중개사든, 지주든 세금부분까지 말해 줄 의무는 없죠. 누가 아파트사면서 보유세까지 물어보나요? 복비나 작게 나오면 다행이죠. 건물주께 세금 물어보세요. 그리고 다시 알아보세요. 이후에 살지 말지 결정하세요.

결국 구매의사가 있던 이분은 구매를 포기하였다.

주차장 공사와 장비

주차장 공사의 종류

바닥공사
아스콘, 콘크리트, 잡석 등을 이용하여 주차장 바닥작업을 하는 공정이다. 현장 바닥상태, 공사량에 따라 평당 10~30만원의 비용이 투입된다.

주차라인 공사
아스콘 바닥의 경우 대부분은 융착식 페인트(장비로 페인트를 녹여 바닥에 칠하는 것)로 시공하는데 비용의 절감을 위해 특수한 상황에서는 일반 수성페인트로 라인을 그리기도 한다. 포장을 하지 않고, 잡석을 시공하거나 흙바닥에 라인을 시공할 때는 바닥에 밧줄을 매어 주차면을 그리기도 한다.

아일랜드 패드 공사
아스콘, 콘크리트 바닥에 무인주차관제장비를 바로 설치할 경우 사고나 유지보수가 필요할 때 작업이 어렵고 더 많은 비용이 투입될 수 있다. 대부분의 무인주차장에는 아일랜드라는 길쭉한 콘크리트가 시공되고, 그 위에 게이트, 차번인식기, 무인정산기, 보안용 감시 카메라 등이 설치된다.

이미 조성되어 있는 주차장을 구매, 임대하였다면 본 단계를 생략하고 바로 운영 가능하다.

이제 본격적으로 돈을 쓰고, 벌어볼 차례다. 주차장을 운영하기 위해 가장 먼저 해야 하는 것. 돈을 받아내는 구조를 만들어야 한다. 지금은 99%가 무인주차장이다. 무인주차장은 대부분 카드결제로 진행되기 때문에 로스가 없다. 10분당 천원인 주차장에서 11분을 주차하면 천원을 더 받을 수 있다. 인간적으로 "1분 늦었으니 그냥 깎아 주세요." 라고 할 수 있지만, 무인주차장이 운영되는 현장에서는 용납할 수 없는 일이다.

요즘은 무인 주차관제장비 공사도 밀려 있다.

"빨리 공사해 주세요. 5일 뒤부터 무인으로 운영할게요."

이렇게 말하면 무인주차관제 장비 운영업체, 공사업체는 당황한 표정을 지을 것이다. 회사마다 다르지만 공사 대기 기간이 1주에서 1달 정도 된다. 공사기간은 2~3일. 셋팅까지 넉넉하게 시간을 잡아도 일주일 안에 무인주차장으로 운영 가능하지만 공사 대기기간을 생각하여 빨리 장비업체와 협의해야 한다. 주차장 상황에 따라 바닥공사, 라인도색 등도 필요하다. 바닥, 라인도색은 차량이 없는 상태에서 하는 것이 시간적, 비용적으로 득이므로 차량이 최대한 없을 때 공사하거나, 층별로 일정을 달리하여 최단기간에 시행하는 것이 좋다. 주차장 공사에 시간이 걸리면, 결국 인건비가 증가하기 때문에 주차장 공사업체는 신속하게 공사를 하고자 한다. 예전에는 무인주차장 공사가 많지 않아 공사비가 매우 높았다. 비를 막아주는 철제 캐노피는 5백만 원, 스테인리스로 제작하면 1천만 원이 넘어가는 경우도 있었다. 이제는 주차장 공사가 많아 무인주차장 1세트(캐노피 공사비 제외) 공사비는 수준까지 떨어졌다. 업체의 공사비는 대부분 비슷한 수준이므로, 매출이 많은 현장의 경우 큰 비용이 아니기 때문에 대략적으로 분석해도 된다. 다만 특수하게 공사비가 많이 투입되는 현장이 있는데, 임대조건으로 바닥 에폭시 도장, 벽면 도색, 건물 리모델링이 포함되는 경우 공사비는 수백만 원이 아니라 수익에서 수십억까지 치솟기도 한다. 이러한 대형 공사는 대기업들이 주로 진행한다.

장비 역시 가격이 어느 정도 확정되어 있다. 무인주차장 1세트 가격은 2천만 원 수준이다. 무인주차장 1세트에는 차번인식기 2대(입출구), 게이트 2대(입출구 / 차번인식기 결합형이 최근 대세), 무인 정산기 1대, 보안감시카메라 4대 등이 포함된다. 장비를 구매하면 웹 할인, 앱 할인이 기본 제공되며 휴대폰으로 주차장 매출 파악 및 입·출구 개폐도 가능하다. 입출차가 아주 많은 특수한 상황이 아니라면 장비 1세트로 2백 면 수준의 주차장까지 별 문제없이 운영할 수 있다. 하지만 입출차가 많은 상가의 경우 출구에서 계산으로 인한 정체가 발생할 수 있으므로, 사전 정산기 설치를 위하여 추가 비용이 발생할 수 있다. 초대형 현장의 경우 초음파 위치확인시스템, 동영상 위치확인 시스템의 경우 최소 면당 20~50만원의 비용이 투입된다. 장비비용으로만 수억 원 이상이 투자될 수도 있는 것이다.

주차요금 검토 및 산정

기 조성되어 있는 주차장이거나 공사가 끝나 신규로 영업을 시작해야 하는 주차장이라면 먼저 주차요금을 결정해야 한다. 기 조성되어 있는 주차장은 기존의 주차요금을 유지하는 것이 좋다. 많은 입점사가 있는데 그 상가들을 다 돌아다니며 영업하면 엄청난 주차요금 인하 압박을 받을 수도 있다. 민간의 주차장은 주차요금을 결정하는데 제약사항이 거의 없다. 개인의 재산이기 때문이다. 10분당 100원을 하던, 10분당 2천원을 하던 문제가 없다. 다만, 건물부설주차장의 경우 건물 소유자 측 관리단에서 주차요금을 확정하여 운영자와 계약하는 경우도 있다. 주차장 운영자가 마음대로 주차요금을 결정하면 건물의 운영에 문제가 생길 수 있기 때문이다. 주차요금은 회차시간, 시간당 주차비, 일 주차비, 월 주차비, 할인주차비로 구성된다.

① 회차시간

주차장에 들어갔는데 만차로 인하여 주차를 하지 못했다고 가정해 보자. 어쩔 수 없이 돌아서 나오는데 주차비 천 원이 정산되어 요금을 지급하라고 한다. 주차장 이용객은 기분이 좋을까? 이러한 이유로 대부분의 주차장은 회차시간을 적용하고 있다. 보통 10분 회차시간 무료를 적용한다. 간혹 회차시간을 악용하는 드라이버도 있는데, 이러한 현장의 경우 회차시간이 없는 경우도 있다. 주차장 매출이 중요하지 않고, 고객 주차서비스를 우선하는 경우 회차시간을 1시간 이상 적용하는 현장도 있다.

② 시간제 주차

주차장 운영에서 가장 큰 수익이 되는 것은 바로 시간제 주차이다. 가령 1시간 3천원, 일 1만 5천원, 월 15만원의 주차비를 받는 주차장이 있다고 가정해보자. 시간제 주차 5시간이면 24시간 주차비와 같고, 24시간 주차요금 10일이면 월 주차요금과 같다. 시간제 매출은 일 주차,

월 주차처럼 할인개념이 없으므로 최대한 많이 받아야 한다. 서울 중심지 나대지의 경우 임대료가 높기 때문에 시간제 주차를 최대한 많이 받아서 매출을 올려야한다. 그래서 일 주차, 월주차를 잘 받지 않거나, 심지어 일 주차, 월주차가 없는 곳도 있다. 이러한 곳에 주차를 하면 하루 주차비만 10만원 넘게 발생할 수 있다. 주차장 운영자가 아닌 이용객이라면 시간제주차비만 있는 주차장을 이용하면 엄청난 주차비를 지불해야 할 수도 있다.

③ 일 주차

보통 일 주차요금은 서울은 3~5만원, 경기권은 1~3만원 수준으로 일 주차라고 해서 하루 종일 주차가 되어 있는 것은 아니므로 시간제 주차 수요가 부족한 지역에서는 일 주차로도 큰 수익을 거둘 수 있다. 특수한 주차장이 아니면 대부분 일 주차요금이 있으므로 수익성 분석시 이를 간과하지 말아야 한다.

일 주차 기준은 입차 후 24시간, 0시 두 가지로 나뉘는데 입차 후 24시간 내에는 한도이상으로 주차요금이 올라가지 않는 요금과 0시 부터 요금이 상승하는 요금제가 있다.

④ 월 주차

시간제 주차, 일 주차로도 주차장을 채우지 못하면 월주차로 주차공간을 채워야 한다. 월 정기주차 차량이 많다는 것은 사실 매력적인 주차장은 아닌 것으로 보면 된다. 월 주차의 경우 일 주차, 시간제 주차와 달리 월 단위의 주차공간을 제공해 주는 것이므로, 월 주차권을 판매하고 주차공간이 없으면 민원을 당할 수도 있다. 서울 중심가의 경우 월 25~30만원, 서울 경기권 10~20만원 정도로 가격이 형성되어 있다. 지방의 경우 월 5만원의 월 정기요금을 책정해도 주차장으로 들어오지 않는 경우가 있는데, 어차피 주차단속을 하지 않기 때문에 5만원도 아끼기 위해 불법주차를 하는 것이라고 보면 된다. 간혹 정말 영업이 안 되는 지방의 주차장에서 월 정기 주차를 파격적으로 할인하여 영업해서 수익을 올리겠다는 분이 있는데, 주차장은 주차비가 높을수록 더 잘 된다는 것을 명심하자.

⑤ 할인권

장사가 너무나도 잘되는 주차장이 있다. 10분당 천 원을 받는데도, 주차장에 자리가 없다. 이러한 현장에 할인을 적용하여 주차권을 팔 필요가 있을까? 잘 되는 주차장은 시간제 주차료만 받아도 아무 문제가 없다. 하지만 시간제 주차수요가 넘쳐나는 주차장은 많지 않으므로 일 주차, 월 주차를 받는 것이다. 그 이후에 이도 저도 안 되면 시간제 주차비, 일 주차비, 월 주차비를 모두 할인하여 판매할 수도 있다. 소형 현장의 경우 할인권을 잘 관리하면 문제가 없지만, 대형현장의 경우 할인권을 오남용하는 사례가 있으므로 주의해야 한다.

결론적으로 주차장의 장사가 잘 되면 할 일이 없다. 장사가 안 되면 일 주차, 월 주차를 받으며 주차공간도 확인해야 하고, 여기저기 기웃거리며 할인권도 판매해야 한다.

⑥ 기타수익

주차장 운영 매출 이외 차고지증명, 카쉐어링 유치 등을 통하여 추가적으로 수익을 낼 수도 있다. 차고지증명은 큰 수익은 아니지만 소소한 추가 수익이 될 수 있다. 과거에는 부설주차장에도 웬만하면 차고지증명을 해줬지만, 불법 차고지증명으로 인한 이슈가 발생하면서 차고지증명제가 강화되었다. 최근에는 나대지, 주차전용건축물, 주차공간이 남는 초대형 주차장이 아니라면 차고지증명이 되지 않는 경우가 많다. 그리고 과거와 달리 공무원이 현장을 실사하여 차고지로 사용할 공간이 있는지 확인한다. 렌터카나 화물차의 경우 차고지증명이 되지 않으면 차량 출고 자체가 불가능한 경우가 많아 차고지 증명은 필수이다.

1년 기준 렌터카 차고지는 5~7만원, 화물차 차고지는 15~20만원 정도의 가격이 책정된다. 주차비와 차고지증명은 완전히 별개로 월 주차비를 냈다고 해서 차고지 증명을 해주지는 않는 것이 일반적이다.

쏘카나 그린카 등 카쉐어링 업체들도 당연히 주차장을 이용해야 한다. 카쉐어링, 렌터카의 경우 도로에서 운행되는 시간이 꽤 되기 때문에 주차 회전율에 문제가 되지 않으면서 추가수익도 낼 수 있다. 월 정기 주차료보다 높은 금액을 내고 주차하는 경우가 많다.

모두의주차장, 카카오T주차 어플리케이션을 통하여 추가수익을 낼 수도 있다. 주차공간이 있을 때 업체 담당자와 계약을 체결하고 차량이 들어오는 숫자대로 수수료(일반적으로 20%)를 지불한다. 앱을 통하여 전국으로 홍보하기 때문에 개인 영업력과는 다른 결과를 기대할 수 있다. 다만, 어차피 안되는 주차장이라면 아무리 홍보를 해도 매출이 늘어나지 경우도 있으니 참고하시길.

나대지 주차장이든 주차전용 건축물이든 현수막이나 광고판을 설치할 수 있다면 이것만으로도 추가수익이 가능하다. 다만 신축 오피스 상가의 경우 건물 이미지를 중시하기 때문에 지하에 거추장스러운 홍보물이 난립하는 것을 승인하지 않을 수 있고, 불법 홍보물이 아닌지도 검토해야 한다.

주차장 운영 영업과 마케팅

주차장을 오픈하면 당연히 매출이 발생하는 것은 아니다. 기본적인 마케팅 전략을 가지고 시작하자. 먼저 주차요금을 세분화한다. 해외, 대기업 주차장 운영사에서도 사용하고 있는 마케팅 기법이다. 주말, 저녁 시간 주차수요가 없어서 주차장이 텅텅 빈다면, 파격적인 요금을 적용해서 고객을 유인하는 기법이다. 예를 들어 종로의 오피스 부설주차장의 경우 평일은 일 주차비가 3~5만원에 달하지만, 주말의 경우 5천원 수준인데 이는 공동화 현상으로 인하여 주말 주차 수요를 잡기 위한 전략이다. 꼭 서울 중심지가 아니더라도 시간별, 요일별로 주차요금을 세분화하면 매출 증대를 이룰 수 있다.

① 할인권 판매와 수익

일반적으로 주체관제시스템에는 주차관제장비 및 할인프로그램 구매비용이 포함되어 있다. 간혹 할인프로그램을 추가비용을 들여 구매해야 한다는 업체가 있는데, 이런 업체 장비는 구매할 필요가 없다.

시간차, 일 주차, 월 주차 매출로 수익을 내고 나서도 주차장에 공간이 있다면 할인권 판매로 수익을 낼 수 있다. 입점사 할인권 규정이 있다면, 먼저 입점사에 판매를 하고 외부 고객에게도 추가분을 판매할 수 있다. 할인권 판매는 장당(1대 당 1시간 무료에 할인률 50%적용)으로 판매할 수도 있고, 입출차 대수에 상관없이 월 정액을 받고 판매할 수도 있다. 주차공간이 많다면 월 정액 비용을 받는 것도 나쁘지 않을 수 있지만(예를 들면, 극장 방문 고객은 무조건 3시간 무료, 월 3백만원 주차비용 지급 조건 등) 정확한 수익 비용계산을 위해서는 대당 할인주차요금을 설정하는 것이 좋을 수 있다.

할인율은 정확히 정해진 바가 없으며 주차공간 여유에 따라서 할인율 없이 기존 요금 그대로 받을 수도 있고, 과감하게 70~80% 이상 시간제, 일 주차 비용을 할인하여 판매할 수도 있다. 주차공간이 부족한 인근의 상가, 오피스 등에 할인권을 판매하는 방법도 있다. 주차공간이 많이 필요하면서도 객 단가가 높은 업종은 주차에 비용을 지불할 의사가 크다. 예를 들면, 치과, 고급 일식집, 주말 교회 등이다. 직접 매장을 방문하여 영업을 하는 것 보다는 주차장 입구에 관리자의 전화번호를 부착하여 구매자 측에서 먼저 연락을 오게 하는 것이 유리하다. 할인권 판매수량, 판매 요일에 따라 유연하게 가격을 조절하면 빈 공간을 효율적으로 채우면서 고정적인 매출을 증대 시킬 수 있다.

② 할인요금 결정

입점사 없는 나대지 주차장의 경우 할인요금 관련하여 해당사항이 거의 없다. 하지만 다수의 부설주차장은 방문객의 구매금액에 따라 주차할인을 지급한다. 가령 '○만원 구매시, ○시간 무료주차'를 제공하는 경우인데 주차공간이 매우 부족하거나 주차공간을 제공하지 않음에도 상가영업이 잘 된다면 무료주차를 지급하지 않아도 큰 문제는 없다.

보통 서울, 경기권의 경우 1만원 구매시 1시간의 무료주차시간을 지급하며, 위치에 따라 할인률은 천차만별이다. 주차장 임차인의 경우 주차 할인시간이 많으면 매출이 타격을 입게 되므로 할인요금 규정을 계약서상 사전에 명시하는 것이 좋다.

주차장에 차량이 아무리 많아도, 무료주차 차량이 많으면 매출은 0

으로 수렴한다.

③ 신규 오픈시 무료주차시간 제공

일반적인 상점도 개업을 하면 신장개업 행사를 한다. 주차장도 다를 바 없다. 과거 모 기업이 자주 이용하였던 방법으로 주차장 오픈 초기에는 1시간 정도 무료시간을 지급하는 방식이다. 이 방식은 점점 발전하여 중심지의 주말 가격할인, 초기 주차요금 절반 할인 등의 마케팅 방법으로 이용되기도 하였다. 그렇지만 초반에만 저렴하다 나중에 가격을 올리면 고객충성도가 떨어질 수 있어 개인적으로는 아주 선호 방법은 아니다. 하지만 분명 효과는 있다.

예전에 경기도에 위치한 법인 소유의 신축 주차전용건축물을 임대 수주하였다. 위치가 나쁘지 않았지만 오픈 초기 매출이 너무 올라오지 않아 입차시 무조건 30분 무료라는 프로모션을 진행하여 단기간 주차 수요를 증가시켰다. 초반에는 손익분기점만 맞춘다는 개념으로 후하게 무료주차를 제공하자. 결국 나중에는 무료주차 고객이 유료 주차고객으로 변경되어 수익증대에 도움이 된다. 일정시간 무료주차를 제공한 후 주차장이 점점 포화가 되면 무료시간을 줄이고, 주차비를 상승시키면 된다.

| 무료 시간 설정 방법 |

건물을 통째로 마트가 사용한다고 가정하자. 포스에서 계산하기도 바쁜데 마그네틱 할인이건, 웹 할인이건 다 귀찮다. 그러한 경우 주차시스템에 무료시간 설정을 하면 된다. 1시간이든 2시간이든 할인이나 결제없이 출차하게 되면 이용자도, 주차장 관리자도 누구나 행복하다. 다만 무료시간 설정은 주차공간이 정말 넉넉한 지방이 아니면 시행하지 않는 것이 좋다. 만약 서울, 경기 중심지에서 "저기 주차하면 1시간은 무료야" 라는 소문이 돈다면 그 주차장은 1주일 이내 빈 공간 하나 없이 다 차버릴 테니 말이다.

필자가 운영하던 주차장의 시스템에 문제가 있어 이틀 정도 게이트를 열어 놓은 적이 있다. 하루가 지나고 이틀 째도 게이트가 오픈 되어 있자 지역 맘카페에 "어디 주차장은 지금 무료다. 빨리 주차하세요"라고 소문이 퍼지기 시작했고 주차장에 차량이 무지하게 늘어났다. 당분간 주차 게이트를 열어놓으려고 했으나, 무료차량이 감당할 수 없이 증가하여 게이트를 닫을 수밖에 없었다.

| 회차 시간 설정 방법 |

무료 시간은 완전히 무료인 시간으로 추가 요금이 발생하지 않는다. 예를 들면 1시간 무료주차를 설정하였고, 그 차량이 1시간 30분을 주차했다면 30분의 주차비만 지불하면 된다. 하지만 회차 시간은 무료 시간을 제공하는 것이 아니라, 회차 가능한 시간을 제공하는 것으로 회차 시간이 10분인데 30분을 주차하였다고 하면 회차 시간 10분은 무료처리 되지 않고 30분 주차비 전부를 지불하는 것이다. 큰 금액도 아니고 별 것 아닌 것 같지만 무료 시간, 회차 시간으로 인하여 주차비 분쟁이 발생하기도 한다.

주차장 관리 및 사고 처리

관리비용과 청소

관리비라고 하면 청소비, 수도광열비 등을 의미한다. 주차장 운영에서 관리비 납부 주체는 건물주가 될 수도 있고, 임차인이 될 수도 있는데 법적으로 정해진 것은 없다. 일반적으로 오피스나 상가 같은 부설주차장의 경우 관리비, 수도광열비를 건물주(관리단)가 부담하는 경우가 많고, 주차전용 건축물은 관리비, 수도광열비를 임차인이 부담하는 경우가 많다.

어떤 매장이든 청결은 중요한 요소이다. 주차장은 면적이 매우 크기 때문에 청소비용이 높다. 주차장을 소규모 상가처럼 깨끗하게 유지하기는 거의 불가능하지만, 어느 정도는 청결이 유지되어야 하며 그에 상응하는 비용도 감안해야 한다.

사고의 종류

주차장 내 사고 중 가장 많이 발생하는 것이 바로 문콕사고인데, 보상이 쉽지 않다. 모든 주차장에 화질이 좋은 보안감시카메라가 설치되어 있는 것은 아니며, 사각지대는 존재하기 때문이다. 문콕사고의 경우 고의인지, 과실인지 명확치 않으며 피해 금액이 크지 않아 경찰에 신고를 해도 가해자를 찾아 내기 쉽지 않다. 차량의 크기가 커지고, 문콕사고가 잦아지면서 주차면 크기가 커지기는 했지만 여전히 문콕사고는 많다. 그럼 주차장 내에서 뺑소니 대물 사고가 발생한 경우 어떻게 대응해야 할까?

요즘 개인정보보호법 강화로 피해자가 보안감시카메라를 보고 싶어도 쉽게 볼 수 없다. 이러한 경우 경찰서에 신고 후 공문을 보내면 담당 경찰이 해당 현장을 방문하거나, 녹화된 데이터를 분석하여 피해자에게 통보한다. 사고 장면이 촬영된 영상이 있고, 가해차량번호가 명확히 찍혀 있다면 쉽게 피해보상을 받을 수 있다. 가해자의 경우 대부분 사고가 난지 몰랐다고 주장을 하기 때문에 형사적으로 처벌을 하기는 거의

불가능하다. 주차장 내에서 뺑소니 사고는 대부분 경미한 대물사고이
므로 경찰이 해결해줄 거라는 기대는 하지 말자.

　한번은 인사 사고도 있었는데, 리테일 부설주차장에서 후진하던 차
량이 앉아있던 어린이를 발견하지 못하고 어린이가 사망한 사건이 있
었다. 가해자가 차량에 가입한 책임보험 등으로 보상이 가능하지만, 대
형 사고의 경우 주차장의 책임이 발생할 수 있으므로 주차장배상책임
보험 가입은 반드시 필요하다.

　과거 음주운전으로 보이는 차량이 내가 담당한 현장의 주차관제장
비를 완전히 박살내고 도주한 경우가 있었는데, 무인 주차관제 장비시
스템 비용이 높았던 당시 피해액은 3천만 원 정도였다. 한밤중 아무도
없는 마트에 입차한 차량은 주차장 여기저기에 차량을 넣었다 뺐다 하
더니 출구에서 제대로 출차 하지 못하고 사고를 내었다. 과거 주차장에
설치된 보안감시카메라는 화질이 낮아 판별이 쉽지는 않았으나, 차량
번호를 확인하여 경찰에 신고하였고 보상을 받을 수 있었다. 다만 음주
여부는 확인할 수 없어 가해자는 피해보상만 하고 형사처벌을 받지 않
았다.

　또 다른 사례로 주차장에서 휴대폰을 보면서 보행하다가 차량 뒷바
퀴를 멈추게 하는 스토퍼에 걸려 이가 부러져 배상 요구한 사례도 있었
다. 피해자는 주차장 내 시설물로 인하여 피해를 입었고, 주차장에서 어
떠한 안내도 받지 못했다며 약 1천만 원을 보상하라고 요구하였는데,
보험사에서 감시카메라를 분석한 결과 휴대폰을 보면서 전방을 주시하
지 않고 걸어가다 사고가 난 것으로 판단하여 보험사에서는 치료비 정

도만 지불하고 종료된 사건이 있었다.

요즘의 무인주차시스템은 차번인식기, 게이트 기반이다. 차량이 지나갈 때 마다 게이트가 열리고 닫히는데 마트에서 박스를 안고 가던 행인이 내려오는 게이트에 맞아 코뼈가 함몰되는 부상을 입었다. 역시나 보험사에 배상청구를 하였는데 전방주시의무태만을 이유로 배상액이 상당히 삭감되었다.

보험가입

앞서 여러가지 사건, 사고는 언제나 예기치 않고 발생할 수 있기에 주차장을 운영할 때 가장 염려되는 부분이다. 그래서 공영주차장은 낙찰자에게 보험가입증서를 요구한다. 대부분의 민간주차장에서는 보험증권까지 제출하는 것을 요구하지는 않으나 계약서에 보험가입을 의무화하고, 실제로 사고발생시 이 보험으로 사고처리를 하는 경우가 많다.

그동안 주차장에서 2번의 화재를 경험하였는데 다행히 보험처리까지는 하지 않았다. 지하주차장의 경우 침수로 인한 차량손상, 근무자 익사, 전기차충전 화재 등 위험이 도사리고 있으므로 반드시 보험에 가입해야 한다.

계약해지

계약이 해지되는 가장 큰 이유는 뭘까? 당연히 임대료 체납이 많다. 보통 2~3달 임대료를 내지 못하면 계약이 해지되는 조항이 있다. 큰 법인의 경우는 적자가 발생해도 임대료는 지급하지만 개인의 경우 임대료 미납 확률이 높다. 그 외 건물에 불법적인 행위(주차장불법 용도 변경), 관리를 제대로 하지 못해 주차로 인한 민원이 크게 발생하는 경우도 있겠다.

주차장 운영업체가 다수의 현장을 관리하다 보니 출구에서 콜센터 연결 미흡, 장비 오류 등으로 이용자들이 민원을 제기하는 경우가 많이 발생하고 있다. 임대인 입장에서는 임대료도 좋지만 주차 민원으로 조용한 날이 없고 건물이미지 하락으로 매매 가격까지 떨어진다면 계약을 계속하여 유지할 수 없을 것이다.

4 불법주차와 주차분쟁

불법주차와 무단주차의 차이

불법주차는 국가의 소유인 도로에 불법으로 주차하는 것이다. 과태료 부과 및 견인의 대상이 되며 개인이 신고하면 국가가 조치한다. 불법주차와 달리 무단주차는 개인 재산, 부동산에 동의 없이 주차를 하는 것이다. 가령 본인이 거주하지도 않는 빌라 주차장에 일단 주차하고 보는 것이다. 무단주차의 경우 개인간 재산 이용에 관한 분쟁이므로 경찰이나 지자체가 해결해줄 이유도 근거도 없다. 민사 소송 등으로 해결해야 하는데 시간과 비용의 문제 때문에 소송이 쉽지가 않다. 이러한 상황이다 보니 가해자가 오히려 큰소리를 치고 진상을 부리는 경우가 많다. 사유지의 무단주차에 대한 법적 개정이 필요하다고 본다.

자동차 도로에서 불법주정차는 차가 멈춰서 5분 이내로 출발할 수 있는 시간을 가진 정차와 운전석에서 내려 운전이 불가한 주차로 나뉘어진다.

흰색 점선 및 실선 : 주정차 가능
노란색 점선 : 주차금지, 정차 가능
노란색 실선 : 주정차 금지, 요일별, 시간별로 탄력적 허용
노란색 이중선 : 주정차 모두 엄격하게(절대) 금지

위와 같이 기준은 있지만 차량 통행이 불가능하거나 민원이 심각한 경우 흰색 실선이라도 단속하기도 한다. 단속인력의 한계가 있기 때문에 문제가 없다면 굳이 단속하지 않는 경우도 많다.

불법주차 신고방법은 관련 지자체에 민원 넣기, 생활불편신고 앱, 안전신문고 앱을 이용하는 방법이 있다. 예전에는 불법주차 신고를 할 때에 구청에 전화해서 민원을 넣었지만 요즘에는 사진촬영 후 어플을 이용하여 그 자리에서 바로 신고하는 방법이 가장 간편하다. 불법주차가 지속적으로 이루어지는 현장의 경우 지자체의 교통과 주차단속팀에 민원을 넣으면 간간히 단속을 한다. 서울의 경우 전화나 문자로 연락할 수 있는 다산콜센터를 이용할 수도 있는데. 국번없이 120을 눌러 신고를 하게 되면 담당 행정구청으로 자동 단속과 견인조치가 이루어 진다. 다산콜센터 민원 1위는 주차문제이기도 하다.

불법주차가 심각한 지역은 단연 도심지일 것이다. 예를 들면 서울시

강남구의 경우 워낙 민원이 많기 때문에 24시간 365일 주차단속이 이루어진다. 굳이 민원을 넣지 않아도 알아서 단속을 한다. 그리고 개인의 앱을 이용한 신고 건수도 매우 높다. 불법주차를 하면 바로 과태료가 나오기 때문에 운전자들도 불법주차를 꺼린다. 자연스럽게 불법주차가 없어지는 구조이다. 하지만 지방 외곽지역의 경우 불법주차로 인한 민원도 적고 단속인력도 없다. 이러한 경우 신고를 하더라도 관청의 대응이 쉽지 않다. 불법주차 단속도 부익부빈익빈 이랄까?

일반적으로 과태료는 승용차는 4만원, 승합차 5만원. 하지만 어린이보호구역에서 불법으로 주정차를 했을 시 승용차 12만원, 승합차 13만원이다. 특수한 지역의 경우 바로 견인조치까지 이루어질 수 있는 사항이라 추가 견인료와 보관료까지 지불하면 금액이 커진다. 만약 주·정차 과태료가 고지되고나서 특정기간 안에 자진해서 납부를 하게 되면 고지된 금액의 20%를 감면해주는 제도가 있으니 빠르게 과태료를 지불하는 것이 이득이다. 과태료 조회는 경찰청교통민원24 이파인 공식홈페이지(www.efine.go.kr) 에서 확인 가능하다.

주정차단속 사전알림서비스
안녕하세요. ○○○ 행정서비스 안내해 드립니다.
○○시에서 제공중인 주정차단속알림서비스가 민관 협력을 통해 통합주
정차단속알림서비스 휘슬로 확대되어 전국에서 주정차단속알림문자 서비
스가 무료로 제공됩니다.

※통합주정차단속알림서비스 휘슬 무료서비스 가입하기
한번 회원가입으로 통합주정차단속알림 서비스가 도입된 시군구에서 단속
알림이 제공되며 인근 공영 주차장(공공개방주차장) 위치 정보 및 교통사
고법률 무료상담 서비스도 함께 제공되오니, 아래의 링크를 통해 회원가
입 후 많은 이용 바랍니다.
앱 설치가 어려우실 경우 휘슬 고객센터로 전화주시면 자세한 안내 및 회
원 가입 절차를 도와드립니다. 감사합니다.

※본 안내 문자는 ◇◇시청 주정차단속알림 서비스 이용자들 대상으로
개별적으로 발송해 드렸습니다. 감사합니다. ◇◇시청 주차관리과 031-
000-0000

불법주차는 중대한 범죄 행위가 아니고, 단속을 당하면 억울하기 때
문에 단속 하기전에 미리 친절하게 단속 알림 서비스까지 해준다. 불법
주차를 해도 국가 기관에서 미리 단속정보를 준다면 왜 주차비를 내고
주차장에 들어갈까! 이런 모순으로 우리나라의 불법주차 문제가 해결
되지 않는 것이 아닐까?

주차 분쟁

......

① 기본적인 분쟁해결 방안

불법주차가 아닌 무단주차의 경우는 해결이 되지 않는다면 결국 민사소송으로 해결할 수밖에 없는데, 소송까지 가지 않으려면 상호 배려와 이해가 필수적이다. 주차분쟁의 종류는 여러가지가 있다.

빌라, 아파트 입주민 간의 주차공간에 대한 분쟁, 상업시설의 주차장 이용에 대한 분쟁, 무단주차에 관한 분쟁 등 주차분쟁이 발생하면 어떻게 해결해야 할까?

• 문제는 최대한 빨리 해결한다.

주차장 문제가 발생하면 최대한 빨리 공론화하고 해결해야 한다. 시간을 지체하고 묻어두면 오히려 가해자 측에서 주차장 이용 권리를 주장하며 나오는 경우도 있다. 뭉개지 말고 처리하자.

• 정확한 데이터로 논리적으로 해결한다.

주차장 이용문제가 발생을 하면 각 주차장 면적당 소유자, 이용권 등을 체크해 봐야 한다. 차번인식기 등의 장비가 설치되어 있다면 입출차 데이터도 분석해야 할 것이다. 일단 분쟁이 생기면 일이 많아진다. 하지만 정확한 데이터에 입각하여 근거를 가지고 권리관계를 분석하면 생각보다 쉽게 분쟁을 해결할 수 있다.

• 협상이 안되면 법적으로 해결한다

주차장 문제에 대해 적법한 해결책을 제시했음에도 불구하고 해결되지 않는다면 내용증명 후 법원에서 만나게 될 것이다. 주차장 분쟁이 대법원까지 간다고 하면 정말 피를 말린다. 엄청난 비용과 시간이 투자되지만 그에 대한 보상은 적다. 법원까지 가는 것은 결코 추천하지 않는다.

• 주거시설 (아파트, 빌라) 주차장 문제와 해결 방안

오랜 시간 주차장 운영을 업으로 하면서 느끼는 점이 있다. 본인이 방문한 아파트, 상가, 오피스텔 등 어디든 무료라는 생각과 나는 이용 권리가 있지만 다른 차량은 이용하면 안 되는 모순된 태도, 주차장은 모두의 것이니 나눠 사용한다는 이상한 논리이다.

주차 빌런이 단독주택 부잣집 대문 앞에 떡 하니 불법주차를 할 배짱이 있을까? 민간소유인 주차장에 빌런이 나타나면 형사적으로 처벌을 하기는 어렵다. 하지만 금융치료는 가능하다. (변호사와 상담을 통하여 반드시 빌런을 퇴치하도록 합니다!)

아파트 부설주차장의 분쟁은 보통 주차공간 부족에 기인한다. 준공된 년수에 따라 아파트는 세대당 주차보급률이 1~2대 정도이다. 모든 세대가 1대의 차량만 소유하고 있다고 하면 주차난이 심하지 않다. 하지만 요즘 대부분의 세대가 2~3대의 자동차를 보유하고 있기 때문에 주차로 인한 분쟁이 많다. 어떤 아파트 단지는 2대 이상의 차량이 진입

하면 스티커를 붙이거나 과태료를 부과하기도 하는데, 아파트 입주자
대표회의(이하 입대위)는 과태료를 부과할 권한이 없다. 어떻게 문제를
해결해야 할까?

② 아파트 주차 문제 해결방법

・넓은 주차장 확보

일단 주차장은 넓으면 좋다. 아파트 시공시부터 지하를 깊게 파서
주차공간을 확보하면 추후 입주자들이 편안하게 주차를 할 수 있다. 주
차장 역시 부동산이므로 물량에 당할 장사는 없다. 다만 토목공사비 증
가로 인하여 분양가가 상승될 수밖에 없을 것이다. 아파트 세대당 주차
대수가 해당 아파트의 수준을 평가하는 추세라 이것은 주차 편의로 인
한 아파트 가격 상승이라는 이점이 될 것이다. 아무리 운영 능력이 좋아
도 주차장 공간이 부족하면 방법이 없다.

・정확한 관리단 규약 제정과 철저한 관리

아파트는 공동이 생활하는 공간이다. 한두 명이 이의를 제기한다고
정책 자체가 바뀌면 안 된다. 아파트의 의사결정 체계인 입주자대표회
의가 정확한 주차장 규약을 제정하고, 그에 따라 정확하게 주차관리를
해야 한다. 정확한 주차 규약이란 주차장 현황에 맞는 무료 정책, 가격
정책, 무단 주차에 따른 페널티를 정하는 것이고, 주차관리란 아파트 거
주민의 차량이 맞는지 확인하여 다른 차량이 무단으로 이용하지 못하
게 시스템적으로 조치하는 것이다.

- **이용자 부담 원칙**

예를 들어 주차 1대당 무조건 10만 원이라고 아파트 관리 규약을 제정하였다고 가정해 보자. 차량이 3대 있는 가정은 월 30만 원. 꽤나 부담되는 가격이다. 아주 큰 비용은 아니지만 차량이 없는 가정에 비해서는 주차비로 많은 비용을 지불하게 된다. 일단 주차비를 차량 보유대수대로 많이 징수한 다음 관리비로 배분하면 차량이 없는 세대도 관리비가 낮아지기 때문에 불만이 생길 수가 없다. 주차 차량이 많으면 미화비용, 전기세 등도 추가된다. 많이 이용하는 세대는 당연히 많이 부담해야 주차 차량도 줄고 분쟁도 줄어든다. 주차장은 차량이 많을수록 더러워지고 시끄러워지는 공간이다.

③ 빌라 주차분쟁 해결 방안

빌라의 경우 대부분 세입자가 거주하고 있고, 세대수보다 주차대수가 적은 현장도 있다. 빌라 주차분쟁은 내적인 분쟁과 외적인 분쟁으로 나뉜다.

내적 분쟁으로는 빌라거주민들 사이의 분쟁이다. 주차공간이 부족하거나 좋은 위치에 주차하기 위해 거주민끼리 다투는 경우다. 예를 들면 10세대가 거주하는데 차량을 소유한 가정이 8곳이고 주차면이 6면이라면? 2세대의 주차공간이 없는 것이다. 보통 이러한 경우 먼저 이사를 온 사람들이 주차권리를 주장하는데 이는 옳지 않다. 아파트의 경우도 주차회전을 고려하여 지정주차를 실시하지 않는다. 먼저 입차한 차량이 주차를 하고, 후에 입차한 차량은 주차공간이 없으면 알아서 다른 주차장을 이용해야 한다. 하지만 선착순이 아닌 기득권을 주장하는 경우 해결이 어려운데 시간과 비용을 들여 소송을 할 일도 안 되기 때문에 임대차 계약을 체결할 때 주차장 이용에 대한 권리를 확정 받는것이 좋다.

외적 분쟁은 거주민이 아닌 다른 외부 사람이 무단으로 주차를 하는 경우이다. 주차 질서가 확립되며 많이 사라지기는 했지만 여전히 분쟁이 많다. 위에서도 언급하였지만 사유지에서의 견인은 더 큰 문제를 발생시킨다. 협의로 해결해야 하는데 역시 법적으로 손해배상을 청구하기도 어렵고, 무단주차로 큰 분쟁을 만드는 것도 지양해야 한다. 이러한 경우 외부인이 아예 무단 주차를 못하도록 하는 방법이 가장 좋다. 인터넷에 '빌라 불법주차 방지 게이트'라고 검색하면 주차장 바닥에 설치하여 수동으로 눕혔다 일으켰다 하는 장치가 있다. 이 장치를 세워 놓으면 차량 손상을 우려해 무단주차가 확연히 줄어든다.

④ 상업시설 주차분쟁과 해결 방안

아파트, 빌라의 주차장은 수익을 창출하는 공간이기 보다는 주거의 편의를 위해 제공하는 공간이다. 하지만 상업시설 주차장은 수익창출을 위한 보조적인 공간이다. 주차장이 편리해야 고객이 많이 방문하고 객단가가 올라간다. 이러한 상업시설에서 주차분쟁이 생긴다면 어떻게 해결해야 할까? 장사가 안 되는 상업시설의 부설주차장은 딱 보면 안다. 주차장에 차량이 없고, 심지어는 주차 관제장비도 설치되지 않은 경우도 있다. 수익이 없으므로 분쟁도 없다.

하지만 장사가 잘 되어 주차공간이 부족한 주차장의 경우는 어떻게 관리해야 할까? 무인 주차관제장비 설치와 더불어 정확한 주차규정이 필요하다. 이 주차규정은 소유자의 모임인 관리단에서 결정한다. 무료 주차시간이 길면 고객입장에서는 좋을 수 있지만, 무료 주차시간이 너무 길면 주차장이 포화되어 오히려 고객 민원이 증가한다. 입지에 따라, 건물에 입점한 점포의 성향에 따라 무료주차시간을 설정해야 한다. 그리고 주차공간이 너무나도 부족한 경우에는 무료주차를 유료화해야 한다. 이 유료 주차비는 고객이 부담하는 것이 아니다. 입점 상가가 저렴한 가격으로 무료주차권을 구매하여 고객에게 제공하는 것이다. 이렇게 되면 입점 상가가 주차비를 부담하게 되기 때문에 과도한 무료주차권을 배포할 수 없어 주차관리가 잘 된다. 그리고 주차수익은 공동관리비의 감면으로 사용하면 된다. 건물에 헬스장, 스크린골프장, 건강검진센터 같이 많은 주차공간을 차지하는 입점사가 있다면 이용자 부담원칙을 적극 활용하여 분쟁을 줄이도록 하자.

⑤ 기계식 주차장의 주차면수 부족으로 인한 분쟁

주차공간이 넉넉한 것으로 알고 분양을 받았는데 대부분의 주차장이 기계식이라 SUV의 주차가 불가하다면 사기 분양인가? 오피스텔, 상가, 오피스 건물에 기계식주차장이 있는 건물은 매입하지도, 임대하지도 말라고 조언한다. 그 이유는 그만큼 불편하고 위험할 뿐만 아니라 장기적으로는 기계손상으로 주차 자체가 불가능해지기 때문이다.

"자주식 주차장인줄 알고 분양을 받았는데, 대부분의 주차장이 기계식이라 저의 SUV승용차가 주차할 공간이 없습니다. 이거 사기분양 아닙니까?"라고 질문한 분이 있다. 분양전단, 계약서에는 분명히 기계식 주차장에 대해 명시가 되어 있었다. 분양대행사는 기계식 주차장에 대해 적극적으로 설명하지는 않았을 것이다. 기계식주차장이 불편한 것은 다 아는 사항이니까. 하지만 계약서에 명시되어 있고, 날인을 했다는 것은 이를 인지했다는 것이다. 사기분양이라고 주장하기 어렵다고 판단된다.

⑥ 공영주차장 주차 분쟁

개인적으로 공영주차장의 건설과 운영에 대하여 매우 비판적이다. 공영주차장이 확대될수록 오히려 주차 형평성 문제가 발생할 수 있다. 주차장은 도시계획시설이며 기반시설이다. 꼭 필요한 시설이라는 뜻이다. 하지만 모든 시민이 주차장을 이용하지는 않는다. 면허가 없는 어린이, 차량이 없는 사회초년생, 연로하여 운전이 어려운 노인은 주차장을 이용할 일이 많지 않다. 주차장을 이용하는 것은 대부분 차량이 있는 성인이다. 공영주차장의 주차비는 민간에 비하여 매우 저렴하다. 그러다 보니 주차요금이 저렴한 공영주차장으로 주차 차량이 몰린다. 민간주차장은 공영주차장 주차요금의 2~3배 정도 요금이 발생한다. 공영주차장의 주차 공간이 없어 공영주차장을 이용하지 못하면 손해를 보는 느낌이다.

'왜 나만 비싼 주차비를 내야 하지? 먼저 와서 싸게 주차하는 사람과 주차장 담당자 사이에 무언가 모종의 관계가 있는 것은 아닐까?'

그러면서 불법주차를 하게 된다. 모두가 다 공영주차장을 이용하게 하든지, 모두가 다 비슷한 요금을 내게 하든지 정책을 정확히 해야 한다. 나라가 모든 주차장을 공급하기는 불가능하다. 조례 개정을 통하여 민간주차장과 비슷한 요금을 책정하게 하면 공정성 논란은 사라질 것이다.

그리고 왜 공영주차장은 밤에 무료로 운영하는가? 과거에는 인건비 때문에 심야에 게이트를 열어놓는 경우가 많았지만, 이제 대부분의 주차장은 무인으로 운영되므로 심야 인건비 부담이 거의 없어졌다. 인건비 부담으로 게이트를 열어 놓았다는 변명은 이제는 이유가 되지 않는다. 민간이 심야에 주차장 게이트를 올려 놓은 경우를 필자는 본 적이 거의 없다. 비싼 임대료를 내려면 한 푼이라도 더 벌어야 한다. 하지만 공영주차장은 운영시간이 지나면 과금을 하지 않는다. 혹자는 "운영시간이 지나면 게이트가 닫혀서 출차 하지 못하는 것이 아닌가"라고 질문하기도 하는데, 야간에 출차시 대부분의 공영주차장은 무료로 나올 수 있다. 비싼 주차장을 만들어서 싸게 공급하는 것이 경제적으로 타당한가? 차라리 민간과 비슷한 운영방식을 적용하여 최대의 수익을 만든 후 주차장을 추가 공급하는 것이 적절하다고 생각한다. 주차장도 부동산이다. 국가가 개입을 하면 오히려 효율성이 떨어진다. 과거 국가가 개입하여 부동산이 어떻게 되었는지를 우리는 잘 알지 않는가!

주차관제장비의 오점을 파고든 꼬리물기

유료 주차장에 차량을 여러 대 주차해놓고 이른바 '꼬리물기' 수법으로 주차비를 한 푼도 내지 않은 사기 행각이 폐쇄회로(CCTV) 영상에 잡혔다. 보도에 따르면 지난해 11월 서울 강서구의 한 건물 주차장에서 차량 12대가 나갔는데 주차요금 합계는 '0원'이었다. CCTV 영상에는 차량들이 줄줄이 빠져나가는 장면이 포착됐다. 승합차 한 대가 주차장에서 나오자 다른 차들이 바짝 붙어 뒤따랐다. 차단기가 내려오려고 하자 앞차와의 간격을 줄이며 따라붙었다. 차단기가 완전히 내려오기 전 앞차에 바짝 따라붙으면 출구 감지기가 여러 대를 '한 대로 인식하는 원리를 악용한 것이다. 자신의 차가 범죄에 이용된 것을 모르는 차량 소유주에게 2차 피해가 발생할 수 있다는 우려도 나온다.

['꼬리물기' 출차한 차량 12대, 주차비는 '0원'…CCTV 포착된 꼼수, 뉴스1, 23.01.20]

이 기사가 나온 이후 네이버 지식인에서 한 발렛파킹 이용자가 도움을 요청하였다. 진위여부는 확인해보지 않았지만 내용은 이렇다.

"인천공항에서 주차비가 저렴한 발렛이 있기에 맡겼습니다. 얼마 후 고소장이 날아왔습니다. 주차시스템 꼬리 물기를 통하여 사기를 쳤다고 주차장 운영사가 고발을 했다는 내용이었습니다. 해당 주차대행업체 사이트에 표현되기로는 자체 소유 주차장에 주차한다고 명시하였기에 맡긴 것인데 법원이 이러한 내용을 발송하여 당황스럽습니다. 어떻게 해야 할까요?"

답변(변호사): 피고소인인지 참고인인지 확인이 필요합니다. 범죄는 발렛회사가 저질렀지 차주인 가해자가 저지른 것은 아니지 않나요? 소장을 검토해 보아야 합니다.

이제 소송이 진행되고 있으니 결과는 추후 알 수 있을 것이다.

덕's
Parking
Story

6장

주차장 컨설턴트로
살아가기

주차장은 부동산의 한 부분이라 부동산업에 대한 지식이 있으면 도움이 된다. 하지만 부동산 지식이 없더라도 주차장으로 할 수 있는 일은 많다. 이제 소개하는 업무는 주차장 사업에 있어 기본이 되는 업무이기도 하다.

1 　주차장 컨설턴트가 하는 일

주차장 임대 운영

주차장은 아파트, 상가와는 다른 특수 물건이다. 아파트, 상가 임대, 경·공매 관련 도서들은 서점에 많다. 그만큼 도전하는 사람이 많고 경쟁이 치열하다. 반면, 주차장은 임대 물건이 많지도 않고, 아는 사람도 없다. 좋은 주차장을 제대로 임대하면 몇 년간 편하게 수익을 올릴 수 있다. 무인주차장은 무인 아이스크림 할인점 보다 업무가 훨씬 쉽다. 물건을 쌓아놓을 필요도 없고, 훔쳐 갈 물건도 없다.

주차장 매매

주차장을 임대하면 결국은 임차인으로 계약기간을 채운 후 주차장을 비워주어야 한다. 만약 매출이 거의 없는 주차장을 임대하여 월 매출 2천만 원의 주차장으로 만들었는데, 건물주가 계약을 연장해 주지 않으면 다시 새로운 물건을 찾아야 한다. 하지만 내가 주차장을 매입하여 수십 년간 운영할 수 있다면, 주차장은 최소 수십억 원의 가치(운영수익+매각차익)가 될 수 있다. 매입할 자금이 없다면 중개로 수익을 얻는 것도 가능하다.(주차장 중개를 업으로 하려면 공인중개사 자격증이 필요함)

주차장 분쟁 조율

주차장은 공유 지분으로 운영되는 경우가 대부분이라 분쟁이 많다. 필자는 변호사가 아니기에 법적인 문제까지 해결할 수는 없지만 법원에 가기 전 중재자로서 문제를 합리적으로 조율할 수 있는 경험과 사례를 가지고 있다. 다수의 사례를 바탕으로 건물의 주차장 분쟁을 해결하고, 운영에 문제가 없도록 함으로써 적절한 주차관리가 되도록 역할을 한다. 주차관리가 되면 여유주차면이 생기고 주차수익이 상승하며, 객단가가 높아지므로 건물의 가치가 높아지게 된다.

주차장 수익 비용분석

주차장을 수익형으로 운영하던 관리형으로 운영하던 수익과 비용은 중요하다. 예측되는 수익과 비용을 토대로 투자 규모, 장비형태, 운영방식을 결정할 수 있기 때문인데, 주차장 전문가가 많지 않다 보니 막연하게 '일단 만들고 보자'면서 사업을 시작하는 분들이 있다. 여기서 막연하다는 것은 짐작과 느낌으로 사업을 시작한다는 것이다. 분석 없이 주차장 사업을 하면 예상보다 낮은 매출에 망연자실한 사태가 초래되고 막대한 손실을 보는 경우도 발생한다. 축적된 데이터를 통해 최대한 근사치의 수익, 비용분석을 진행한다.

법인사업 컨설팅

법인에서 주차관련 사업을 시작하려면 일단 면밀한 시장 분석이 필요하다. 주차장 사업의 문제는 무엇인지 어떻게 해결할 것인지 부터 시작하여 수익 구조, 연계산업은 어떠한지 파악해야 한다. 법인에서는 주차사업을 한번 시작하면 규모의 경제를 실현해야 하기에 충분한 준비가 필요하다. 필자는 국내외 기업의 주차사업 컨설팅 제의를 받아 주차사업의 방향을 제시하는 역할을 하였다.

주차장 공사

주차장을 운영하려면 일부 공사가 필요하다. 나대지 주차장의 경우 바닥포장, 라인도색, 장비설치, 스토퍼 설치, 메시 펜스 설치 등의 작업 후 주차장을 운영한다. 필자는 직접 공사를 하거나, 공사 컨설팅(설계, 최적의 주차장조성)을 하기도 한다. 주차장 기본공사는 난이도가 낮은 편이지만 대형현장의 경우 동선 등을 잘못 설계, 공사한다면 주차장 운영에 막대한 악영향을 끼칠 수 있다.

주차장은 주차장의 크기, 위치, 수익성, 인근 도로 현황에 따라 공사

범위, 공사 종류, 공사비용이 달라질 수 있다.

주차관제장비 판매

현재 주차장은 무인화 운영 현장이 대부분이며 대형 주차장의 경우 인건비를 더욱더 절약하기 위해 유도관제장비(초음파센터, 동영상 위치확인시스템)에도 많은 비용을 투자한다.

컨설턴트는 현장의 상황에 따라 주차관제장비의 종류, 수량, 위치 등을 컨설팅하고 판매하기도 한다. 과거 무인 주차시스템이 정착되지 않은 시기에는 장비업체측의 과잉투자, 높은 소모품비 요구 등의 문제점도 있었는데, 컨설턴트는 고객이 주차관제장비를 설치할 때 합리적인 의사결정을 할 수 있도록 돕는다.

주차장 사고 컨설팅

주차장내 사고에 대한 질문도 많이 받는다. 특히 뺑소니 사고와 관련하여 주차장 소유자나 운영자에게 책임을 물을 수 있느냐는 질문이 많다. 이렇게 생각해보자. 음식점에서 식사를 하고 있던 도중 취객에게 폭행을 당하였다. 가해자는 도망을 가 버렸고, 나는 전치 2주의 경미한 부상을 입었다. CCTV에 가해자의 얼굴이 나왔지만 경찰에서는 잡기 어렵다는 입장이다. 이 경우 나는 식당주인이나 건물주에게 손해 배상을 할 수 있을까? 식당주인이나 건물주는 아무런 잘못이 없다. 주차장 운영자도 아무런 잘못이 없다. 왜? 가해자가 있는데 아무런 잘못이 없는 내가 보상을 해줘야 하지?

15년간 주차장 관련업무에 종사해 오면서 사고처리를 해준 경험이 딱 세 번 있었다. 이것은 모두 운영했던 주차장에 중대한 하자가 있었기에 보상을 해준 것이다. 잘못을 했으면 보상해야 하지만 가해자가 명백하다면 주차장의 보상책임은 없고 보상의 주체도 당연히 가해자이다. 사소한 주차장 내 문콕사고를 가지고 경찰서를 들락날락하며 보상을 요구하는 사람들이 있다. 경찰은 강력범죄자 잡기도 바쁘다. 경찰이 차량 흠집이나 찾으러 다니면 국가적 낭비가 아닌가!

예전에 정말 CCTV를 많이 돌려봤다. 필자가 운영하는 주차장에서 사고가 났다고 주장하는 사람들이 많았는데 대부분은 다른 주차장에서 사고가 난 후 내가 운영하는 주차장에서 피해를 발견한 경우였다. 정말 조그만 문콕이나 사소한 흠집도 큰 일처럼 말하는 피해자가 많았는데 대응책은 일단 사고가 발생하면 CCTV는 정보 책임자만 볼 수 있고, 함부로 공유할 수 없다고 안내한다. 사실 피해자라도 CCTV를 요구할 수 없다. 개인정보보호법으로 경찰 공문이나 협조가 있어야 공식적으로 공개될 수 있다. 결국 대부분은 가해자 불상으로 종료된다.

1시간 3천원 수준의 주차비를 내면서 내 차와 관련된 모든 안전을 보장하라고 하면 당신의 차를 주차할 곳은 없다. 차량번호에 블랙리스트로 입차를 못하게 할 수도 있다. 주차장은 민간의 재산이다. 내가 소유한 공간에 진상을 받지 않을 권리도 당연히 있다.

내가 컨설팅 비용을 받는 이유

과거에는 대부분의 컨설팅을 무료로 진행했다. 사업성이 있는 문의 건이 아니라면 보통 5분 안에 전화로 결론을 냈다. 그런데 내가 아무리 전화로 설명을 해도 이해하지 못하는 의뢰인이 많아졌다. 만나자고 사정해서 만나면 진행가능한 주차 연관 사업이 없었다. 관심 정도로 필자에게 전화를 걸어온 사람만 수천 명이 넘는다. 어느 날 전화로 주차장 관련 정보를 알려 주면서 스트레스 받는 나를 발견하였다. 모르는 사람에게 스트레스 받으며 나의 노하우를 알려줄 이유는 없지 않은가? 어느 날 부터인가 필자는 컨설팅 비용을 받기 시작했다. 수십억의 주차전용 건축물을 구매하면서 상담비용을 낼 의사도 없다면 굳이 상담할 이유가 없다고 생각한다. 대형주차장 운영, 임대, 건설 관련 컨설팅은 더 높은 비용이 발생한다. 주차장에 대해 전문적인 글을 쓰는 사람이 국내에 없다 보니 대기업, 외국계 기업의 유료 컨설팅을 몇 회 진행했다. 컨설팅 비용은 하루 3시간 미팅에 100만원 수준이었다.

진짜 제대로 된 컨설팅이 되려면 적어도 현장 주소라도 가지고 이야기를 해야 한다. 위치는 어디에 크기는 몇 평 정도이고, 특징은 이렇다. 혹시 사업성 분석이 가능한가? 이게 사업을 하려는 사람의 기본 자세이다. 컨설팅을 진행하기 전 주차장에 대한 최소한의 공부는 해야 대화가 된다.

의 뢰 인: 주차사업을 하고 싶은데 땅도 구해주시나요?

덕스파킹: 좋은 땅이 있으면 제가 직접 운영합니다. 주차장을 구하는 것은 그렇게 쉬운 일은 아닙니다.

의 뢰 인: 주차장 사업 도와 주시는 분 아닌가요?

덕스파킹: 정확한 현장이 있다면 유상으로 도와드리거나 함께 할 수 있는 방법을 찾을 수는 있습니다.

의 뢰 인: 그럼 다음에 연락드릴께요.

덕스파킹: 다음에 연락주실 때는 정확한 지번이나 사업구조를 가지고 전화주세요. 아니면 컨설팅비가 발생합니다.

새벽에 전화해서 같이 사업하자는 사람. 주차타워를 다 만들어 놓고 발생한 문제를 해결해 달라는 사람. 돈이 급하니 당장 주차타워를 팔아 달라면서 가격은 터무니없이 부르는 건물주.

나는 사업을 하는 사람이라 전화를 매우 잘 받는 편이지만 저녁, 주말에 모르는 번호는 전화를 잘 받지 않는다. 저녁, 주말에 전화하는 사람 치고 제대로 사업을 하는 사람을 본 적이 없다. 주말에 가족과 편히 쉬고 있는데 무턱대고 전화해서 말도 안 되는 소리를 하면 그날 하루 기분을 망친다. 나의 정신건강, 가족과의 행복을 위해 저녁과 주말에는 전화를 잘 받지 않으며, 기본이 안 된 사람은 바로 수신을 차단해 버린다.

최근에는 잠을 청할 때 휴대폰을 다른방에 놓고 잔다.

사업을 처음 시작 할 때는 여러 전화를 받아야 했으므로 밤에도 폰을 머리 곁에 두고잤는데…

(토요일 저녁 10시) 띠리리링~~~

덕스파킹: 아이고… 이 시간에… 누구세요?

진　상: 저기 주차관련 문제는 여기 전화하면 되죠?

덕스파킹: 아… 네, 어떤 일이시죠?

진　상: 제가 상가 문 앞에 불법주차를 했어요, 그런데 강력 스티커를 붙여서 잘 안 떼져요. 이런거 재물손괴나 이런걸로 신고할 수 없어요?

덕스파킹: ……

진　상: 아. 제가 괜히 전화를 했나보죠? 여기에 전화하면 안 되는 건가요?

덕스파킹: 네.

우리는 국정원 직원이다

예전에 동료들에게 이상한 농담을 한 적이 있다.

"우리는 음지에서 일하며 양지를 지향한다."

"우리는 지하주차장에서 일하며 지상의 나대지 주차장을 개발하기 희망한다. 비슷하지 않아요? 이제 좀 햇빛 보면서 일하고 싶습니다"

"뭔 헛소리야? 우리가 국정원 직원이냐? 그리고 나대지 주차장 개발이 쉽냐? "

사실 주차장 업무라는 것이 크게 멋진 일은 아니다. 지하주차장의 배수구가 막혀 썩은 물을 치워야 할 때도 있고, 덥고 습한 지하에서 차량을 유도해야 할 때도 있다. 주차비 때문에 민원을 맞기도 한다. 그럼에도 불구하고 말이라도 국정원 직원급이라고 농담을 했다. 이런 생각이라도 있어야 일을 할 맛이 날 것 아닌가?

네 사업이라고 생각해

"영덕아 주차장 이거 하나 해봐야 매출 얼마 되지도 않아. 적자나면 회사에서 책임도 져주고 좋지 않냐? 네 것이라고 생각하고 일해. 이거 잘하면 사업해서 네가 사장할 수도 있어."

입사초기 사업은 생각도 하지 못했다. 당장 실적하나 없는 영업사원이 사업구상을 어떻게 할 수 있었겠는가? 시간이 지나고 보니 과거에 했던 말, 들었던 말들이 머리 속을 스쳐 지나간다.

'내가 이렇게 주차장 일을 오래하고, 사업도 하고, 인터넷에 글을 쓰게 된 것이 그냥 쉽게 된 것이 아니구나...'

같이 일했던 동료들에게 주차장에 관한 질문을 받고 당황스러울 때가 있다.

'왜 이렇게 쉬운 것을 나에게 질문하지? 주차 업력이 얼마인데?'

이제는 알 것 같다. 필자는 한 현장 한 현장이 내 것이라고 생각하고 회사를 다녔다. 마인드가 달랐기에 지식과 경험의 양이 달랐던 것이다. 이 책을 쓰면서 과거의 추억을 꺼내어 본다.

세상 일이 그렇겠지만, 주차장 일은 그렇게 쉽지 않은 일이다.

하지만 내 일이고, 나는 스스로를 주차컨설턴트라고 이야기한다.

아내를 처음 만났을 때는 주차장 영업을 배우면서 주차장 운영 계약을 시작하던 시기였다. 주차장 일을 한다고 하니 아내가 움찔했던 것으로 기억한다. 아마도 주차요금을 받는 관리자 정도로 생각했겠지. 명함을 주고 내가 하는 일에 대해 설명했을 때 조금 신기하게 보았던 것 같다. 그리고 일을 즐기는 모습을 좋게 보았던 것도 같다. 회사를 그만두고 사업을 시작한 이후 재무 관련 업무는 아내가 담당하고 있다. 최근에는 아내가 주차장 관련 동영상을 편집해 주면 나는 그것을 인터넷에 올린다. 매일 주차장 이야기만 하는 남편이랑 같이 산지도 10년이 지났다. 주차장 영업을 시키면 웬만한 기업의 대리급 보다 일을 더 잘 할 것이다.

나의 아버지는 통근버스 운전기사였다. 어릴 때는 아버지의 직업이 부끄러웠다. '우리 아버지도 넥타이 메고 출근했으면' 하는 생각이 있었던 것 같다. 우리 아이들이 갓난 아기 시절, 대기업 영업사원으로 정장을 입고 출퇴근을 하였다. 사무실에서 커피를 마시며 테헤란로를 내려다 보는 맛은 기가 막혔다.

얼마 전 눈이 많이 내렸다. 나는 대충 옷을 챙겨 입고 주차장에 제설 작업을 하러 갔다. 제설을 하는데 넥타이나 양복은 거추장스러울 뿐.

지금은 복장에 구애받지 않고 자유롭게 주차장 일을 하는 내 모습이 좋다.

요즘 가장 열심히 하고 있는 일은 화물 주차장 영업이다. 화물차 주차장을 전문적으로 운영하는 기업은 필자가 공동창업자로 있는 빅모빌리티가 유일하다. 누구나 알고 있지만 해결하기 어려운 문제, 이것을 해결한다는 것은 참으로 즐겁고 설레는 일이다.

5년 뒤 화물차 주차 시장이 얼만큼 성장해 있을지 기대된다. 함께 동거동락하며 새로운 비즈니스를 이끌어 나가고 있는 빅모빌리티 서대규 대표님, 우리 잘 될 겁니다.

이 책을 집필하는데 2년 가까운 시간이 걸렸다. 몇 개월이면 끝날 줄 알았는데 다른 업무와 병행하다 보니 기간이 너무 길어졌다. 국내 아무도 출판한 적 없는 주차장 사업 서적을 출판할 수 있도록 도와 주시고 기다려 주신 문예림 출판사에 감사드린다.

나의 힘, 나의 사랑, 나의 가족.
주인님, 아들, 딸, 코코 고마워!

"아들한테 그렇게 이야기합니다. 아빠가 "어떻게든 주차장 많이 만들려고 해. 그리고 사람들한테 불법주차 하지 말라고 해. 네가 컸을 때는 좀 더 주차문화가 발전돼 있을 거야!"

- KBS 시사기획 창 <만차시대> 인터뷰 중에서

덕스파킹스토리 blog.naver.com/icarus3737
트럭헬퍼 truckhelper.co.kr
주차에 관한 궁금증 icarus3737@naver.com